DIRIGENTE SCOLASTICO

GUIDA ALLA DIRIGENZA DELLA SCUOLA

di Salvatore Amato

SISTEMA EDUCATIVO DI ISTRUZIONE E FORMAZIONE
SECONDO CICLO

Volume VI

Copertina, progetto grafico: Carlo Amato

I diritti di elaborazione in qualsiasi forma o opera, di memorizzazione anche digitale di qualsiasi tipo, di riproduzione e di adattamento totale o parziale con qualsiasi mezzo sono riservati per tutti i Paesi. L'acquisto della presente copia dell'opera non implica l'acquisizione dei suddetti diritti né li esaurisce.

Tutti i diritti sono riservati. Nessuna parte di questo libro può essere riprodotta, memorizzata o trasmessa in alcuna forma o con alcun mezzo senza autorizzazione scritta dell'Autore.

© Copyright 2024 Amato Salvatore

"... non fin dall'inizio rivelano gli dèi tutto ai mortali,
ma nel corso del tempo troviamo noi,
cercando ciò che è meglio"

(Senòfane di Colofone, 500 a.C.)

A Grazyna, Alessandro e Carlo

PREFAZIONE

Il Volume VI della Guida alla Dirigenza della Scuola offre una visione completa e aggiornata delle recenti riforme, collegate al PNRR, e degli sviluppi del Secondo ciclo del Sistema educativo di istruzione e formazione italiano, rappresentando un'indispensabile risorsa per i docenti impegnati nel concorso per accedere al ruolo di Dirigente scolastico.

La Guida presenta in forma schematica l'architettura del Sistema Educativo di Istruzione e Formazione italiano, ponendo attenzione all'obbligo di istruzione e al diritto-dovere all'istruzione e formazione, nonché ai percorsi del secondo ciclo che conducono all'acquisizione di un titolo di studio. Attraverso una dettagliata esplorazione della struttura organizzativa delle scuole secondarie e del quadro normativo vigente, i lettori avranno anche l'opportunità di approfondire le modalità di valutazione degli studenti, compresi gli esami di Stato, e le pratiche di certificazione delle competenze.

Attraverso un'analisi approfondita delle recenti riforme riguardanti gli Istituti Tecnici e Professionali, nonché gli Istituti Tecnologici Superiori ITS Academy, i lettori potranno esplorare le nuove direzioni e le opportunità emergenti nel settore dell'istruzione tecnica professionale. Nel contesto delle innovazioni più recenti, viene analizzato il percorso quadriennale dei Licei, dei Tecnici e dei Professionali, nonché il decreto ministeriale del 7 dicembre 2023, n.240, che introduce una sperimentazione fondamentale nel panorama dell'istruzione tecnico-professionale: la Filiera Tecnologica Professionale 4+2, ovvero un approccio integrato che mira a creare sinergie tra diversi percorsi formativi, tra cui istituti tecnici e professionali, istituzioni formative accreditate dalle Regioni (IeFP) e ITS Academy, al fine di offrire agli studenti un'istruzione più pertinente al mercato del lavoro, integrando teoria e pratica. Lo studio del percorso integrato viene ampliato anche attraverso l'analisi dei decreti attuativi dell'Istruzione Tecnologica Superiore (ITS Academy), fornendo una chiara comprensione delle modalità di implementazione e delle potenzialità di questo innovativo percorso formativo post diploma.

Con particolare attenzione rivolta all'orientamento e alla didattica orientativa, il libro fornisce agli aspiranti dirigenti gli strumenti necessari per guidare gli studenti verso scelte consapevoli e coerenti con il proprio percorso di formazione. A tal proposito, la Guida affronta anche l'analisi dettagliata dell'abbandono scolastico, esplicito e implicito, e delle misure che le scuole possono adottare per contrastarlo, vedi i PCTO (ex ASL) o il riorientamento, anche indirizzato all'apprendistato di primo livello, che può iniziare già a 15 anni e rappresenta un'alternativa valida per adempiere all'obbligo di istruzione. In questo contesto, la guida fornisce inoltre strategie e approcci per affrontare efficacemente il fenomeno del Bullismo e del Cyberbullismo, garantendo un ambiente di apprendimento sicuro e inclusivo per tutti gli studenti. Su tale fenomeno, al fine di avere una visione completa del problema, viene analizzato il percorso normativo, comprese le azioni adottate dal Ministero e dall'Unione Europea, dell'ultimo decennio fino all'attuale proposta di legge avente disposizioni e delega al Governo in materia di prevenzione e contrasto del bullismo e cyberbullismo, nonché misure rieducative dei minori.

In sintesi, la Guida consente di fare chiarezza su un tessuto normativo complesso, che ha subito non poche modificazioni e integrazioni anche ravvicinate, e permette di mettere a fuoco, anche grazie alla presenza di schemi e riquadri sinottici, i nuclei fondanti di questo percorso di cambiamento.

SECONDO CICLO DEL SISTEMA EDUCATIVO DI ISTRUZIONE E FORMAZIONE

Articolazione del secondo ciclo

Il secondo ciclo del sistema educativo di istruzione e formazione è costituito dal sistema dell'istruzione secondaria superiore e dal sistema dell'istruzione e formazione professionale, ovvero è articolato in due tipologie di percorsi:

a. *Scuola Secondaria di secondo grado* di competenza dello Stato rivolta alle studentesse e agli studenti che hanno concluso il primo ciclo ed hanno un'età che va dai 14 ai 18/19 anni ed è prevista una durata di 4/5 anni. Appartengono a questo percorso i Licei, gli Istituti Tecnici, gli Istituti Professionali nella formula 4/5 e la Filiera formativa tecnologico professionale 4+2.

b. *Percorsi triennali o quadriennali di Istruzione e Formazione Professionale (IeFP)* di competenza delle Regioni, rivolti alle studentesse e agli studenti che hanno concluso il primo ciclo di istruzione e non intraprendono il percorso della scuola secondaria di secondo grado di competenza dello Stato.

Nella figura 1, viene rappresentata in forma schematica l'architettura del Sistema Educativo di Istruzione e Formazione italiano, ponendo attenzione all'obbligo di istruzione e all'obbligo formativo, nonché ai percorsi del secondo ciclo che conducono all'acquisizione di un titolo di studio.

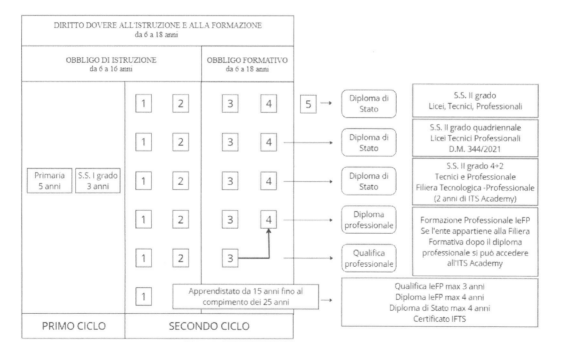

Figura 1

Al secondo ciclo del sistema educativo di istruzione e formazione si accede a seguito del superamento dell'esame di Stato conclusivo del primo ciclo di istruzione.

I percorsi della Scuola Secondaria di secondo grado e quelli di Istruzione e Formazione Professionale (IeFP) sono di pari dignità e si propongono il fine comune di promuovere l'educazione alla convivenza civile, la crescita educativa, culturale e professionale dei giovani attraverso il sapere (conoscenze teoriche), il saper essere (valori e comportamenti etici), il saper fare (competenze pratiche) e l'agire (capacità di mettere in pratica quanto appreso), con una forte enfasi sulla riflessione critica. Altresì, mirano a incrementare la capacità autonoma di giudizio e la responsabilità personale e sociale degli studenti, curando l'acquisizione di competenze e l'ampliamento di conoscenze, abilità e attitudini legate all'uso delle nuove tecnologie e alla padronanza di una lingua europea, oltre all'italiano e all'inglese, in linea con il profilo educativo, culturale e professionale dello studente (PECUP), garantendo al contempo gli strumenti essenziali per un apprendimento lungo tutto l'arco della vita (lifelong learning).

Sotto questa prospettiva, i percorsi di entrambi i canali (statale e regionale) preparano gli individui ad adattarsi e a prosperare in un contesto globale e in continua evoluzione, dotandoli delle competenze e delle conoscenze necessarie per affrontare le sfide future.

Tutte le istituzioni del sistema educativo di istruzione e formazione sono dotate di autonomia didattica, organizzativa, e di ricerca e sviluppo. Lo Stato garantisce i Livelli Essenziali delle Prestazioni (LEP) del secondo ciclo incentrato non solo sull'istruzione ma anche sulla formazione intellettuale, spirituale e morale degli studenti, ispirata ai valori della Costituzione, nonché sullo sviluppo della coscienza storica e di appartenenza alla comunità locale, alla collettività nazionale ed alla civiltà europea.

In sostanza, il sistema educativo si presenta come un modello ben bilanciato in quanto, da un lato, le norme di legge evidenziano l'importanza dell'autonomia delle istituzioni educative in termini di didattica, organizzazione e ricerca e sviluppo, sottolineando la libertà e l'indipendenza che queste istituzioni godono nella gestione dell'offerta formativa, dall'altro, mettono in luce il ruolo dello Stato nel garantire i Livelli Essenziali delle Prestazioni (LEP), ponendo enfasi sull'approccio olistico all'istruzione che va oltre la semplice trasmissione di conoscenze, promuovendo la formazione intellettuale, spirituale e morale degli studenti in conformità con i valori costituzionali, e allo stesso tempo sviluppando la loro coscienza storica e il senso di appartenenza.

Obbligo di istruzione

Ai sensi dell'art.1, c. 622 della L. 296/2006 (finanziaria 2007), l'istruzione impartita per almeno 10 anni è obbligatoria ed è finalizzata a consentire il conseguimento di un titolo di studio di scuola secondaria superiore o di una qualifica professionale IeFP di durata almeno triennale entro il diciottesimo anno di età. L'età per l'accesso al lavoro, ai sensi dello stesso articolo, è di sedici anni.

L'adempimento dell'obbligo di istruzione deve consentire, una volta conseguito il titolo di studio conclusivo del primo ciclo, l'acquisizione dei saperi e delle competenze previste dai curricula relativi ai primi due anni della Scuola Secondaria di II grado (S.S II grado).
Le studentesse e gli studenti che conseguono il titolo conclusivo del primo ciclo, per adempiere all'obbligo di istruzione, nonché al diritto-dovere all'istruzione e alla formazione, si iscrivono ad un istituto della S.S. II grado (Licei, Tecnici o Professionali) o ad un istituto del sistema di istruzione e formazione professionale (IeFP).

Gli alunni e gli studenti possono assolvere l'obbligo di istruzione anche attraverso *l'istruzione parentale*. La normativa, emanata a livello centrale, regolamenta questo tipo di istruzione durante l'obbligo che copre tutto il livello primario e secondario di I grado e i primi due anni del secondo ciclo di istruzione, fino all'età di 16 anni. I genitori possono optare per l'istruzione parentale in ogni momento dell'anno scolastico, e per poterlo fare devono indirizzare al Dirigente scolastico del territorio di residenza dell'alunno un'apposita comunicazione preventiva, da rinnovare anno per anno, circa il possesso della "*capacita tecnica o economica*" per provvedervi. La scuola che concede l'istruzione parentale diventa "*la scuola vigilante*". A garanzia dell'assolvimento del dovere all'istruzione, il minore e tenuto a sostenere annualmente l'esame di idoneità per il passaggio alla classe successiva in qualità di candidato esterno presso una scuola statale o paritaria, anche diversa dalla scuola vigilante, fino all'assolvimento dell'obbligo di istruzione.

Il limite dei 16 anni per poter accedere al lavoro, come disposto dall'art. 43 del D.Lgs. n. 81/2015, può essere abbassato a 15 anni se viene stipulato un *contratto di apprendistato*, valevole in tutti i settori di attività, consistente in un contratto che permette di conseguire una *qualifica professionale* o un *diploma professionale* alternando lavoro e studio, in quanto è strutturato in modo da coniugare la formazione effettuata in azienda con l'istruzione e la formazione professionale svolta dalle istituzioni formative che operano nell'ambito dei sistemi regionali di istruzione e formazione sulla base dei livelli essenziali delle prestazioni. La durata, che è determinata in considerazione della qualifica o del diploma da conseguire, non può essere superiore a tre anni, o quattro anni nel caso di diploma quadriennale regionale. Possono essere assunti con questa tipologia di apprendistato, c.d. di I livello, i giovani dai 15 anni fino al compimento dei 25 anni, senza una qualifica o un diploma professionale.

Altresì, possono essere stipulati contratti di apprendistato, di durata non superiore a quattro anni, rivolti ai giovani iscritti a partire dal secondo anno dei percorsi di istruzione secondaria superiore, per l'acquisizione, oltre che del diploma di istruzione secondaria superiore, di ulteriori competenze tecnico-professionali rispetto a quelle già previste dai vigenti regolamenti scolastici, utili anche ai fini del conseguimento del certificato di specializzazione tecnica superiore (IFTS). Con l'istituto dell'Apprendistato formativo di primo livello si assolve l'obbligo di istruzione (per l'approfondimento si rimanda al capitolo Apprendistato).

Diritto-dovere all'istruzione e alla formazione

Assolto l'obbligo di istruzione (art.1, c.622, Legge n.296/2006), nel secondo ciclo si realizza, in modo unitario, il diritto-dovere all'istruzione e alla formazione di cui al D.Lgs. n.76/2005. Il diritto-dovere all'istruzione ed alla formazione ha una durata di almeno 12 anni o comunque fino al conseguimento di una qualifica professionale entro il diciottesimo anno di età. Ha inizio con l'iscrizione alla prima classe della Scuola Primaria, secondo quanto previsto dal D.Lgs. n.59/2004, fatta salva la possibilità di frequenza della scuola dell'infanzia di cui al medesimo decreto legislativo, e prosegue nella Scuola Secondaria di I grado (S.S. I grado), la quale organizza, in raccordo con le istituzioni del sistema educativo di istruzione e formazione del secondo ciclo ed i competenti servizi territoriali, iniziative di orientamento ai fini della scelta dei percorsi educativi, sulla base dei percorsi di ciascun allievo, personalizzati e documentati.

Valutazione

La valutazione degli studenti della scuola secondaria di secondo grado ha per oggetto il loro processo formativo, il comportamento e i risultati dell'apprendimento. È regolata dalla Legge 107/2015 e dal successivo D. Lgs. 13 aprile 2017, n. 62 che ha parzialmente modificato la precedente normativa, in particolare il D.P.R. 122/2009.

La valutazione è un processo olistico che abbraccia diversi aspetti fondamentali della formazione di un individuo: il processo formativo che riflette il percorso educativo complessivo, il comportamento che indica l'atteggiamento e l'approccio dello studente verso lo studio e la vita scolastica, e i risultati dell'apprendimento che mostrano le conoscenze e le competenze acquisite.

Le valutazioni degli studenti della scuola secondaria di secondo grado devono essere coerenti con gli obiettivi di apprendimento delineati nel Piano Triennale dell'Offerta Formativa (PTOF), con le Indicazioni nazionali per i licei e con le Linee guida per gli istituti tecnici e professionali che definiscono il curricolo, nonché con i piani di studio personalizzati di ciascuno studente;

È compito del Collegio dei docenti di ciascuna scuola, tramite il PTOF, definire le modalità e i criteri per garantire che la valutazione avvenga in modo omogeneo, trasparente ed equo.

Valutazione del comportamento

La valutazione del comportamento degli studenti, nelle scuole secondarie di secondo grado, è strettamente legata allo sviluppo delle competenze di cittadinanza, un aspetto chiave che si focalizza sulla formazione dell'individuo in quanto membro responsabile e attivo della società, in base ai principi e norme stabilite nei documenti fondamentali della scuola come lo *Statuto delle Studentesse e degli Studenti*, che fornisce una cornice di riferimento per i diritti e i doveri degli studenti, e il *Patto educativo di corresponsabilità*, un accordo pattizio che viene firmato dagli studenti e dalle loro famiglie all'atto dell'iscrizione impegnandoli in un rapporto collaborativo e rispettoso con tutta la comunità scolastica. Inoltre, ogni scuola ha i propri regolamenti che contribuiscono a definire standard e aspettative specifici per il comportamento degli studenti, assicurando così che la valutazione del comportamento sia un processo che riflette non solo le norme generali, ma anche le peculiarità e i valori di ciascun istituto educativo.

Valutazione periodica e finale

Gli insegnanti sono responsabili delle valutazioni periodiche e finali, così come della verifica delle competenze acquisite al termine dell'istruzione obbligatoria e durante il corso di studi.

La valutazione periodica, che rappresenta un'analisi continua del percorso dello studente, si realizza alla conclusione di ogni trimestre o quadrimestre, in base alla strutturazione dell'anno scolastico definita da ciascun istituto, permettendo così di monitorare costantemente l'evoluzione dell'apprendimento e delle competenze.

Gli insegnanti della classe, riuniti nel Consiglio di classe presieduto dal Dirigente scolastico o da suo delegato, attribuiscono i voti (scrutinio) ai singoli studenti per ciascuna materia e per il comportamento. I voti vengono proposti dai docenti delle singole discipline al Consiglio di classe, discussi e approvati a maggioranza. A parità di voto, prevale il voto del Dirigente scolastico. I docenti di sostegno, contitolari della classe, partecipano alla valutazione di tutti gli alunni. Qualora un alunno con disabilità sia affidato a più docenti del sostegno, essi si esprimono con un unico voto.

I voti vanno da 0 a 10. Una valutazione sufficiente corrisponde a un voto pari ad almeno 6/10. Gli studenti con un voto inferiore a 6/10 in comportamento non possono passare all'anno successivo né accedere all'esame di Stato.

La valutazione finale ha luogo al termine di ogni anno scolastico durante gli scrutini finali, e raggiunge il suo apice nell'esame di Stato conclusivo del secondo ciclo di istruzione, che si svolge al termine del quinto anno di studi (o quarto anno per i percorsi quadriennali), essendo questo un momento cruciale che sintetizza l'intero percorso formativo dello studente.

Credito scolastico

Nello scrutinio finale di ciascuno degli ultimi tre anni (secondo biennio e quinto anno), agli studenti viene attribuito un apposito punteggio denominato *credito scolastico*, che è desumibile, dalla tabella dell'allegato A al decreto 62/2017, sulla base della media dei voti finali ottenuti nelle singole discipline e nel comportamento, tenendo conto anche delle attività complementari, svolte dagli studenti, sia all'interno che all'esterno dell'Istituto scolastico, riconosciuti dal Consiglio di Classe come crediti formativi. Nei corsi quadriennali, vista la peculiarità del percorso, il credito scolastico è attribuito al termine della classe seconda, della classe terza e della classe quarta.

Alle deliberazioni del Consiglio di classe concernenti l'attribuzione del credito scolastico partecipano tutti i docenti che svolgono attività e insegnamenti per tutte le studentesse e tutti gli studenti o per gruppi degli stessi, compresi gli insegnanti di religione cattolica e per le attività alternative alla religione cattolica, limitatamente agli studenti che si avvalgono di questi insegnamenti.

L'allegato A al decreto 62/2017 fornisce alle scuole la tabella per la conversione dei voti in crediti.

Media dei voti	Fasce di credito III ANNO	Fasce di credito IV ANNO	Fasce di credito V ANNO
M < 6	-	-	7-8
M = 6	7-8	8-9	9-10
6< M ≤ 7	8-9	9-10	10-11
7< M ≤ 8	9-10	10-11	11-12
8< M ≤ 9	10-11	11-12	13-14
9< M ≤ 10	11-12	12-13	14-15

Gli studenti ottengono un massimo di 12 crediti nel terzo anno, 13 nel quarto e 15 nel quinto e ultimo anno, fino ad un totale di 40 crediti complessivamente per gli ultimi tre anni di studio. L'attribuzione del punteggio minimo o massimo di ciascuna fascia spetta al Consiglio di Classe, che tiene conto del decimale del voto medio (maggiore o minore di 0,50) e dei criteri deliberati dal Collegio dei Docenti relativamente ai crediti formativi maturati con le attività extra-scolastiche (corsi di teatro, lingue, informatica, musica, primo soccorso, volontariato, attività sportive e cos'altro viene proposto dall'istituto scolastico).

Da osservare che, in tabella, l'attribuzione del credito per una media dei voti inferiore alla sufficienza è prevista solo al quinto anno in quanto nel caso di votazione inferiore a sei decimi in una disciplina o in un gruppo di discipline, il Consiglio di classe può deliberare, con adeguata motivazione, l'ammissione all'esame conclusivo del secondo ciclo.

Il credito scolastico, nei casi di abbreviazione del corso di studi per merito è attribuito, per l'anno non frequentato, nella misura massima prevista per lo stesso dalla tabella dell'allegato A, in relazione alla media dei voti conseguita nel penultimo anno. La tabella si applica anche ai candidati esterni ammessi all'esame a seguito di esame preliminare e a coloro che hanno sostenuto esami di idoneità.

Per gli allievi provenienti da percorsi IeFP e ammessi nei percorsi degli Istituti Professionali, in sede di scrutinio finale della classe quinta il Consiglio di classe attribuisce, per la classe terza e/o per la classe quarta, il credito mancante in base al riconoscimento dei *crediti formativi* effettuato al momento del passaggio all'istruzione professionale, tenendo conto dell'esito delle eventuali verifiche in ingresso e dei risultati dei titoli di studio di IeFP conseguiti.

Sospensione del giudizio

Nello scrutinio finale, degli anni antecedenti al quinto, il Consiglio di classe sospende il giudizio degli studenti che non hanno conseguito la sufficienza in una o più discipline, senza emettere immediatamente un giudizio di non promozione. Dopo gli interventi didattici, programmanti nel periodo estivo, per il recupero delle carenze formative rilevate, il Consiglio di classe verifica il recupero di tali carenze entro la fine dell'anno scolastico e comunque non oltre la data di inizio delle lezioni dell'anno scolastico successivo. Se lo studente dimostra di aver recuperato le carenze formative viene ammesso alla frequenza della classe successiva e gli viene attribuito il *credito scolastico* che era stato momentaneamente "*congelato*".

Prove Invalsi

Nel complesso processo della valutazione interviene pure l'Istituto nazionale per la valutazione del sistema educativo di istruzione e formazione (INVALSI) il quale effettua la valutazione esterna degli studenti attraverso le prove nazionali standardizzate somministrate durante il secondo e il quinto anno. Tali prove verificano i risultati di apprendimento degli studenti in Italiano, Matematica e Inglese. In base al decreto n. 62/2017, la partecipazione alle prove nazionali durante il quinto anno è uno dei requisiti richiesti per l'ammissione all'esame finale. Per gli studenti con disabilità e per quelli con disturbi specifici dell'apprendimento (DSA), il Consiglio di classe può prevedere specifici strumenti compensativi e misure dispensative.

Certificazione delle competenze

La certificazione delle competenze viene rilasciata dalle istituzioni scolastiche statali e paritarie del secondo ciclo previo l'assolvimento dell'obbligo di istruzione. La certificazione è redatta dal Consiglio di Classe, in sede di scrutinio finale del secondo anno, per ogni studente che ha assolto l'obbligo di istruzione della durata di dieci anni (da 6 a 16 anni, vedi Fig.1), sulla base del *modello nazionale* (vedi infra).

La certificazione delle competenze, firmata dal Dirigente scolastico, è messa a disposizione della famiglia dello studente all'interno dell'E-Portfolio orientativo personale delle competenze (D.M. 22 dicembre 2022, n. 328). Nel caso di istituzioni scolastiche paritarie, la certificazione è firmata dal Coordinatore delle attività educative e didattiche.

La certificazione delle competenze riveste una particolare importanza nelle annualità del biennio per favorire il riorientamento e il successo formativo, consentendo il passaggio ad altro percorso, indirizzo, articolazione, opzione di scuola secondaria di secondo grado in maniera più flessibile, riconoscendo la possibilità che la scelta effettuata durante l'ultimo anno della scuola secondaria di primo grado possa essere rivista, pertanto nelle annualità del primo biennio della scuola secondaria di secondo grado per favorire il riorientamento e il successo formativo, è previsto, a richiesta, il rilascio da parte delle scuole della certificazione delle competenze anche al termine del primo anno, all'interno dell'E-Portfolio orientativo.

Le strutture formative accreditate dalle Regioni e gli Istituti professionali in regime di sussidiarietà che realizzano i percorsi di istruzione e formazione professionale finalizzati all'assolvimento dell'obbligo di istruzione utilizzano lo stesso modello di certificazione, sulla base delle linee guida che saranno adottate dalle Regioni, anche ai fini di integrare il modello nazionale con ulteriori declinazioni in rapporto alle specificità dei propri sistemi e alle esigenze territoriali.

Altresì, nel modello nazionale occorre affiancare al logo del Ministero dell'Istruzione e del Merito anche quello della Regione di riferimento. Inoltre, se i percorsi IeFP non sono erogati da un Istituto Professionale in regime di sussidiarietà ma sono realizzati da una Struttura formativa accreditata dalla Regione, bisogna sostituire "Istituzione scolastica" con "Struttura formativa accreditata" e la certificazione è firmata dal Direttore/Legale Rappresentante della Struttura formativa accreditata.

Al fine di assicurare i passaggi fra i percorsi di studio del sistema nazionale di istruzione e i percorsi dell'istruzione e formazione professionale (IeFP) regionali o l'apprendistato formativo, nonché per l'attivazione di interventi di riorientamento, a partire dall'anno scolastico 2023-2024 sarà previsto, a richiesta, il graduale rilascio, da parte delle scuole, della certificazione delle competenze anche al termine di ciascuna annualità del secondo ciclo di istruzione.

Per facilitare la consultazione, nella pagina successiva viene riportato il modello nazionale relativo alla certificazione delle competenze in assolvimento dell'obbligo di istruzione (Allegato C del D.M. n.14 del 30 gennaio 2024).

Ministero dell'istruzione e del merito[1]

Istituzione scolastica[2]
_____

CERTIFICAZIONE DELLE COMPETENZE
IN ASSOLVIMENTO DELL'OBBLIGO DI ISTRUZIONE

Si certifica che _____

nat_ a _____ (prov. __) il __/__/____,

ha raggiunto, in assolvimento dell'obbligo di istruzione, i livelli di competenza di seguito illustrati.

---

[1] Nel caso di percorsi di Istruzione e Formazione Professionale (IeFP) occorre affiancare al logo del Ministero dell'istruzione e del merito anche quella della Regione di riferimento
[2] Nel caso di percorsi di IeFP realizzati da Strutture formative accreditate dalle Regioni, occorre sostituire "Istituzione scolastica" con "Struttura formativa accreditata".

COMPETENZA CHIAVE	COMPETENZE IN ASSOLVIMENTO DELL'OBBLIGO DI ISTRUZIONE	LIVELLO*
Competenza alfabetica funzionale	Padroneggiare la lingua di scolarizzazione in forma sia orale sia scritta in tutti i suoi aspetti (comprensione, interpretazione, produzione) utilizzando materiali di vario genere all'interno delle diverse discipline, dei diversi contesti e scopi comunicativi. Comunicare e relazionarsi con gli altri in modo efficace e opportuno.	
Competenza multilinguistica	Utilizzare le diverse lingue** in forma orale e scritta (comprensione orale e scritta, produzione scritta e produzione/interazione orale) in modo appropriato ed efficace per diversi scopi comunicativi in diversi contesti sociali e culturali in base ai propri bisogni o desideri. Comunicare in maniera appropriata, efficace e rispettosa con interlocutori che hanno riferimenti culturali diversi dai propri. **specificare il livello per ciascuna lingua del curricolo, tenendo a riferimento anche i livelli di competenza attesi previsti nelle Indicazioni nazionali e nelle Linee Guida vigenti	
	Lingua…………………………………….	
	Lingua…………………………………….	
	Lingua…………………………………….	
Competenza matematica e competenza in scienze, tecnologie e ingegneria	Utilizzare le tecniche e le procedure del calcolo aritmetico ed algebrico, rappresentandole anche sotto forma grafica. Confrontare ed analizzare figure geometriche, individuando invarianti e relazioni. Individuare le strategie appropriate per la soluzione di problemi. Analizzare dati e interpretarli sviluppando deduzioni e ragionamenti sugli stessi anche con l'ausilio di rappresentazioni grafiche, usando consapevolmente gli strumenti di calcolo e le potenzialità offerte da applicazioni specifiche di tipo informatico. Osservare, descrivere ed analizzare fenomeni appartenenti alla realtà naturale e artificiale e riconoscere nelle sue varie forme i concetti di sistema e di complessità, utilizzando le metodologie proprie dell'indagine scientifica. Analizzare qualitativamente e quantitativamente fenomeni legati alle trasformazioni di energia a partire dall'esperienza, anche in relazione agli impatti ambientali e sociali di tali trasformazioni. Individuare potenzialità e limiti delle tecnologie nel contesto culturale e sociale in cui vengono applicate anche a tutela della sostenibilità ambientale, sociale ed economica, con attenzione alle questioni etiche e della sicurezza, in particolare per quanto concerne il processo scientifico e tecnologico in relazione all'individuo, alla famiglia, alla comunità e alle questioni di dimensione globale.	
Competenza digitale	Utilizzare le reti e gli strumenti informatici nelle attività di studio, ricerca e approfondimento disciplinari, analizzando, confrontando e valutando criticamente la credibilità e l'affidabilità delle fonti di dati, informazioni e contenuti digitali. Osservare le norme comportamentali nell'ambito dell'utilizzo delle tecnologie digitali. Proteggere la propria reputazione, gestire e tutelare i dati e le informazioni personali che si producono e si condividono attraverso diversi strumenti digitali, ambienti e servizi, rispettare i dati e le identità altrui. Osservare le principali regole a tutela della riservatezza applicate dai servizi digitali relativamente all'uso dei dati personali. Evitare, usando tecnologie digitali, rischi per la salute e minacce al proprio benessere fisico e psicologico.	
Competenza personale, sociale e capacità di imparare a imparare	Osservare comportamenti e atteggiamenti rispettosi verso il proprio benessere personale, sociale e fisico e quello degli altri, della comunità e del pianeta. Collaborare e partecipare, interagendo in gruppo, comprendendo i diversi punti di vista, valorizzando le proprie e le altrui risorse, gestendo la conflittualità, contribuendo all'apprendimento comune ed alla realizzazione delle attività collettive, nel rispetto dei diritti degli altri e delle diversità, superando i pregiudizi; osservare atteggiamenti e comportamenti improntati a integrità ed empatia. Imparare ad imparare, organizzando il proprio apprendimento, individuando, scegliendo ed utilizzando varie fonti e varie modalità di informazione e di formazione (formale, non formale ed informale), anche in funzione dei tempi disponibili, delle proprie strategie e del proprio metodo di studio e di lavoro. Sviluppare fiducia nei propri mezzi, valutare i propri punti critici, potenzialità e risorse; mantenere motivazione e interesse ad imparare sempre. Individuare collegamenti e relazioni, identificando, elaborando e rappresentando argomentazioni coerenti, relazioni tra fenomeni, eventi e concetti, anche appartenenti a diversi ambiti disciplinari e lontani nello spazio e nel tempo, cogliendone la natura sistemica e complessa, ricercando analogie e differenze, coerenze ed incoerenze; stabilendo cause ed effetti in relazione a scenari/futuri possibili, riconoscendone la loro natura probabilistica.	

	Ricercare ed interpretare criticamente l'informazione proveniente dai diversi ambiti ed attraverso diversi strumenti comunicativi, valutandone l'attendibilità e l'utilità, distinguendo fatti e opinioni.	
Competenza in materia di cittadinanza	Agire in modo autonomo e responsabile inserendosi in modo attivo e consapevole nella vita sociale, facendo valere i propri diritti e bisogni e riconoscendo al contempo quelli altrui, le opportunità comuni, i limiti, le regole, le responsabilità. Collocare l'esperienza personale in un sistema di regole fondato sul reciproco riconoscimento dei diritti garantiti dalla Costituzione, a tutela della persona, della collettività e dell'ambiente e delle future generazioni. Osservare comportamenti e atteggiamenti rispettosi dell'ambiente, dei beni comuni, della sostenibilità ambientale, economica, sociale, coerentemente con l'Agenda 2030 per lo sviluppo sostenibile.	
Competenza imprenditoriale	Elaborare e realizzare progetti riguardanti le proprie attività di studio e di lavoro, utilizzando le proprie conoscenze per stabilire obiettivi significativi e realistici e le relative priorità, valutando i vincoli e le possibilità esistenti, definendo strategie di azione e verificando i risultati raggiunti. Individuare, affrontare e risolvere problemi costruendo e verificando ipotesi, reperendo le fonti e le risorse adeguate, raccogliendo e valutando i dati, proponendo soluzioni e utilizzando, secondo il tipo di problema, contenuti e metodi delle diverse discipline; pianificare e progettare; scegliere tra opzioni diverse, sempre agendo con integrità, nel rispetto del bene comune e trasformando le idee e le opportunità in valore per gli altri. Collaborare con altri, valorizzando le loro risorse, le idee, i contributi al lavoro. Riconoscere le caratteristiche essenziali del sistema socioeconomico per orientarsi nel tessuto produttivo del territorio.	
Competenza in materia di consapevolezza ed espressione culturali	Comunicare e rappresentare creativamente eventi, fenomeni, principi, concetti, norme, procedure, atteggiamenti, stati d'animo, emozioni, ecc. utilizzando linguaggi diversi (verbale, matematico, scientifico, simbolico, corporeo, artistico, ecc.) e diverse conoscenze disciplinari, mediante supporti cartacei, informatici, multimediali, ecc. Utilizzare gli strumenti fondamentali per una fruizione consapevole del patrimonio culturale, artistico, letterario, paesaggistico. Comprendere il cambiamento e la diversità dei tempi storici in una dimensione diacronica attraverso il confronto fra epoche e culture, in una dimensione sincronica attraverso il confronto fra aree geografiche e culturali.	
Lo/a studente/ssa ha inoltre mostrato significative competenze nello svolgimento di attività scolastiche e/o extrascolastiche, relativamente a:		

Data _____   Il Dirigente scolastico [1]

_____

(*) Livello	Indicatori esplicativi
A – Avanzato	Lo/a studente/ssa svolge compiti e risolve problemi complessi, mostrando padronanza nell'uso delle conoscenze e delle abilità; propone e sostiene le proprie opinioni e assume in modo responsabile decisioni consapevoli.
B – Intermedio	Lo/a studente/ssa svolge compiti e risolve problemi in situazioni nuove, compie scelte consapevoli, mostrando di saper utilizzare le conoscenze e le abilità acquisite.
C – Base	Lo/a studente/ssa svolge compiti semplici anche in situazioni nuove, mostrando di possedere conoscenze e abilità fondamentali e di saper applicare basilari regole e procedure apprese.
D – Iniziale	Lo/a studente/ssa, se opportunamente guidato/a, svolge compiti semplici in situazioni note.

---

[1] Per le istituzioni scolastiche paritarie, la certificazione è rilasciata dal Coordinatore delle attività educative e didattiche. Nel caso di percorsi di IeFP realizzati da Strutture formative accreditate dalle Regioni occorre sostituire 'Il Dirigente scolastico" con 'Il Direttore/Legale Rappresentante della Struttura formativa accreditata".

Esami integrativi ed esami di idoneità

Nella scuola secondaria di secondo grado, il passaggio a scuole di diverso percorso, indirizzo, articolazione, opzione, al fine di favorire il riorientamento e il successo formativo, nonché il recupero di uno o più anni scolastici, sono regolamentati dal decreto ministeriale n. 5 dell'8 febbraio 2021 il quale definisce i requisiti di ammissione, le commissioni e le prove degli *esami integrativi* e degli *esami di idoneità*.

Esami integrativi

Gli esami integrativi nella scuola secondaria di secondo grado si svolgono, presso l'istituzione scolastica scelta dal candidato per la successiva frequenza, in un'unica sessione speciale, che deve aver termine prima dell'inizio delle lezioni.

Lo studente, previo *esame integrativo*, può ottenere il passaggio a scuole di diverso percorso, indirizzo, articolazione, opzione nei seguenti casi:

a) ammissione alla classe successiva in sede di scrutinio finale, al fine di ottenere il passaggio a una classe corrispondente;

b) non ammissione alla classe successiva in sede di scrutinio finale, al fine di ottenere il passaggio in una classe corrispondente a quella frequentata con esito negativo.

Le prove dell'esame integrativo vertono sulle discipline, o parti di discipline, della scuola di destinazione che non trovano corrispondenza nel corso di studio di provenienza.

Non sono previsti gli esami integrativi ma un colloquio, presso la scuola ricevente, diretto ad accertare eventuali carenze formative, da colmare nel corso dell'anno, nei casi in cui:

a) gli studenti iscritti al primo anno di un percorso di scuola secondaria di secondo grado richiedono, entro e non oltre il 31 gennaio di ciascun anno scolastico, l'iscrizione alla classe prima di altro indirizzo di studi;

b) gli studenti ammessi alla classe successiva in sede di scrutinio finale al termine del primo anno, richiedono l'iscrizione alla seconda classe di altro indirizzo di studi;

Nell'opzione a) se la richiesta del passaggio è fatta dopo il 31 gennaio sono previsti gli esami integrativi; nelle due opzioni a) e b) è fatta salva la necessità di subordinare l'iscrizione per i percorsi di liceo musicale e coreutico al superamento delle relative prove di verifica.

Esami di idoneità

Gli esami di idoneità nella scuola secondaria di secondo grado si svolgono, presso l'istituzione scolastica scelta dal candidato per la successiva frequenza, in un'unica sessione speciale, che deve aver termine prima dell'inizio delle lezioni.

Possono sostenere gli esami di idoneità:

a) i candidati esterni, al fine di accedere a una classe di istituto secondario di secondo grado successiva alla prima, ovvero gli studenti che hanno cessato la frequenza prima del 15 marzo;

b) i candidati interni che hanno conseguito la promozione nello scrutinio finale, al fine di accedere a una classe successiva a quella per cui possiedono il titolo di ammissione.

In entrambi i casi a) e b), i candidati dovranno sostenere le prove di idoneità su tutte le discipline comprese nel piano di studi delle classi che precedono quella a cui si vuole accedere.

L'ammissione agli esami di idoneità è subordinata all'avvenuto conseguimento del diploma di scuola secondaria di primo grado o di analogo titolo o livello conseguito all'estero o presso una scuola del primo ciclo straniera in Italia, riconosciuta dall'ordinamento estero, da un numero di anni non inferiore a quello del corso normale degli studi.

Ciò vuol dire che gli esami di idoneità non sono finalizzati all'abbreviazione di un corso di studi: possibilità consentita solo agli studenti che, ai sensi, del D.Lgs 62/2017, frequentano la classe quarta e sono in possesso dei requisiti della cosiddetta *"abbreviazione per merito"* per sostenere l'esame di Stato conclusivo.

Gli alunni in *istruzione parentale* devono sostenere annualmente *l'esame di idoneità* per il passaggio alla classe successiva presso un'istituzione scolastica statale o paritaria, fino all'assolvimento dell'obbligo di istruzione.

Non è prevista l'ammissione agli *esami integrativi* e agli *esami di idoneità* nell'ambito dei percorsi quadriennali e nei percorsi di istruzione di secondo livello per adulti, in considerazione della peculiarità dei suddetti percorsi.

Esame di Stato

L'esame di Stato conclusivo dei percorsi di istruzione secondaria di secondo grado verifica i livelli di apprendimento conseguiti da ciascun candidato in relazione alle conoscenze, abilità e competenze proprie di ogni indirizzo di studi, con riferimento alle Indicazioni nazionali per i licei e alle Linee guida per gli istituti tecnici e gli istituti professionali, anche in funzione orientativa in quanto si pone come punto di transizione, sia per coloro che intendono proseguire gli studi di ordine superiore sia per chi si prepara ad entrare nel mondo del lavoro.

Altresì, l'esame di Stato tiene conto anche di altri aspetti rilevanti, correlati al PECUP specifico di ogni indirizzo di studi, come le esperienze formative dei PCTO (ex Alternanza Scuola Lavoro); le competenze digitali, sempre più richieste nell'era moderna caratterizzata da rapidi sviluppi tecnologici e da una società sempre più digitalizzata; gli insegnamenti opzionali del secondo biennio e dell'ultimo anno ricavati dalla quota di autonomia e dagli spazi di flessibilità; le attività culturali, artistiche, di pratiche musicali, sportive e di volontariato, svolte in ambito extrascolastico. Attività che sono parte del percorso dello studente e che sono inserite nel curriculum dello studente messo a disposizione delle Commissioni d'Esame (vedi paragrafo corrispondente).

L'esame di Stato tiene altresì conto delle attività svolte nell'ambito dell'insegnamento dell'Educazione Civica. Un insegnamento trasversale che sviluppa la conoscenza e la comprensione delle strutture e dei profili sociali, economici, giuridici, civici e ambientali della società. Nelle scuole del secondo ciclo, l'insegnamento è affidato ai docenti abilitati all'insegnamento delle discipline giuridiche ed economiche, ove disponibili nell'ambito dell'organico dell'autonomia, e per ciascuna classe è individuato, tra i docenti a cui è affidato l'insegnamento dell'Educazione Civica, un docente con compiti di coordinamento.

Le modalità organizzative ed operative, per lo svolgimento degli esami di Stato e degli esami preliminari, sono disposte annualmente con ordinanza del Ministro dell'Istruzione e del Merito.

Candidati interni

Il decreto legislativo n.62/2017 riordina e coordina le disposizioni previgenti sugli esami di Stato del secondo ciclo:

- l'ammissione agli esami di Stato conclusivi del secondo ciclo è disposta dal Consiglio di Classe, presieduto dal Dirigente scolastico o da un suo delegato, ed è condizionata dagli esiti positivi in tutte le discipline (almeno sei decimi), compreso il comportamento. Nel caso di votazione inferiore a sei decimi in una disciplina, o in un gruppo di discipline, il Consiglio di classe può deliberare, con adeguata motivazione, l'ammissione all'esame. Ulteriori requisiti di ammissioni prevedono che lo studente abbia frequentato almeno i tre quarti del monte ore annuale personalizzato; che abbia partecipato, durante l'ultimo anno di corso, alle prove predisposte dall'Invalsi, relativamente alle discipline Italiano, Matematica e Inglese (la partecipazione è requisito di ammissione), e che abbia svolto l'attività di PCTO, nei termini previsti dalla normativa (lo svolgimento non è più requisito di ammissione);

- l'esame prevede due prove scritte, a carattere nazionale, e un colloquio:
  - la prima prova scritta accerta sia la padronanza della lingua italiana, sia le capacità espressive logico-linguistiche e critiche degli studenti (o della diversa lingua nella quale avviene l'insegnamento).

  - la seconda prova scritta verte su una o più discipline che caratterizzano il corso di studi ed è intesa ad accertare le conoscenze, le abilità e le competenze attese dal profilo educativo culturale e professionale della studentessa o dello studente dello specifico indirizzo; negli Istituti Professionali di nuovo ordinamento la prova verte su competenze e nuclei tematici fondamentali di indirizzo e non più su discipline (in questi istituti per la predisposizione della prova, il Ministero fornisce la "cornice nazionale generale di riferimento" e le commissioni costruiscono le tracce declinando le indicazioni ministeriali secondo lo specifico percorso formativo attivato dalla scuola);

  - la terza prova consiste in un colloquio multi e interdisciplinare che permette di valutare la capacità dello studente di cogliere i nessi tra i diversi saperi e accertare il conseguimento del profilo educativo, culturale e professionale del candidato; altresì, nel colloquio, il candidato espone, mediante una breve relazione e/o un elaborato multimediale, le esperienze svolte nell'ambito dei PCTO e dimostra, inoltre, di aver maturato le competenze di Educazione civica come definite nel curricolo d'istituto e previste dal documento del Consiglio di Classe;

- le commissioni sono formate da un Presidente, esterno all'istituzione scolastica, che può essere un Dirigente scolastico o un docente della scuola secondaria di secondo grado, tre commissari interni, individuati dal Consiglio di Classe, e tre commissari esterni nominati dal Ministero dell'Istruzione e del Merito;

- il punteggio minimo complessivo per superare l'esame di Stato è 60/100 mentre il massimo è 100/100. Il voto finale è espresso in centesimi e deriva dalla somma del credito scolastico e dei voti conseguiti nelle tre prove d'esame:

  - prima prova scritta (massimo 20 punti);
  - seconda prova scritta (massimo 20 punti);
  - colloquio (massimo 20 punti);
  - credito scolastico (massimo 40 punti).

- Il credito scolastico è attribuito dal Consiglio di classe in sede di scrutinio finale nel secondo biennio e nell'ultimo anno (3-4-5 anno), attribuendo sino ad un massimo di 40 punti, così distribuiti:

  - 12 punti (max) al terzo anno;
  - 13 punti (max) al quarto anno;
  - 15 punti (max) al quinto anno.

Fermo restando il punteggio massimo di 100, la Commissione d'esame può integrare il punteggio fino a un massimo di 5 punti ove il candidato sia stato ammesso con un credito scolastico di almeno 30 punti e abbia conseguito un risultato complessivo nelle prove d'esame pari almeno a 50 punti.

Altresì, la commissione può, all'unanimità, conferire la lode a chi raggiunge il punteggio massimo di cento punti senza fruire della già menzionata integrazione del punteggio, a condizione che:

- abbia conseguito il credito scolastico massimo (40 punti) con voto unanime del consiglio di classe;

- abbia conseguito il punteggio massimo (60 punti) previsto per ogni prova d'esame (20 punti).

Per le sezioni ESABAC, ESABAC techno, sezioni con opzione internazionale, per le scuole della Regione autonoma Valle d'Aosta e della Provincia autonoma di Bolzano, per le scuole con lingua d'insegnamento slovena e con insegnamento bilingue sloveno/italiano del Friuli-Venezia Giulia, è presente una terza prova scritta.

Qui di seguito vengono descritte le disposizioni specifiche per gli studenti con disabilità e per gli studenti con disturbi specifici di apprendimento (DSA).

Candidati con disabilità

L'art. 20 del decreto *D.Lgs n. 62/2017* disciplina l'esame di Stato per gli allievi con Disabilità del Secondo ciclo.

Gli studenti con disabilità sono ammessi a sostenere l'esame di Stato secondo procedure analoghe a quelle degli altri studenti.

Il Consiglio di Classe, per gli studenti ammessi agli esami di Stato, stabilisce la tipologia delle prove d'esame e se le stesse hanno *valore equipollente* all'interno del PEI.

Per la predisposizione, lo svolgimento e la correzione delle prove d'esame, la Commissione può avvalersi del supporto dei docenti e degli esperti che hanno seguito lo studente durante l'anno scolastico e potrà assegnare un tempo differenziato per l'effettuazione delle prove.

Tali prove, se di *valore equipollente*, determinano il rilascio del titolo di studio conclusivo del secondo ciclo di istruzione. In caso contrario o nelle situazioni in cui gli alunni non partecipano all'esame o non sostengono una o più prove, viene rilasciato un *attestato di credito formativo* contenente gli elementi informativi circa l'indirizzo e la durata del corso di studi seguito, le discipline comprese nel piano di studi, con l'indicazione della durata oraria complessiva destinata a ciascuna delle valutazioni ottenute in sede d'esame.

Gli studenti con disabilità partecipano alle prove standardizzate Invalsi, e il Consiglio di Classe può prevedere adeguati strumenti compensativi o misure dispensative, per lo svolgimento delle prove e, ove non fossero sufficienti, predisporre specifici adattamenti della prova.

Candidati con DSA

L'art. 20 del decreto *D.Lgs n. 62/2017* disciplina l'esame di Stato per gli allievi con Disturbi Specifici di Apprendimento (DSA) del Secondo ciclo.

Gli studenti con Disturbo Specifico di Apprendimento (DSA) certificato ai sensi della Legge n. 170/2010, sono ammessi a sostenere l'esame di Stato, sulla base del PDP. La commissione d'esame, considerati gli elementi forniti dal Consiglio di Classe, tiene conto delle specifiche situazioni soggettive adeguatamente certificate e, in particolare, delle modalità didattiche e delle forme di valutazione individuate nell'ambito dei percorsi didattici individualizzati e personalizzati.

Nello svolgimento delle prove scritte, i candidati con DSA possono utilizzare tempi più lunghi di quelli ordinari ed utilizzare gli strumenti compensativi previsti dal PDP che siano già stati impiegati per le verifiche in corso d'anno o comunque siano ritenuti funzionali allo svolgimento dell'esame, senza che venga pregiudicata la validità delle prove scritte. Nel diploma finale non viene fatta menzione dell'impiego degli strumenti compensativi.

Per i candidati con certificazione di DSA che hanno seguito un percorso didattico ordinario, con la sola dispensa dalle prove scritte ordinarie di lingua straniera, la commissione, nel caso in cui la lingua straniera sia oggetto di seconda prova scritta, sottopone i candidati medesimi a prova orale sostitutiva della prova scritta. Nel diploma finale non viene fatta menzione della dispensa dalla prova scritta di lingua straniera.

In casi di particolari gravità del disturbo di apprendimento, anche in comorbilità con altri disturbi o patologie, risultanti dal certificato diagnostico, i candidati, su richiesta della famiglia e conseguente approvazione del Consiglio di Classe, sono esonerati dall'insegnamento delle lingue straniere, come previsto dal DM 5669/2011, e seguono un percorso didattico differenziato. In sede di esame di Stato sostengono prove differenziate, non equipollenti a quelle ordinarie, coerenti con il percorso svolto, finalizzate solo al rilascio dell'attestato di credito formativo. Per detti candidati, il riferimento all'effettuazione delle prove differenziate è indicato solo nell'attestazione e non nelle tabelle affisse all'albo dell'istituto.

Gli studenti con DSA partecipano alle prove standardizzate Invalsi con possibilità di avvalersi di adeguati strumenti compensativi coerenti con il PDP. Gli studenti dispensati dalla prova scritta di lingua straniera o esonerati dall'insegnamento della lingua straniera non sostengono la prova nazionale di lingua inglese.

Abbreviazione per merito

Le studentesse e gli studenti che intendano avvalersi dell'abbreviazione per merito sono ammessi, a domanda, direttamente all'esame di Stato conclusivo del secondo ciclo a condizioni che:

- abbiano riportato, nello scrutinio finale della penultima classe, non meno di otto decimi in ciascuna disciplina o gruppo di discipline e non meno di otto decimi nel comportamento;

- abbiano seguito un regolare corso di studi di istruzione secondaria di secondo grado;

- abbiano riportato una votazione non inferiore a sette decimi in ciascuna disciplina o gruppo di discipline e non inferiore a otto decimi nel comportamento negli scrutini finali dei due anni antecedenti il penultimo, senza essere incorsi in non ammissioni alla classe successiva nei due anni predetti.

Le votazioni suddette non si riferiscono all'insegnamento della religione cattolica e alle attività alternative.

L'abbreviazione per merito non è consentita nei percorsi quadriennali e nei percorsi di istruzione degli adulti di secondo livello, in considerazione della peculiarità dei corsi medesimi.

Candidati esterni

L'articolo 14 del d. lgs. n. 62 del 2017 prevede che sono ammessi a sostenere l'esame di Stato in qualità di candidati esterni coloro che:

a) compiano il diciannovesimo anno di età entro l'anno solare in cui si svolge l'esame e dimostrino di aver adempiuto all'obbligo di istruzione;

b) siano in possesso del diploma di scuola secondaria di primo grado da un numero di anni almeno pari a quello della durata del corso prescelto, indipendentemente dall'età;

c) siano in possesso di titolo conseguito al termine di un corso di studio di istruzione secondaria di secondo grado di durata almeno quadriennale del previgente ordinamento o siano in possesso del diploma professionale di tecnico IeFP;

d) abbiano cessato la frequenza dell'ultimo anno di corso prima del 15 marzo 2023.

Per i candidati esterni le modalità di accesso all'esame finale variano a seconda della loro situazione scolastica precedente; specificatamente, i candidati privatisti che non hanno ottenuto la promozione in uno degli anni precedenti all'ultimo anno di studi sono tenuti a superare un esame preliminare sulle materie degli anni mancanti, nonché quelle previste dal piano di studi dell'ultimo anno, essendo questo un requisito necessario per accertare che abbiano acquisito le competenze e le conoscenze richieste per il completamento del percorso di studi.

Coloro che sono già in possesso di un'attestazione di idoneità o di promozione all'ultimo anno di studi, ma che non hanno frequentato tale anno, devono affrontare l'esame preliminare focalizzato esclusivamente sulle materie previste dal piano di studi dell'ultimo anno, in quanto hanno già dimostrato in precedenza di possedere le competenze necessarie per gli anni antecedenti.

Queste disposizioni assicurano che tutti i candidati, indipendentemente dal loro percorso scolastico, possano essere valutati in modo equo e adeguato prima di accedere all'esame finale che determina il completamento del loro percorso di studi secondari.

Prove scritte a carattere nazionale predisposte dall'INVALSI

Le studentesse e gli studenti iscritti all'ultimo anno di scuola secondaria di secondo grado devono sostenere le prove a carattere nazionale, computer based, predisposte dall'INVALSI, volte a verificare i livelli di apprendimento conseguiti in Italiano, Matematica e Inglese:

- *prova di Italiano* - si divide in due sezioni: comprensione della lettura e riflessione sulla lingua;

- *prova di Matematica* - misura la capacità di risolvere problemi;

- *prova di Inglese* - si compone di due parti: comprensione della lettura (reading) e comprensione dell'ascolto (listening), appartenenti al livello B2 del Quadro comune europeo di riferimento per la conoscenza delle lingue QCER.

Lo svolgimento delle prove INVALSI dell'ultimo anno della scuola secondaria di secondo grado (quarto o quinto a seconda del percorso) costituisce requisito di ammissione all'esame di Stato conclusivo del secondo ciclo d'istruzione (art. 13, c.2, lettera b del D. Lgs. n. 62/2017). Il risultato delle prove non incide in alcun modo sul voto finale.

Le istituzioni scolastiche sono obbligate a mettere in atto tutte le azioni relative allo svolgimento delle rilevazioni nazionali in quanto costituiscono attività ordinarie d'istituto.

Curriculum dello Studente

A partire dall'anno scolastico 2020/21, tra la documentazione necessaria che la scuola dovrà presentare alla Commissione degli esami di Stato del secondo ciclo, c'è il "*Curriculum dello Studente*", un documento rappresentativo dell'intero profilo dello studente che riporta al suo interno le informazioni relative al percorso scolastico, in cui sono riportate le discipline ricomprese nel piano degli studi con l'indicazione del monte ore complessivo destinato a ciascuna di esse, le certificazioni conseguite e le attività extrascolastiche svolte nel corso degli anni.

Il *Curriculum dello Studente* è stato introdotto dalla "Buona Scuola" come strumento atto a raccogliere tutti i dati utili anche ai fini dell'orientamento e dell'accesso al mondo del lavoro. Il curriculum disciplinato dal Decreto legislativo 62 del 2017 rappresenta uno strumento con rilevante valore formativo ed educativo, importante per la presentazione dello Studente alla Commissione e per lo svolgimento del colloquio d'esame.

Il format è strutturato in tre sezioni:

1) la prima, di competenza esclusiva della scuola, contiene tutte le informazioni relative al percorso di studi, al titolo di studio conseguito, ad eventuali altri titoli posseduti, ad altre esperienze svolte in ambito formale;

2) la seconda, di competenza della scuola e dello studente, è inerente alle certificazioni di tipo linguistico, informatico o di altro genere; l

3) a terza, di competenza esclusiva dello Studente, riguarda le attività extrascolastiche svolte ad esempio in ambito professionale, sportivo, musicale, culturale e artistico, di cittadinanza attiva e di volontariato ed altro.

Diploma finale

Il diploma finale rilasciato in esito al superamento dell'esame di Stato conclusivo del secondo ciclo di istruzione, anche in relazione alle esigenze connesse con la circolazione dei titoli di studio nell'ambito dell'Unione europea, attesta l'indirizzo e la durata del corso di studi, nonché il punteggio ottenuto.

Al diploma finale è allegato il curriculum dello studente. Dopo il diploma di Stato ci sono diverse opportunità:

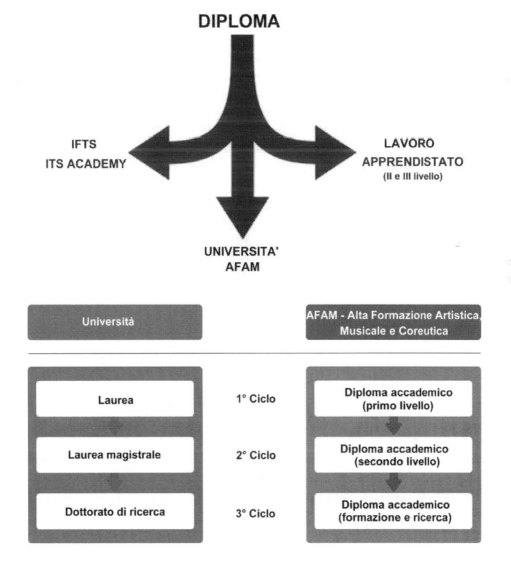

Scuola in ospedale e istruzione domiciliare

La Scuola in Ospedale (SIO) e l'Istruzione Domiciliare (ID) garantisce agli studenti ricoverati, il diritto allo studio, nonostante la malattia. Lo scopo principale delle attività svolte con i degenti in età scolare, che si trovano ricoverati in ospedale o nel proprio domicilio, è aiutarli a intraprendere un percorso cognitivo, emotivo e didattico che permetta di mantenere i legami con il proprio ambiente di vita scolastico.

L'interazione tra la scuola in ospedale e l'istruzione domiciliare è fondamentale per garantire il diritto all'istruzione e alla formazione dello stesso alunno. Per garantire ciò, è essenziale che tutti gli operatori coinvolti, nel rispetto dei loro specifici ruoli e responsabilità, si impegnino nella definizione e condivisione di ogni singolo progetto, anche integrato fra Scuola in Ospedale, Istruzione Domiciliare e frequenza regolare della scuola, a cui partecipano le famiglie, il personale sanitario e della scuola, nonché i diversi soggetti pubblici e privati operanti sul territorio.

Il portale nazionale per la scuola in ospedale e l'istruzione domiciliare fornisce alle famiglie degli alunni/studenti ricoverati, in ospedale o a domicilio, tutte le informazioni sul servizio scolastico. Dall'anno scolastico 2020/21, è disponibile in via ordinaria per tutte le scuole il registro elettronico per la scuola in ospedale e l'istruzione domiciliare (RESO) che consente di documentare le attività didattiche e formative che si svolgono per la scuola in ospedale e l'istruzione domiciliare. Per favorire l'utilizzo di RESO sono state svolte attività di formazione online per i Referenti regionali, i Dirigenti scolastici e i Docenti ospedalieri.

Agli studenti temporaneamente ospedalizzati o che frequentano l'istruzione domiciliare, vengono applicate disposizioni specifiche, assicurando così che tutti abbiano la possibilità di essere valutati in modo equo e adeguato alla loro situazione personale.

In tali contesti, la valutazione richiede un approccio personalizzato e flessibile, poiché ogni studente può trovarsi in situazioni diverse in termini di salute e tempo di permanenza in ospedale o nel proprio domicilio. È essenziale coinvolgere gli operatori sanitari per comprendere le loro condizioni di salute e le capacità cognitive e fisiche degli studenti, adattando le modalità e i tempi di valutazione, nonché l'uso di strumenti compensativi e/o misure dispensative di conseguenza.

Si suggerisce una valutazione continua e regolare, piuttosto che basata su esami a termine, per monitorare il progresso degli studenti nel tempo e apportare eventuali aggiustamenti nel loro percorso di apprendimento.

Inoltre, è importante coinvolgere attivamente le famiglie nel processo di valutazione, condividendo informazioni sulla salute e sulle esigenze specifiche dello studente, per garantire un supporto efficace e un processo equo.

SCUOLA SECONDARIA DI SECONDO GRADO

Quadro di riferimento vigente

La Scuola Secondaria di II grado è formata da Licei, Istituti tecnici e Istituti professionali, riordinati, dopo gli interventi della legge Moratti (legge 53/03) e dagli specifici regolamenti adottati in applicazione dell'art. 64 del Decreto-legge 25 giugno, n.112 convertito con modificazioni dalla L. 6 agosto 2008, n. 133:

- il DPR 87/10 (e relativi allegati) e il DPR 133/17 (regolamento recante integrazioni al DPR 87/2010)) per gli istituti professionali,

- il DPR 88/10 (e relativi allegati) e il DPR 134/17 (regolamento recante integrazioni al DPR 88/2010) per gli istituti tecnici,

- il DPR 89/10 (e relativi allegati) per i licei.

La riforma del secondo ciclo di istruzione (cd. Riforma Gelmini), caratterizzata dal riordino dei percorsi generali dei *Professionali (DPR 87/2010)*, dei *Tecnici (DPR 88/2010)* e dei *Licei (DPR 89/2010)*, entra in vigore a partire dall'a.s. 2010-2011.

La durata totale dei percorsi di studio per tutti e tre i percorsi previsti dalla riforma Gelmini è 5 anni (da 14 a 19 anni di età). Ancora oggi, i percorsi degli Istituti Tecnici e dei Licei sono regolamentati rispettivamente dal *DPR 88/2010* e dal *DPR 89/2010*.

Diverso è il caso degli Istituti Professionali, in quanto nel 2017, il decreto legislativo n.61/2017, attua una revisione dei percorsi dell'istruzione professionale e allo stesso tempo li raccorda con i percorsi dell'istruzione e formazione professionale (IeFP) di competenza regionale, a norma dell'articolo 1, commi 180 e 181, lettera d), della legge 13 luglio 2015, n. 107 (c.d. La Buona Scuola).

Il nuovo sistema dell'istruzione professionale ha la finalità di formare gli studenti ad arti, mestieri e professioni strategici per l'economia del Paese per un saper fare di qualità comunemente denominato «Made in Italy», nonché di garantire una facile transizione nel mondo del lavoro e delle professioni.

L'11 agosto 2018 entra in vigore uno dei decreti attuativi previsti dal D.Lgs. 61/2017, ovvero il D.M. 92/2018 i cui elementi fondamentali si enucleano nei seguenti punti:

- profili di uscita dei nuovi indirizzi di studio;
- risultati di apprendimento declinati in termini di competenze e relative abilità e conoscenze;
- rapporto tra le Attività Economiche (ATECO) e la relativa correlazione con gli indirizzi di studio dell'Istruzione Professionale;
- i nuovi quadri orari con le puntuali articolazioni in termini di area generale ed aree distinte per ciascun indirizzo;
- il rapporto di correlazione tra i percorsi quinquennali dell'istruzione professionale e i percorsi triennali e quadriennali IeFP;
- le modalità per il passaggio al nuovo ordinamento.

A partire dall'anno scolastico 2018/19, ai fini della piena attuazione dell'autonomia scolastica e del curricolo di scuola, il MIUR (oggi MIM), col DM 567 del 3 agosto 2017, promuove un piano nazionale di innovazione ordinamentale per la sperimentazione di *percorsi quadriennali* di istruzione secondaria di secondo grado relativi agli indirizzi dei Licei e degli Istituti Tecnici.

Nel 2021, con decreto ministeriale n. 344 del 3 dicembre 2021 è stato previsto l'ampliamento e l'adeguamento della sperimentazione di percorsi quadriennali di istruzione secondaria di secondo grado destinato a mille classi prime di istituzioni scolastiche, statali e paritarie, che attivano indirizzi di liceo, istituto tecnico e istituto professionale. In seguito all'avviso, di cui al decreto dipartimentale n. 2451 del 7 dicembre 2021, a partire dall'anno scolastico 2022/2023, Licei e Istituti Tecnici potevano presentare progetti di innovazione metodologico-didattica finalizzati alla realizzazione dei percorsi quadriennali, e a partire dall'anno scolastico 2023/2024, altrettanto potevano fare gli *Istituti Professionali*. Le proposte progettuali devono essere riferite ad indirizzi di studio ordinamentali che risultano già attivi nelle istituzioni scolastiche.

La riforma degli Istituti Tecnici e Professionali, prevista dal Ministro Bianchi del Governo Draghi, inserita nel D. L. n.144/22 c.d. Decreto Aiuti Ter *"Misure urgenti per la realizzazione del PNRR"* nella Sezione III *"Misure per l'attuazione del Piano nazionale di ripresa e resilienza in materia di istruzione"*, (Legge di conversione n. 175 del 17.11.2022), mira ad allineare il curricolo di questi istituti (Tecnici e Professionali) alla domanda di competenze che proviene dal tessuto produttivo del Paese, orientando l'istruzione tecnica e professionale verso l'innovazione introdotta da Industria 4.0, incardinandola nel contesto dell'innovazione digitale.

Il Decreto Aiuti Ter (D. L. n.144/22) rimaneggia la Riforma dei Professionali del 2017 (D.Lgs n. 61/2017) e prevede la revisione dell'assetto ordinamentale degli Istituti Tecnici istituiti nel 2010, tramite uno o più regolamenti che andranno a sostituire il DPR 15 marzo 2010, n. 88.

Con l'anno scolastico 2024/2025, il Ministro Valditara, avvalendosi dell'art. 11 del DPR n.275/99 *"Iniziative finalizzate all'innovazione"* che permette di promuovere progetti in ambito nazionale, regionale e locale, volti a esplorare possibili innovazioni riguardanti gli ordinamenti degli studi, la loro articolazione e durata, l'integrazione fra sistemi formativi e i processi di continuità e orientamento, nelle more della istituzione ordinamentale della filiera formativa tecnologico-professionale, avvia con il D.M. 7 dicembre 2023, 240 il *Piano nazionale di sperimentazione* per l'istituzione della *filiera formativa integrata nell'ambito tecnologico-professionale* caratterizzato dalla formula 4+2 (4 anni del secondo ciclo e 2 anni dell'istruzione terziaria non accademica riferita agli ITS Academy).

In sintesi, per la Scuola secondaria di secondo grado si delinea il seguente quadro:

- Licei e Tecnici quinquennali [Tecnici (DPR 88/2010) e Licei (DPR 89/2010)];
- Istituti Professionali quinquennali (D.Lgs 61/2017 - D.M. 92/2018);
- Licei, Tecnici e Professionali quadriennali (DM 567/2017 - DM 344/2021);
- Istituti Tecnici e Professionali aderenti alla Filiera formativa integrata nell'ambito tecnologico-professionale di durata quadriennale (D.M. 7 dicembre 2023, 240).

Riordino degli istituti di istruzione secondaria superiore (Riforma Gelmini)

L'art. 64 del Decreto-legge 25 giugno 2008, n.112 convertito con modificazioni dalla L. 6 agosto 2008, n. 133, nell'ambito della revisione dell'assetto ordinamentale, organizzativo e didattico del sistema scolastico, ha previsto la ridefinizione dei curricoli vigenti nei diversi ordini di scuola anche attraverso la razionalizzazione dei piani di studio e dei relativi quadri orari, con particolare riferimento agli Istituti Tecnici e Professionali.

Su questa base il Ministro Gelmini, il 23 ottobre 2009 presenta alle Camere gli schemi di regolamento per il riordino dei Licei, degli Istituti Tecnici e degli Istituti Professionali. I regolamenti governativi vengono adottati con D.P.R. 15 marzo 2010 n. 87 per gli Istituti Professionali, con D.P.R. 15 marzo 2010 n. 88 per gli Istituti Tecnici, e con D.P.R. 15 marzo 2010 n. 89 per i Licei.

Il testo dei provvedimenti delinea il seguente impianto organizzativo:

Nuovo Impianto Organizzativo *A partire dalle classi prime del nuovo a. s. 2010-2011*		
REGOLAMENTI GOVERNATIVI		
DPR 15 marzo 2010 n. 87	*DPR 15 marzo 2010 n. 88*	*DPR 15 marzo 2010 n. 89*
Istituti Professionali	*Istituti Tecnici*	*Licei*
2 Settori – 6 Indirizzi	*2 Settori – 11 Indirizzi*	*6 Licei*
Settore dei Servizi • Servizi per l'agricoltura e lo sviluppo rurale • Servizi sociosanitari • Servizi per l'enogastronomia e l'ospitalità alberghiera • Servizi commerciali	Settore Economico • Amministrazione, Finanza e Marketing • Turismo	• Liceo artistico • Liceo classico • Liceo linguistico • Liceo musicale e coreutico • Liceo scientifico opzione scienze applicate • Liceo delle scienze umane opzione economico sociale
Settore Industria e Artigianato • Produzioni artigianali e industriali • Manutenzione e assistenza tecnica	Settore Tecnologico • Meccanica, Meccatronica ed Energia • Trasporti e Logistica • Elettronica ed Elettrotecnica • Informatica e Telecomunicazioni • Grafica e Comunicazione • Chimica, Materiali e Biotecnologie • Sistema Moda • Agraria, Agroalimentare e Agroindustria • Costruzioni, Ambiente e Territorio	

I regolamenti di riordino del comparto dell'istruzione secondaria di secondo grado vengono pubblicati nella Gazzetta Ufficiale del 15 giugno 2010 e le nuove regole vengono applicate alle classi prime a partire dall'a.s. 2010-2011.

Alla riorganizzazione dei percorsi delle sezioni bilingui, delle sezioni ad opzione internazionale, di liceo classico europeo, di liceo linguistico europeo e ad indirizzo sportivo (come vedremo la sezione dell'indirizzo sportivo sarà inserita all'interno del Liceo scientifico), si provvede con distinto regolamento.

I Regolamenti della riforma Gelmini, DPR 15 marzo 2010 n. 88 degli Istituti Tecnici e DPR 15 marzo 2010 n. 89 dei Licei, sono ancora validi. Il Regolamento DPR 15 marzo 2010 n. 87 degli Istituti Professionali è stato abrogato, in seguito alla riforma voluta dalla Buona Scuola (L. 107/2015), e sostituito dal Decreto Legislativo n.61/2017.

Riflessioni sulla riforma Gelmini

La riforma Gelmini, tuttora valida per i Licei e gli Istituti Tecnici, si configura come un riordino necessario per il sistema scolastico italiano in quanto pone fine alle moltissime sperimentazioni, realizzate a partire dagli anni '90, che hanno dato luogo ad una enorme frammentazione degli indirizzi (si pensi a più di 200 tipologie di istituti tecnici e quasi 400 tipologie di licei). Una tale strategia dà sicuramente una maggiore chiarezza e omogeneità al Sistema Scolastico Italiano e facilita di sicuro le scelte orientative, sia ai fini del proseguimento degli studi degli studenti che del loro inserimento nel mondo del lavoro.

Il Ministro Gelmini parte dal presupposto di valorizzare quanto di buono era stato fatto in precedenza e quindi la sua riforma si pone sul *continuum* segnato nelle ultime legislature dai suoi predecessori. Infatti, i Regolamenti dei Tecnici e dei Professionali hanno come riferimento l'art. 13 della L. 40/07 (Ministro Fioroni), mentre il Regolamento dei Licei, per quanto riguarda soprattutto il PECUP in uscita a 19 anni, è disciplinato dal D. Lgs 226/05, il quale discende dalla L. 53/2003 (Ministro Moratti).

Il processo di riforma ha interessato pure il sistema dell'Istruzione e Formazione Professionale (IeFP) di competenza regionale. Nel nuovo contesto, gli istituti professionali possono svolgere, in regime di sussidiarietà, un ruolo *integrativo* o *complementare* rispetto ai sistemi regionali IeFP per il rilascio di qualifiche triennali e diplomi professionali quadriennali (sussidiarietà rivista dal D.Lgs n.61/2017 – vedi capitolo *IeFP (Istruzione e Formazione Professionale)*

Il riordino iniziato dal Ministro Berlinguer, sulla base delle tendenze europee e sulle analisi OCSE della scuola italiana, e portato a termine dal Ministro Gelmini, rappresenta la prima riforma organica dalla Riforma Gentile avvenuta nel 1923. Nel nuovo contesto, tutti gli studenti, a conclusione del primo ciclo di istruzione potranno esercitare il proprio diritto-dovere all'istruzione e alla formazione fino al conseguimento di un titolo di studio o di una qualifica triennale entro il 18-esimo anno di età.

Il complesso processo di riforma, apparentemente non favorisce una visione sistemica, visto anche il travagliato iter storico-legislativo che ha dovuto attraversare; ciò è in parte dovuto anche al fatto che tali Regolamenti sono il prodotto di due commissioni di lavoro distinte, una per i Tecnici/Professionali (Commissione De Toni), nominata dall'allora Ministro Fioroni e poi riconfermata dal Ministro Gelmini e l'altra costituita ex novo da quest'ultimo per i Licei.

Un criterio di lettura del riordino che possa condurre ad una dimensione unitaria è quello di mettere in evidenza tutti i punti di forza e gli elementi comuni che legano tra loro i Regolamenti.

Il primo aspetto comune dei tre Regolamenti è la scansione secondo la formula 2+2+1. Il primo biennio è finalizzato all'assolvimento dell'obbligo d'istruzione, come indicato dal D.M 9/2010, ed è previsto il rilascio di una certificazione che attesta l'avvenuta acquisizione delle competenze riferite agli assi culturali e alle competenze chiave. Alla conclusione di ciascun percorso è previsto un esame di Stato, a seguito del quale è rilasciato un diploma che dà l'accesso all'Università, all'AFAM, all'Istruzione e Formazione Tecnica Superiore (IFTS), agli ITS (oggi Istituti Tecnologici Superiori ITS Academy), nonché all'inserimento nel mondo del lavoro e delle professioni.

Nell'esercizio della loro autonomia didattica, organizzativa e di ricerca, le istituzioni scolastiche possono dotarsi di dipartimenti quali articolazioni funzionali del collegio dei docenti, per il sostegno alla didattica e alla progettazione formativa, possono altresì dotarsi di un Comitato Tecnico Scientifico/Comitato Scientifico (CTS/CS), composto da docenti e da esperti del mondo del lavoro, delle professioni e della ricerca scientifica e tecnologica, con funzioni consultive e di proposta per l'organizzazione delle aree di indirizzo e l'utilizzazione degli spazi di autonomia e flessibilità, come possono stipulare contratti d'opera con esperti del mondo del lavoro e delle professioni con una specifica e documentata esperienza professionale maturata nel settore di riferimento, ai fini dell'arricchimento dell'offerta formativa e per competenze specialistiche non presenti nell'istituto, nei limiti degli spazi di flessibilità e delle risorse iscritte nel programma annuale di ciascuna istituzione scolastica.

Un punto di forza della Nuova Secondaria Superiore è lo stretto collegamento con l'Università, con l'Alta Formazione artistica, musicale e coreutica, con gli Istituti Tecnici Superiori ITS (oggi Istituti Tecnologici Superiori ITS Academy) e gli IFTS, con il mondo del lavoro attraverso Stage, Tirocini Formativi e Alternanza Scuola-Lavoro (oggi Percorsi per le Competenze Trasversali e l'Orientamento - PCTO) e con il territorio grazie anche alla presenza nei Comitati Tecnico-Scientifici di rappresentanti del mondo del lavoro e delle professioni.

Altro punto di forza che troviamo in tutti e tre i Regolamenti è il richiamo alla metodologia adottata, basata su un apprendimento sempre più legato al modo di apprendere delle nuove generazioni attraverso esperienze concrete basate su attività laboratoriali che fanno della scuola un centro di ricerca e innovazione permanente.

Per restare nell'ambito dell'autonomia organizzativa e didattica, tutte le istituzioni scolastiche in esame hanno la possibilità di modificare il monte ore annuale delle discipline di una quota del 20% per realizzare attività e insegnamenti facoltativi aggiuntivi, coerenti con il PECUP dello studente e tenendo conto che non possono essere eliminate le discipline di ordinamento e che l'orario di ciascuna di queste non può essere ridotto oltre il 20%.

Per corrispondere alle esigenze del territorio e ai fabbisogni formativi espressi dal mondo del lavoro e delle professioni, oltre a dette quote orarie di autonomia, i regolamenti prevedono quote orarie di flessibilità che consentono di articolare le aree di indirizzo del secondo biennio e del quinto anno in opzioni non previste da Regolamento governativo, ma inserite in un apposito elenco nazionale aggiornabile ogni tre anni.

Va precisato che gli insegnamenti previsti nelle opzioni possono sostituire in parte o totalmente quelli previste dal Regolamento nella quota di flessibilità consentita (mediamente intorno al 30%). Per fare un esempio concreto, viste le esigenze del territorio e i fabbisogni formativi espressi dal mondo del lavoro e delle professioni, un istituto tecnico, può attivare l'opzione "*Tecnologie delle materie plastiche*" dell'indirizzo Meccanica e Meccatronica.

L'ambito delle opzioni assume, pertanto, un raccordo tra il sistema dell'istruzione e i diversi contesti produttivi territoriali e trova, quindi, la sua collocazione nell'ambito del Piano dell'offerta formativa regionale (per l'attivazione delle opzioni, o nuovi indirizzi, la richiesta va fatta alla Regione da parte delle Province). In questi nuovi contesti, spetta ai Dirigenti scolastici il compito di potenziare i Dipartimenti e di far nascere i Comitati Tecnico Scientifici/Comitati Scientifici (CTS/CS), organi consultivi col compito di creare e mantenere vivo il rapporto con il territorio, e il mondo del lavoro in particolare, attraverso i PCTO, Stage, rapporti con le Università e altri centri di ricerca.

Nella riforma, molta attenzione viene rivolta alle "*alleanze formative*" con il mondo del lavoro, nella prospettiva di un'offerta formativa integrata che vede operare in sinergia Istituti Tecnici, Istituti Professionali, centri di formazione professionale, ITS, IFTS, corsi per adulti. Una strategia formativa che oggi viene attuata col Piano nazionale di sperimentazione per l'istituzione della filiera formativa integrata nell'ambito tecnologico-professionale (vedi capitolo corrispondente).

L'adozione dell'EQF e l'assunzione delle otto competenze, come riferimento per i percorsi formativi formali, richiede una profonda trasformazione nei contenuti e nella metodologia. Ai docenti si chiede l'adozione di metodologie didattiche capaci di realizzare il coinvolgimento e la motivazione dell'apprendimento: indispensabili divengono le metodologie partecipative e laboratoriali, le attività progettuali e l'Alternanza Scuola Lavoro (PCTO).

Una scuola più coinvolgente per gli studenti, costruita su una metodologia attiva, laboratoriale, euristica, riflessiva, richiede un cambio di mentalità di tutte le sue componenti, una impostazione di tipo sistemico, un cambiamento il cui regista è il Dirigente scolastico, il quale dovrà favorire la cooperazione tra i dipartimenti e tra i docenti dei Consigli di Classe per avviare una nuova ed efficace progettazione didattica, tenendo in considerazione tutti i contesti di vita dello studente, da quello naturale a quello sociale, da quello culturale a quello antropologico.

Come punto di interazione tra i vari contesti si collocano le competenze di Cittadinanza, poiché i principi di democrazia, di giustizia, di uguaglianza, praticati nella quotidianità del microcosmo-scuola, assumono un imprescindibile significato formativo per la costruzione della società del futuro. I Dirigenti scolastici hanno il difficile compito di accompagnare i loro docenti in questo percorso.

Licei

I licei sono disciplinati dal decreto legislativo 17 ottobre 2005, n. 226 (riforma Moratti), e successive modificazioni, e dal regolamento DPR 15 marzo 2010 n. 89 (riforma Gelmini) in attuazione del piano programmatico di interventi volto alla razionalizzazione dell'utilizzo delle risorse umane e strumentali disponibili, tali da conferire efficacia ed efficienza al sistema scolastico.

I Licei, finalizzati al conseguimento di un diploma di istruzione secondaria superiore, forniscono allo studente gli strumenti culturali e metodologici per una comprensione approfondita della realtà, affinché egli si ponga, con atteggiamento razionale, creativo, progettuale e critico, di fronte alle situazioni, ai fenomeni e ai problemi, ed acquisisca conoscenze, abilità e competenze coerenti con le capacità e le scelte personali e adeguate al proseguimento degli studi di ordine superiore, all'inserimento nella vita sociale e nel mondo del lavoro.

I percorsi liceali sono sei ed hanno durata quinquennale, si sviluppano in due periodi biennali e in un quinto anno, che completa il percorso disciplinare, con un orario settimanale, fatta qualche eccezione, di 27 ore nel primo biennio e 30 ore nel secondo biennio e nel quinto anno.

Il primo biennio dei percorsi liceali è finalizzato all'iniziale approfondimento e sviluppo delle conoscenze e delle abilità e a una prima maturazione delle competenze caratterizzanti le singole articolazioni del sistema liceale, nonché all'assolvimento dell'obbligo di istruzione.

Il secondo biennio è finalizzato all'approfondimento e allo sviluppo delle conoscenze e delle abilità e alla maturazione delle competenze caratterizzanti le singole articolazioni del sistema liceale.

Nel quinto anno si persegue la piena realizzazione del Profilo Educativo, Culturale e Professionale dello studente (PECUP delineato nell'Allegato A del regolamento dei licei), il completo raggiungimento degli obiettivi specifici di apprendimento e si consolida il percorso di orientamento agli studi successivi e all'inserimento nel mondo del lavoro.

A partire dal secondo biennio, le istituzioni scolastiche stabiliscono, anche d'intesa con le Università, con le istituzioni dell'Alta Formazione Artistica, Musicale e Coreutica (AFAM), con le istituzioni che realizzano i percorsi di Istruzione e Formazione Tecnica Superiore (IFTS) ed i percorsi degli Istituti Tecnologici Superiori (ITS Academy), specifiche modalità per l'approfondimento delle conoscenze, delle abilità e delle competenze richieste per l'accesso ai relativi corsi di studio e per l'inserimento nel mondo del lavoro.

L'approfondimento può essere realizzato anche nell'ambito dei Percorsi per le Competenze Trasversali e per l'Orientamento - PCTO (ex Alternanza Scuola Lavoro) che permettono agli studenti di integrare la tradizionale formazione d'aula con periodi formativi presso imprese o enti privati o pubblici convenzionati, nonché attraverso l'attivazione di moduli e di iniziative di studio-lavoro per progetti, di esperienze pratiche e di tirocinio.

In seguito alla riforma, come riportato nello schema precedente, il sistema iniziale dei licei comprende i licei artistico, classico, linguistico, musicale e coreutico, scientifico e delle scienze umane con le seguenti specifiche:

Liceo artistico
Il percorso del liceo artistico è indirizzato allo studio dei fenomeni estetici e alla pratica artistica. Favorisce l'acquisizione dei metodi specifici della ricerca e della produzione artistica e la padronanza dei linguaggi e delle tecniche relative. Fornisce allo studente gli strumenti necessari per conoscere il patrimonio artistico nel suo contesto storico e culturale e per coglierne appieno la presenza e il valore nella società odierna. Guida lo studente ad approfondire e a sviluppare le conoscenze e le abilità e a maturare le competenze necessarie per dare espressione alla propria creatività e capacità progettuale nell'ambito delle arti (art. 4, DPR 15 marzo 2010 n. 89).

A partire dal II biennio il liceo artistico si diversifica in 6 indirizzi:

- *arti figurative*: attraverso le attività laboratoriali lo studente acquisisce e sviluppa la padronanza dei linguaggi delle arti figurative;
- *architettura e ambiente*: attraverso le attività laboratoriali lo studente acquisisce la padronanza di metodi di rappresentazione specifici dell'architettura e delle problematiche urbanistiche;
- *design*: attraverso le attività laboratoriali lo studente acquisisce le metodologie proprie della progettazione di oggetti;
- *audiovisivo e multimediale*: attraverso le attività laboratoriali lo studente acquisisce e sviluppa la padronanza dei linguaggi e delle tecniche della comunicazione visiva, audiovisiva e multimediale;
- *grafica*: attraverso le attività laboratoriali lo studente acquisisce la padronanza delle metodologie proprie di tale disciplina;
- *scenografia*: attraverso le attività laboratoriali lo studente acquisisce la padronanza delle metodologie proprie della progettazione scenografica.

Liceo classico
Il percorso del liceo classico è indirizzato allo studio della civiltà classica e della cultura umanistica. Favorisce una formazione letteraria, storica e filosofica idonea a comprenderne il ruolo nello sviluppo della civiltà e della tradizione occidentali e nel mondo contemporaneo sotto un profilo simbolico, antropologico e di confronto di valori. Favorisce l'acquisizione dei metodi propri degli studi classici e umanistici, all'interno di un quadro culturale che, riservando attenzione anche alle scienze matematiche, fisiche e naturali, consente di cogliere le intersezioni tra i saperi e di elaborare una visione critica della realtà. Guida lo studente ad approfondire ed a sviluppare le conoscenze e le abilità e a maturare le competenze necessarie (art. 5, DPR 15 marzo 2010 n. 89).

Liceo linguistico
Il percorso del liceo linguistico è indirizzato allo studio di più sistemi linguistici e culturali. Guida lo studente ad approfondire e a sviluppare le conoscenze e le abilità, a maturare le competenze necessarie per acquisire la padronanza comunicativa di tre lingue, oltre l'italiano, e per comprendere criticamente l'identità storica e culturale di tradizioni e civiltà diverse (art. 6, DPR 15 marzo 2010 n. 89).

Nel secondo biennio (terzo e quarto anno) è impartito l'insegnamento in lingua straniera (diversa nei due anni) di una disciplina non linguistica, prevista nell'area delle attività e degli insegnamenti obbligatori per tutti gli studenti o nell'area degli insegnamenti attivabili dalle istituzioni scolastiche

Liceo musicale e coreutico
Il percorso del liceo musicale e coreutico, articolato nelle rispettive sezioni, è indirizzato all'apprendimento tecnico-pratico della musica e della danza e allo studio del loro ruolo nella storia e nella cultura. Guida lo studente ad approfondire e a sviluppare le conoscenze e le abilità e a maturare le competenze necessarie per acquisire, anche attraverso specifiche attività funzionali, la padronanza dei linguaggi musicali e coreutici sotto gli aspetti della composizione, interpretazione, esecuzione e rappresentazione, maturando la necessaria prospettiva culturale, storica, estetica, teorica e tecnica (art. 7, DPR 15 marzo 2010 n. 89).

Per essere ammessi al percorso del liceo musicale e coreutico, è necessario superare una prova mirata che verifica le competenze musicali o coreutiche dei candidati.

Liceo scientifico
Il percorso del liceo scientifico è indirizzato allo studio del nesso tra cultura scientifica e tradizione umanistica. Favorisce l'acquisizione delle conoscenze e dei metodi propri della matematica, della fisica e delle scienze naturali. Guida lo studente ad approfondire ed a sviluppare le conoscenze e le abilità ed a maturare le competenze necessarie per seguire lo sviluppo della ricerca scientifica e tecnologica e per individuare le interazioni tra le diverse forme del sapere, assicurando la padronanza dei linguaggi, delle tecniche e delle metodologie relative, anche attraverso la pratica laboratoriale (art. 8, DPR 15 marzo 2010 n. 89).

Se la programmazione regionale dell'offerta formativa lo prevede, l'istituzione scolastica può richiedere l'attivazione dell'opzione *"scienze applicate"*: un percorso che offre agli studenti competenze avanzate negli studi afferenti alla cultura scientifico-tecnologica, con un focus particolare sulle scienze matematiche, fisiche, chimiche, biologiche, della terra, all'informatica e alle loro applicazioni.

Il 31 maggio 2013, ai sensi dell'art. 3, c. 2, del DPR 15 marzo 2010, n. 89, è entrato in vigore il Regolamento di organizzazione dei percorsi della *sezione ad indirizzo sportivo* del sistema dei licei (DPR n.52/2013). La sezione ad indirizzo sportivo si inserisce strutturalmente, a partire dal primo anno di studio, nel *percorso del liceo scientifico*. Essa è volta all'approfondimento delle scienze motorie e sportive e di una o più discipline sportive all'interno di un quadro culturale che favorisce, in particolare, l'acquisizione delle conoscenze e dei metodi propri delle scienze matematiche, fisiche e naturali nonché dell'economia e del diritto.

Liceo delle scienze umane
Il percorso del liceo delle scienze umane è indirizzato allo studio delle teorie esplicative dei fenomeni collegati alla costruzione dell'identità personale e delle relazioni umane e sociali. Guida lo studente ad approfondire ed a sviluppare le conoscenze e le abilità ed a

maturare le competenze necessarie per cogliere la complessità e la specificità dei processi formativi. Assicura la padronanza dei linguaggi, delle metodologie e delle tecniche di indagine nel campo delle scienze umane (art. 9, DPR 15 marzo 2010 n. 89).

Se la programmazione regionale dell'offerta formativa lo prevede, l'istituzione scolastica può richiedere l'attivazione dell'opzione *"economico-sociale"*: un percorso che fornisce allo studente competenze particolarmente avanzate negli studi afferenti alle scienze giuridiche, economiche e sociali.

Liceo del Made in Italy
La Legge 27 dicembre 2023, n. 206, al fine di promuovere le conoscenze e le abilità connesse all'eccellenza dei prodotti e della tradizione italiana attraverso un percorso liceale in grado di dare competenze storico-giuridiche, artistiche, linguistiche, economiche e di mercato idonee alla promozione e alla valorizzazione dei singoli settori produttivi nazionali che tengano conto delle specifiche vocazioni dei territori, istituisce il percorso liceale del Made in Italy, che si inserisce nell'articolazione del sistema dei licei i quali diventano sette. Nell'ambito della programmazione regionale dell'offerta formativa, se sono previsti, possono essere attivati, a decorrere dall'anno scolastico 2024/2025, i percorsi liceali del Made in Italy. Contestualmente, l'opzione economico-sociale presente all'interno del percorso del liceo delle scienze umane, confluisce nei percorsi liceali del Made in Italy, ferma restando, per le classi successive alla prima, la prosecuzione ad esaurimento, dell'opzione economico-sociale;

In conclusione, i licei italiani svolgono un ruolo fondamentale nel sistema educativo, fornendo agli studenti un'educazione solida e versatile che li prepara efficacemente per il futuro. Attraverso un mix equilibrato di teoria e pratica, i percorsi liceali permettono agli studenti di sviluppare non solo una profonda comprensione teorica, ma anche abilità pratiche e un senso critico indispensabili sia per gli studi universitari che per il mondo del lavoro. Con l'introduzione di percorsi innovativi come il liceo per il Made in Italy, il sistema educativo italiano continua a evolversi, sottolineando la sua capacità di adattarsi e rispondere alle esigenze di un mondo in rapido cambiamento. In definitiva, i licei rappresentano un pilastro fondamentale nella formazione dei giovani, dotandoli degli strumenti necessari per diventare cittadini informati, professionisti qualificati e individui realizzati.

Al momento non è prevista nessuna revisione dell'assetto ordinamentale dei percorsi liceali; pertanto, resta in vigore il sistema dei licei regolamentato dal DPR 15 marzo 2010 n. 89, con l'aggiunta del Liceo per il Made in Italy.

Istituti Tecnici

Gli Istituti Tecnici si articolano in 2 settori, Economico e Tecnologico (a fronte dei precedenti 10 settori) e 11 indirizzi (a fronte dei precedenti 39 indirizzi). L'orario settimanale è di 32 ore.

L'identità di tali istituti si caratterizza per una solida base culturale di carattere scientifico e tecnologico in linea con le indicazioni dell'Unione europea. I percorsi hanno durata quinquennale e si concludono con il conseguimento di diplomi di istruzione secondaria superiore in relazione ai rispettivi settori, economico o tecnologico, e ai corrispondenti indirizzi, con riferimento al profilo educativo, culturale e professionale dello studente (PECUP) a conclusione del secondo ciclo del sistema educativo di istruzione e formazione.

I percorsi si articolano in un'area di istruzione generale comune e in aree di indirizzo:

- l'area di istruzione generale ha l'obiettivo di fornire agli studenti la preparazione di base, acquisita attraverso il rafforzamento e lo sviluppo degli assi culturali che caratterizzano l'obbligo di istruzione: asse dei linguaggi, matematico, scientifico-tecnologico, storico-sociale.

- le aree di indirizzo hanno l'obiettivo di far acquisire agli studenti sia conoscenze teoriche e applicative spendibili in vari contesti di vita, di studio e di lavoro sia abilità cognitive idonee per risolvere problemi, sapersi gestire autonomamente in ambiti caratterizzati da innovazioni continue, assumere progressivamente anche responsabilità per la valutazione e il miglioramento dei risultati ottenuti.

In entrambi settori, gli aspetti tecnologici e tecnici sono presenti fin dal *primo biennio* ove, attraverso l'apprendimento dei saperi-chiave, acquisiti soprattutto attraverso l'attività di laboratorio, esplicano una funzione orientativa. Nel *secondo biennio*, le discipline di indirizzo assumono connotazioni specifiche in una dimensione poli-tecnica, con l'obiettivo di far raggiungere agli studenti, nel *quinto anno*, una adeguata competenza professionale di settore, idonea anche per la prosecuzione degli studi a livello terziario con particolare riferimento all'esercizio delle professioni tecniche.

Per corrispondere alle esigenze poste dall'innovazione tecnologica e dai fabbisogni espressi dal mondo del lavoro e delle professioni, nonché alle vocazioni territoriali, gli istituti tecnici organizzano, di norma, specifiche attività formative nell'ambito della loro autonomia didattica, organizzativa e di ricerca e sviluppo in costante raccordo con i sistemi produttivi del territorio. A tale fine, dal primo biennio al quinto anno, i percorsi sono caratterizzati da spazi crescenti di flessibilità funzionali agli indirizzi.

Il settore economico si caratterizza per la cultura tecnico-economica riferita ad ampie aree come l'economia, l'amministrazione delle imprese, la finanza, il marketing, l'economia sociale e il turismo, e prevede i seguenti indirizzi:

    a) Amministrazione, Finanza e Marketing;
    b) Turismo.

Il settore tecnologico si caratterizza per la cultura tecnico-scientifica e tecnologica in ambiti ove interviene permanentemente l'innovazione dei processi, dei prodotti e dei servizi, delle metodologie di progettazione e di organizzazione, e prevede i seguenti indirizzi:

    a) Meccanica, Meccatronica ed Energia;
    b) Trasporti e Logistica;
    c) Elettronica ed Elettrotecnica;
    d) Informatica e Telecomunicazioni;
    e) Grafica e Comunicazione;
    f) Chimica, Materiali e Biotecnologie;
    g) Sistema Moda;
    h) Agraria, Agroalimentare e Agroindustria;
    i) Costruzioni, Ambiente e Territorio.

A conclusione del percorso quinquennale, i risultati di apprendimento attesi consentono agli studenti di inserirsi direttamente nel mondo del lavoro, di accedere all'Università, agli Istituti tecnologici superiori (ITS Academy), al Sistema dell'istruzione e formazione tecnica superiore IFTS, ai percorsi previsti dall'istituto dell'apprendistato nonché ai percorsi di studio e di lavoro previsti per l'accesso agli albi delle professioni tecniche secondo le norme vigenti in materia.

Revisione dell'assetto ordinamentale dei percorsi degli Istituti Tecnici

La Riforma 1.1 della Missione 4 del PNRR prevede la revisione dell'assetto ordinamentale dei percorsi degli Istituti Tecnici istituiti nel 2010 dalla riforma Gelmini (D.P.R. 15 marzo 2010, n. 88 - *Regolamento recante norme per il riordino degli Istituti Tecnici*), tramite uno o più regolamenti, da adottare entro centottanta giorni dalla data di entrata in vigore del suddetto decreto (vigente dal: 24-9-2022). Con l'entrata in vigore dei nuovi regolamenti sarà abrogato il DPR 15 marzo 2010, n. 88.

La revisione dell'assetto ordinamentale dei percorsi degli Istituti Tecnici è stata slittata, presumibilmente per l'anno scolastico 2025/26, pertanto al momento resta in vigore il D.P.R. n.88/2010.

L'argomento sarà affrontato nei capitoli "*Riforma degli Istituti Tecnici prevista dal PNRR*" e "*Filiera formativa tecnologico-professionale: Modello 4+2*".

Istituti Professionali

La riforma degli Istituti Professionali a seguito della Buona Scuola

Nel 2017 il Decreto Legislativo n.61/2017, come previsto dalla legge 13 luglio 2015, n. 107, c.d. La Buona Scuola, *riforma* i percorsi dell'istruzione professionale di cui al DPR n.87/2010 (Ministro Gelmini), in *raccordo* con quelli dell'Istruzione e Formazione Professionale (IeFP), attraverso la ridefinizione degli indirizzi e il potenziamento delle attività didattiche laboratoriali.

Successivamente il D. L. n.144/22, c.d. decreto Aiuti Ter, al fine di rafforzare il rapporto della scuola con il mondo del lavoro, allinea, con modificazioni e integrazioni, il suddetto decreto del 2017 alle richieste di innovazione, sostenibilità ambientale e competitività del PNRR.

L'argomento sugli Istituti Professionali sarà trattato nei capitoli *"Riforma dell'Istruzione Professionale (D.Lgs n. 61/2017)"* e *"IeFP (Istruzione e Formazione Professionale)"*.

Distribuzione degli iscritti nei tre percorsi (Licei, Tecnici e Professionali)

Nelle seguenti tabelle vengono rappresentati i dati relativi agli iscritti nei Licei, nei Tecnici e nei Professionali, a. s. 2024/2025.

Dall'analisi dei dati si osserva che più della metà degli studenti frequenta un percorso liceale (55,6% - 57,1% a. s. 2023/2024). Il Veneto e il Friuli V.G. hanno la più alta quota di studenti che sceglie un percorso tecnico (> 39.00 degli studenti), l'Emilia Romagna ha la più alta quota di studenti che sceglie un percorso professionale (17,1% degli studenti), il Lazio la quota più alta di studenti che sceglie il percorso liceale (69,3% degli studenti).

Percorsi Scuola Secondaria di II grado per regione – a.s.2024/2025

REGIONI	Licei	Tecnici	Professionali	Totale
ABRUZZO	62,7%	28,9%	8,4%	100,0%
BASILICATA	57,9%	28,5%	13,7%	100,0%
CALABRIA	57,0%	31,7%	11,3%	100,0%
CAMPANIA	60,3%	26,3%	13,4%	100,0%
EMILIA ROMAGNA	45,2%	37,7%	17,1%	100,0%
FRIULI VENEZIA GIULIA	50,0%	39,1%	11,0%	100,0%
LAZIO	69,3%	23,5%	7,3%	100,0%
LIGURIA	58,2%	29,1%	12,6%	100,0%
LOMBARDIA	50,2%	36,2%	13,5%	100,0%
MARCHE	54,9%	31,9%	13,2%	100,0%
MOLISE	60,5%	28,1%	11,4%	100,0%
PIEMONTE	54,4%	32,8%	12,8%	100,0%
PUGLIA	56,2%	31,0%	12,8%	100,0%
SARDEGNA	57,8%	31,1%	11,1%	100,0%
SICILIA	60,8%	27,7%	11,5%	100,0%
TOSCANA	55,4%	29,9%	14,7%	100,0%
UMBRIA	59,5%	30,2%	10,3%	100,0%
VENETO	45,9%	39,3%	14,8%	100,0%
Totale	55,6%	31,7%	12,7%	100,0%

Scuola Secondaria di II grado - confronto dati a.s.2024/2025 - a.s.2023/2024

Indirizzi di studio	a.s.2024/2025	a.s.2023/2024
LICEO	**55,63%**	**57,10%**
Artistico	4,44%	4,90%
Classico	5,34%	5,80%
Europeo / Internazionale	0,40%	0,40%
Linguistico	7,86%	7,70%
Musicale e Coreutico - Sezione Coreutica	0,14%	0,10%
Musicale e Coreutico - Sezione Musicale	0,80%	0,80%
Scientifico	13,74%	14,10%
Scientifico - Opzione Scienze Applicate	9,75%	10,00%
Scientifico - Sezione Ad Indirizzo Sportivo	2,10%	2,00%
Scienze Umane	7,01%	7,20%
Scienze Umane - Opzione Economico Sociale	3,96%	3,90%
Made in italy	0,08%	-
TECNICO	**31,66%**	**30,90%**
Settore Economico	**12,25%**	**11,50%**
Amministrazione, Finanza e Marketing	9,23%	8,70%
Turismo	3,02%	2,80%
Settore Tecnologico	**19,41%**	**19,40%**
Agraria, Agroalimentare e Agroindustria	1,39%	1,50%
Chimica, Materiali e Biotecnologie	2,43%	2,40%
Costruzioni, Ambiente e Territorio	2,03%	1,90%
Elettronica ed Elettrotecnica	2,12%	2,10%
Grafica e Comunicazione	1,33%	1,40%
Informatica e Telecomunicazioni	5,71%	6,00%
Meccanica, Meccatronica ed Energia	2,88%	2,80%
Sistema Moda	0,27%	0,30%
Trasporti e Logistica	1,25%	1,10%
PROFESSIONALE	**12,72%**	**12,10%**
Agricoltura, Sviluppo Rurale, Valorizzazione dei Prodotti del Territorio e Gestione delle Risorse Forestali e Montane	0,76%	0,80%
Arti Ausiliarie delle Professioni Sanitarie: Odontotecnico	0,52%	0,50%
Arti Ausiliarie delle Professioni Sanitarie: Ottico	0,14%	0,10%
Enogastronomia e Ospitalità Alberghiera	4,02%	4,00%
Gestione delle Acque e Risanamento Ambientale	0,03%	0,00%
Industria e Artigianato per Il Made In Italy	1,20%	1,10%
Manutenzione e Assistenza Tecnica	1,68%	1,60%
Pesca Commerciale e Produzioni Ittiche	0,00%	0,00%
Servizi Commerciali	1,39%	1,30%
Servizi Culturali e dello Spettacolo	0,29%	0,30%
Servizi per la Sanità e l'assistenza Sociale	1,83%	1,60%
Percorsi di Istruzione e Formazione Professionale	0,83%	0,70%
Totale	**100,00%**	**100,00%**

Fonte: Ministero dell'Istruzione e del Merito Direzione generale per i sistemi informativi e la statistica – uff. Statistica

ORGANIGRAMMA E FUNZIONIGRAMMA

I cambiamenti significativi che hanno caratterizzato il sistema scolastico italiano negli ultimi decenni, inclusa l'autonomia scolastica e il decentramento delle politiche educative, hanno indubbiamente portato a una ridefinizione delle figure professionali e delle strutture organizzative all'interno delle istituzioni scolastiche. Questi cambiamenti hanno creato nuove sfide e opportunità per il Dirigente Scolastico, il quale ora si trova a svolgere un ruolo determinante e propulsore nel promuovere l'efficacia e l'efficienza dell'istituzione scolastica.

Il Dirigente Scolastico è chiamato a svolgere, sia nell'adozione del modello organizzativo più appropriato, sia nella sua gestione, un ruolo determinante e propulsore, al fine di:
- potenziare le capacità organizzative e formative dell'istituzione;
- valorizzare il pieno utilizzo delle risorse disponibili;
- promuovere la cultura del Servizio e della Qualità;
- sviluppare una professionalità di programmazione, gestione, misura e controllo dei processi formativi ed organizzativi dei docenti.

Inoltre, il Dirigente scolastico deve avere una visione chiara del proprio ruolo e dei rapporti col contesto territoriale, deve avere la capacità di recepire e valutare le richieste e gli stimoli che provengono dall'esterno, di comprendere le necessità dell'utenza e i suoi bisogni anche inespressi, di ricondurre le richieste entro i fini istituzionali, di valutare correttamente le risorse disponibili e di definire su queste basi una strategia adeguata.

Per poter essere attuata, una tale strategia deve essere supportata da una struttura organizzativa efficace ed efficiente, che consenta di cogliere nel contesto ambientale tutte le opportunità e le sfide che possono qualificare al meglio il ruolo dell'istituto scolastico sul territorio.

Uno strumento comunicativo molto efficace che rappresenta la struttura organizzativa dell'istituzione scolastica attraverso una mappa visiva è l'organigramma. Solitamente, ad esso è associato un funzionigramma.

L'organigramma illustra la gerarchia, la divisione dei compiti e le relazioni tra le varie figure all'interno della scuola. In altre parole, è uno strumento di sintesi finalizzato alla comunicazione dell'assetto organizzativo generale che permette di comprendere la struttura organizzativa dell'istituzione scolastica, i ruoli delle persone coinvolte, le responsabilità e le linee di comunicazione.

Il corrispondente funzionigramma, invece, è una rappresentazione descrittiva delle attività e funzioni svolte da ogni singolo soggetto/organo all'interno dell'istituzione scolastica e chiarisce "chi fa cosa", concentrandosi sulle attività e funzioni, nonché sulle responsabilità dei vari soggetti coinvolti nell'operatività della scuola.

Nelle pagine seguenti è proposto l'organigramma di una ipotetica istituzione scolastica secondaria di secondo grado. Lo schema e le funzioni descritte possono essere adattati, con le opportune modifiche, a qualsiasi altra tipologia di istituzione scolastica.

ORGANIGRAMMA E FUNZIONIGRAMMA DELL'ISTITUTO

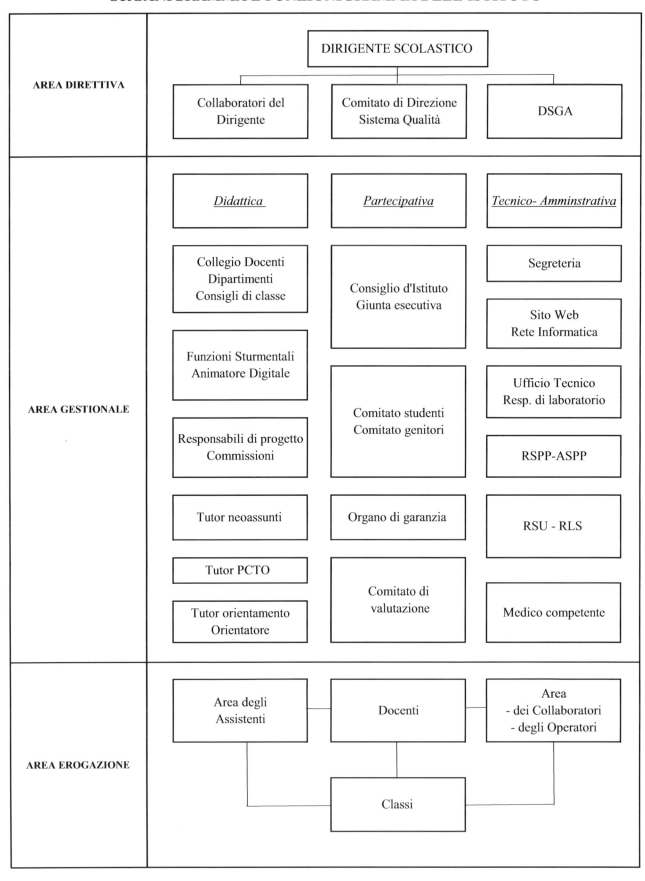

Area direttiva

Dirigente scolastico

Prima dell'Autonomia Scolastica la figura del Capo d'Istituto era suddivisa nei ruoli di Preside, preposto a dirigere scuole secondarie di primo o secondo grado, con funzioni incentrate sul sostegno agli insegnanti ed al rispetto della norma, e di Direttore didattico, posto al vertice delle scuole elementari con funzioni incentrate sul sostegno alla didattica.

A seguito della legge sull'Autonomia Scolastica (L. 59/97 art. 21, DPR 275/99) ai Capi d'Istituto viene attribuita la qualifica dirigenziale (D.Lgs 59/98). Le due figure sono accorpate in quella unica di Dirigente scolastico, inquadrato nella dirigenza dello Stato (Area V della Dirigenza), che diventa il responsabile unico della gestione pedagogica, didattica e organizzativa della scuola che gli viene affidata.

Nell'ambito dei compiti e degli obblighi previsti dalla normativa vigente:

- promuove e coordina tutte le attività della scuola, garantendo la gestione unitaria dell'Istituto sul piano organizzativo, didattico e amministrativo;
- dirige, coordina e valorizza le risorse umane nel rispetto delle competenze degli Organi Collegiali;
- è responsabile della gestione delle risorse finanziarie e strumentali e della qualità dei servizi erogati;
- favorisce la partecipazione di tutte le componenti alla vita scolastica, affinché il Piano dell'Offerta Formativa possa essere realizzato con il contributo di tutti;
- si avvale della collaborazione di docenti da lui individuati e può delegare loro specifici compiti per lo svolgimento delle proprie funzioni organizzative e amministrative;
- per lo svolgimento dei compiti amministrativi si avvale della collaborazione del DSGA (Direttore dei servizi generali e amministrativi) impartendo le direttive per il coordinamento del personale ATA;
- è il rappresentante legale dell'Istituto e ha il compito di attivare i necessari rapporti con gli enti locali e con le diverse realtà istituzionali, culturali, sociali ed economiche operanti sul territorio.

Collaboratori del Dirigente e responsabili di plesso

- Condividono e coordinano con il Dirigente Scolastico le scelte educative e didattiche, programmate nel PTOF:
- rappresentano il Dirigente in riunioni esterne (ASL, Enti Locali, etc.);
- sostituiscono il Dirigente in caso di assenza per impegni istituzionali, malattia, ferie, permessi, e in caso d'emergenza o di urgenza possono prendere decisioni di una certa responsabilità;
- firmano gli atti, quando espressamente indicato;
- predispongono e gestiscono il piano di sostituzione dei docenti assenti;
- collaborano con il Dirigente nella predisposizione del Piano delle attività del personale docente;

- Collaborano con il gruppo di lavoro del sistema qualità per la stesura del RAV e del PdM;
- supportano e collaborano con il Dirigente Scolastico, le Funzioni Strumentali e i responsabili dei progetti del PTOF;
- forniscono supporto all'organizzazione delle elezioni per il rinnovo degli OO.CC. e delle rappresentanze degli studenti e genitori;
- calendarizzano le riunioni dei Consigli di Classe:
- calendarizzano e coordinano lo svolgimento delle prove Invalsi;
- organizzano e coordinano lo svolgimento degli esami integrativi e di idoneità, nonché degli esami di Stato;

Sistema qualità

Una scuola impostata sulla Qualità aiuta a capire *"cosa si sta facendo e come si sta facendo"* e a definire gli aspetti del lavoro da tenere sotto controllo, e quindi a definire responsabilità e modalità di svolgimento di tutte le attività.

Il gruppo di lavoro del Sistema qualità ha il compito di definire gli strumenti operativi e relative modalità di impiego per monitorare l'andamento del Sistema, nonché pianificarne e gestirne il continuo miglioramento attraverso:

- il monitoraggio e la misurazione dei processi interni;
- il monitoraggio e la misurazione del servizio offerto;
- la valutazione della soddisfazione dell'utenza attraverso la somministrazione di questionari;
- l'elaborazione e l'analisi dei dati raccolti per il miglioramento del Sistema;

Il gruppo di lavoro, altresì, sulla base dei risultati rendicontati, redige il *Rapporto di Autovalutazione (RAV)* da presentare al Comitato di direzione. Dopo il riesame della direzione, sulla base delle decisioni intraprese, il gruppo di lavoro redige il *Piano di miglioramento (PdM)* da allegare al PTOF;

Comitato di direzione

Il Comitato di direzione, solitamente, è composto dal Dirigente scolastico, dai Collaboratori del DS, dal DSGA, dalle Funzioni strumentali e dal gruppo del Sistema Qualità. Il Comitato si riunisce almeno una volta all'anno per fare il riesame della direzione, ovvero quel processo dove si valuta e si verifica la coerenza e l'efficacia del sistema di gestione applicato, sulla base dei dati e dei risultati rendicontati dal Gruppo del Sistema Qualità.

Dal riesame della direzione possono scaturire, al fine di migliorare l'efficacia e l'efficienza del Sistema Qualità, alcune delle decisioni seguenti:

- definizione delle azioni correttive e preventive individuate nel corso del riesame;
- la pianificazione delle opportune azioni correttive, preventive e di miglioramento da prevedere nel PDM.
- definizione dei nuovi obiettivi da inserire nel piano di miglioramento (PDM);

- pianificare la frequenza degli audit interni sulle varie aree o processi;
- definizione delle attività di formazione ed addestramento del personale necessarie per mantenere o conseguire le prestazioni qualitative richieste (con approvazione del Piano di formazione del personale);
- valutazione ed eventuali modifiche alle infrastrutture ed all'ambiente di lavoro per permettere di conseguire la qualità richiesta.

Direttore dei Servizi Generali ed Amministrativi (DSGA)

I DSGA, inquadrati nell'area Funzionari ed Elevata Qualificazione (CCNL 2019/2021):

- possiedono conoscenze complete e approfondite nel loro campo di lavoro e sono in grado di applicare diverse metodologie e procedure in modo consapevole e selettivo;
- dispongono di abilità cognitive, relazionali, sociali e creative che consentono loro di trovare soluzioni anche non convenzionali;
- hanno una notevole responsabilità amministrativa e sono tenuti a garantire il raggiungimento dei risultati nei processi a loro affidati;
- agiscono con un alto grado di autonomia e partecipano in modo significativo al processo decisionale e all'attuazione delle attività.

Tutto ciò avviene in un contesto di solito prevedibile, ma possono anche affrontare situazioni impreviste o soggette a cambiamenti.

Altresì, i DSGA:

- svolgono attività lavorativa di rilevante complessità ed avente rilevanza esterna;
- sovrintendono, con autonomia operativa, ai servizi generali amministrativo-contabili e curano l'organizzazione della segreteria;
- organizzano autonomamente l'attività del personale ATA nell'ambito delle direttive del dirigente scolastico;
- lavorano in stretta collaborazione col Dirigente affinché sia attuabile l'Offerta Formativa dell'Istituto, compatibilmente con le risorse economiche disponibili;
- curano l'attività istruttoria diretta alla stipulazione di accordi, contratti e convenzioni con soggetti esterni;
- provvedono all'esecuzione delle delibere degli organi collegiali aventi carattere contabile.

Area gestionale - didattica

Collegio Docenti

Il Collegio Docenti è un organo collegiale, attivo e consultivo, di fondamentale importanza per la programmazione dell'offerta formativa della scuola (PTOF). È composto dai docenti di ruolo e non di ruolo, di posto comune, di sostegno e di potenziamento dell'offerta formativa in servizio nell'istituto ed è presieduto dal Dirigente Scolastico. La conduzione avviene in maniera democratica: tutti i docenti hanno diritto di esprimersi liberamente e nessuno deve prevaricare o impedire il pensiero altrui, anche se diverge dal proprio. Il Collegio Docenti può articolarsi in Commissioni di lavoro su specifici temi o in Dipartimenti disciplinari.
La verbalizzazione del Collegio, affidata ad un collaboratore del Dirigente scolastico, riassume il dibattito avvenuto e soprattutto le deliberazioni assunte a maggioranza o all'unanimità. Tutti i componenti sono responsabili degli atti compiuti collegialmente nell'esercizio delle loro funzioni e possono incorrere "in solido" in responsabilità amministrative, civili e penali (DPR n. 3/1957, art. 24 - Responsabilità degli organi collegiali).

Dipartimenti disciplinari

I Dipartimenti disciplinari sono organismi collegiali che possono essere considerati delle articolazioni funzionali del Collegio dei Docenti e sono formati dai docenti che appartengono alla stessa disciplina o area disciplinare. Di solito, nella scuola secondaria di II grado, i dipartimenti sono organizzati per assi culturali:
- Asse dei Linguaggi
- Asse Storico-sociale
- Asse Matematico
- Asse Scientifico-Tecnologico

All'interno dei dipartimenti è possibile prevedere riunioni per sotto-dipartimenti che variano a seconda della tipologia di istituto e a seconda dell'indirizzo (per esempio, in un Istituto tecnico industriale si possono prevedere dipartimenti coerenti agli indirizzi di Meccanica, Meccatronica ed Energia, Elettronica ed Elettrotecnica, e così via).

All'interno dei Dipartimenti disciplinari i docenti prendono decisioni comuni sulla didattica della disciplina o dell'area disciplinare, stabilendo anche eventuali collegamenti e attività interdisciplinari. Altresì, i Dipartimenti sono chiamati a:
- definire gli standard minimi di apprendimento, declinati in termini di conoscenze, abilità e competenze;
- definire i contenuti imprescindibili delle discipline, coerentemente con le Indicazioni Nazionali (Licei) o le Linee Guida (Istituti Tecnici e Professionali);
- individuare le linee comuni dei piani di lavoro individuali;
- progettare interventi di recupero;
- valutare proposte di adozione dei libri di testo;
- progettare ambienti di apprendimento, nonché proporre l'acquisto di materiale utile per la didattica;
- proporre corsi di aggiornamento professionale.

Consigli di classe

Il *Consiglio di classe*, della Scuola secondaria di II grado, è composto dal Dirigente scolastico, dai docenti della classe, da due rappresentanti dei genitori e due rappresentanti degli studenti.

Il Consiglio di Classe è presieduto dal Dirigente scolastico o da un suo delegato, facente parte del Consiglio. Le funzioni di segretario sono attribuite dal Dirigente ad un docente membro del Consiglio. Al Consiglio di classe partecipano a pieno titolo anche i docenti delle attività alternative destinate agli alunni che non si avvalgono dell'insegnamento della Religione Cattolica. I docenti di sostegno, essendo contitolari della classe in cui operano, partecipano alla programmazione educativa e didattica, nonché alla elaborazione e verifica delle attività di competenza del Consiglio. Tutti gli allievi e i genitori possono essere ammessi, a richiesta, al Consiglio di Classe come uditori. I Consigli di Classe:

- formulano proposte al Collegio dei Docenti relativamente all'azione educativa e didattica e ad iniziative di sperimentazione;
- determinano gli obiettivi comuni e trasversali delle varie discipline, definiscono le metodologie e gli strumenti per raggiungerli e fissano i criteri di valutazione;
- progettano attività integrative e pluridisciplinari ed iniziative per prevenire l'insuccesso scolastico;
- verificano i livelli di apprendimento ed effettuano le valutazioni periodiche e finali degli allievi;
- propongono l'adozione dei nuovi libri di testo al Collegio dei Docenti.

All'interno del Consiglio di Classe il dirigente scolastico nomina un docente coordinatore col compito di coordinare la programmazione di classe con gli obiettivi del PTOF e le indicazioni dei dipartimenti disciplinari, promuovendo gli adattamenti alle specificità delle classi. I coordinatori hanno inoltre la funzione di raccordo e coordinamento tra studenti, genitori, docenti e Dirigente scolastico.

Funzioni strumentali

Le funzioni strumentali sono docenti di riferimento, nominati dal Dirigente scolastico sulla base di criteri specifici stabiliti dal Collegio docenti, che operano in aree di intervento considerate strategiche per la realizzazione delle finalità che la scuola si propone di raggiungere. L'individuazione delle aree strategiche spetta al Collegio dei docenti. Esempi di aree strategiche sono la gestione del PTOF, dei PCTO, dell'inclusione, dell'orientamento, ecc.

I Compiti specifici delle funzioni strumentali sono molteplici e sono correlati alla area strategica di intervento. Nella fattispecie, le funzioni strumentali:

- operano nell'area di competenza attribuita dall'atto di nomina;
- analizzano operativamente le tematiche correlate, incluse quelle progettuali che il Collegio Docenti ha votato;
- individuano modalità operative e organizzative in accordo con il Dirigente Scolastico;
- partecipano al riesame della direzione.

- accettano specifiche deleghe operative da parte del Dirigente Scolastico;
- monitorano periodicamente le azioni attivate e verificano il raggiungimento degli obiettivi prefissati;
- relazionano sul loro operato al Collegio Docenti;
- pubblicizzano i risultati.

Animatore digitale e Team per l'innovazione digitale

L'Animatore Digitale, affianca il Dirigente scolastico e il Direttore dei Servizi Amministrativi (DSGA) nella progettazione e realizzazione dei progetti di innovazione digitale contenuti nel PNSD: è un docente interno all'istituzione scolastica perché per tale figura si richiede una forte integrazione con la comunità scolastica e una conoscenza approfondita del PTOF.

I tre punti principali del suo mansionario sono:

1. *Formazione interna*: stimolare la formazione interna alla scuola negli ambiti del PNSD, attraverso l'organizzazione di laboratori formativi (senza essere necessariamente un formatore), favorendo l'animazione e la partecipazione di tutta la comunità scolastica alle attività formative, come ad esempio quelle organizzate attraverso gli snodi formativi;

2. *Coinvolgimento della comunità scolastica*: favorire la partecipazione e stimolare il protagonismo degli studenti nell'organizzazione di workshop e altre attività, anche strutturate, sui temi del PNSD, anche attraverso momenti formativi aperti alle famiglie e ad altri attori del territorio, per la realizzazione di una cultura digitale condivisa;

3. *Creazione di soluzioni innovative*: individuare soluzioni metodologiche e tecnologiche sostenibili da diffondere all'interno degli ambienti della scuola (es. uso di particolari strumenti per la didattica di cui la scuola si è dotata; la pratica di una metodologia comune; informazione su innovazioni esistenti in altre scuole; un laboratorio di coding per tutti gli studenti), coerenti con l'analisi dei fabbisogni della scuola stessa, anche in sinergia con attività di assistenza tecnica condotta da altre figure.

Per sostenere e diffondere capillarmente la cultura digitale, le istituzioni scolastiche costituiscono il *Team per l'innovazione digitale*, avente la funzione di supportare e accompagnare l'innovazione didattica nelle istituzioni scolastiche e l'attività dell'Animatore digitale. Il Team è costituito da:

- n. 3 docenti;
- n. 2 assistenti amministrativi;
- n. 1 unità di personale ATA (Assistente Tecnico) – per le scuole del secondo ciclo.

Commissioni e Responsabili di progetto

Le Commissioni (o i gruppi di lavoro) sono composte da docenti incaricati di sviluppare progetti per l'ampliamento e l'arricchimento dell'offerta formativa, come previsto nel Piano Triennale dell'Offerta Formativa (PTOF), o per migliorare l'organizzazione e il funzionamento della scuola. Possono essere costituite con carattere annuale o pluriennale, e in situazioni eccezionali possono essere create ad hoc per affrontare esigenze improvvise con una durata limitata che si conclude al raggiungimento degli obiettivi prefissati.

Ogni Commissione è guidata da un Responsabile di progetto, che può essere una Funzione strumentale, se l'area di intervento rientra tra quelle individuate dal Collegio dei Docenti, oppure un docente referente nominato dal Dirigente Scolastico. Il Responsabile di progetto coordina tutte le fasi programmate, dalla progettazione alla realizzazione, valutazione e rendicontazione. Le sedute possono essere convocate, in autonomia, dal Responsabile di progetto oppure dal Dirigente scolastico, e per ogni incontro è consigliabile redigere un verbale delle operazioni.

Tutor docenti neoassunti

All'inizio di ogni anno scolastico il Dirigente Scolastico, sentito il parere del Collegio dei Docenti, designa uno o più docenti con il compito di svolgere le funzioni di Tutor ai docenti neoassunti. È preferibile che il Tutor operi nello stesso plesso del docente accompagnato. Salvo motivata impossibilità nel reperimento di risorse professionali, un Tutor segue al massimo tre docenti in percorso di formazione e periodo annuale di prova. Al docente che deve ripetere il periodo di formazione e prova si assegna un tutor, possibilmente, diverso da quello che lo ha accompagnato nell'anno non superato.

Il Tutor deve appartenere alla medesima classe di concorso dei docenti a lui affidati, ovvero dovrà essere in possesso della relativa abilitazione. In caso di motivata impossibilità, si procede alla designazione per classe affine ovvero per area disciplinare.

Il Tutor dei docenti neoassunti, nello svolgimento delle sue funzioni:

- accoglie il docente neoassunto nella comunità scolastica e favorisce la sua partecipazione alla vita collegiale della scuola;
- esercita ogni utile forma di ascolto, consulenza e collaborazione per migliorare la qualità e l'efficacia dell'insegnamento;
- predispone momenti di reciproca osservazione in classe (peer to peer);
- collabora nella elaborazione, sperimentazione, validazione di risorse didattiche e unità di apprendimento;
- in sede di convocazione del Comitato di valutazione, esprime un parere in merito alle attività formative predisposte ed alle esperienze di insegnamento e partecipazione alla vita della scuola del docente neoassunto.

Tutor PCTO

Nell'ambito dei PCTO (ex Alternanza Scuola Lavoro), si distinguono tre tipologie di tutor con ruoli distinti che svolgono funzioni specifiche volte a garantire il successo dei percorsi formativi degli studenti e il loro adeguato inserimento nel contesto lavorativo:

- il Referente PCTO di classe, o docente coordinatore di progettazione, come definito dagli ultimi interventi normativi, è un docente del Consiglio di classe che assume il ruolo di coordinatore del progetto;

- il Tutor interno che segue un gruppo di studenti della classe e collabora con il docente coordinatore di progettazione e il Tutor esterno;

- il Tutor esterno, designato dall'azienda, segue lo studente durante l'attività formativa nel luogo di lavoro.

Tutor orientamento

Nell'ottica di contrastare l'insuccesso scolastico e il conseguente abbandono, all'interno del Consiglio di Classe, viene individuato un docente Tutor, a cui viene assegnato un gruppo di studenti, col compito di sviluppare e sostenere un dialogo costante con ogni singolo studente, la sua famiglia e i colleghi del Consiglio di Classe.

Nell'ambito del proprio ruolo, il docente Tutor dovrà consigliare le famiglie nei momenti di scelta dei percorsi formativi e/o delle prospettive professionali, tenendo conto dei dati territoriali e nazionali, nonché delle informazioni contenute nella piattaforma digitale unica per l'orientamento, avvalendosi anche del supporto della figura a *sostegno dell'orientamento (c.d. Orientatore)*.

Orientatore

La figura a *sostegno dell'orientamento,* c.d. *Orientatore*, ha il compito di gestire i dati, forniti dal Ministero dell'Istruzione e del Merito all'Istituzione scolastica, riconducibili al passaggio dal primo al secondo ciclo, al passaggio dal secondo ciclo al sistema terziario e alla transizione scuola-lavoro.

Tali dati dovranno essere raffinati e integrati con quelli afferenti al territorio di competenza e messi a disposizione dei docenti, in particolare ai tutor, delle famiglie e degli studenti, affinché i soggetti interessati possano fare una valutazione complessiva dell'offerta formativa/occupazionale, anche nell'ottica di agevolare la prosecuzione del percorso di studi o l'ingresso nel mondo del lavoro. In questo contesto, lo studente, sulla base delle proprie competente e aspirazioni, può fare una scelta consapevole, sia essa indirizzata al proseguimento degli studi che all'inserimento nel mondo del lavoro.

Area gestionale - partecipativa

Consiglio d'Istituto e Giunta esecutiva

Nel Consiglio d'Istituto sono rappresentate tutte le componenti scolastiche. Le sue funzioni sono molto importanti perché determinano la politica della scuola.

Le competenze del Consiglio variano dall'approvazione del programma annuale e del conto consuntivo, dalla disposizione in merito all'impiego dei mezzi finanziari per il funzionamento amministrativo e didattico dell'istituto, fino alla regolamentazione delle varie attività della scuola e alla individuazione dei criteri generali per la formazione delle classi, dell'orario e delle attività negoziali del DS.

All'interno del Consiglio viene eletta la Giunta esecutiva. I suoi principali compiti sono quelli di preparare i lavori del Consiglio di Istituto e di curare l'esecuzione delle relative delibere.

Facendo riferimento alle Istituzioni scolastiche del secondo ciclo con popolazione scolastica fino a 500 alunni, il Consiglio di Istituto è costituito da 14 membri:

- Il Dirigente scolastico;
- N. 6 rappresentanti del personale docente;
- N. 3 rappresentanti dei genitori;
- N.3 rappresentanti degli studenti;
- N. 1 rappresentante del personale ATA.

Nelle scuole con popolazione scolastica superiore a 500 alunni è costituito da 19 membri:

- Il Dirigente scolastico;
- N. 8 rappresentanti del personale docente;
- N. 4 rappresentanti dei genitori;
- N. 4 rappresentanti degli studenti;
- N. 2 rappresentanti del personale ATA.

Gli studenti che non abbiano raggiunto la maggiore età non hanno voto deliberativo sulle materie di cui al primo ed al secondo comma, e alla lettera b) del terzo comma, dell'articolo 10 del Decreto Legislativo 16 aprile 1994, n. 297.

Comitato degli Studenti

Negli istituti di istruzione secondaria superiore i rappresentanti degli studenti nei Consigli di classe possono esprimere un Comitato studentesco di istituto, il quale può riunirsi in assemblea. Le assemblee costituiscono occasione di partecipazione democratica per l'approfondimento dei problemi della scuola e della società in funzione della formazione culturale e civile degli studenti.

Il Comitato degli Studenti, integrato con i rappresentanti degli studenti nel Consiglio di Istituto, e nella Consulta provinciale, formula proposte ed esprime pareri direttamente al

Consiglio di Istituto. Il Comitato altresì designa i rappresentanti degli studenti nell'organo di garanzia interno previsto dallo Statuto delle studentesse e degli studenti (DPR 249/1998).

Comitato dei Genitori

La Circolare Ministeriale del 19 settembre 1984, numero 274 stabilisce che al fine di utilizzare al meglio il contributo che i genitori possano dare alla vita scolastica e favorire un opportuno coordinamento delle iniziative ed esperienze nell'ambito dell'istituto scolastico, i genitori eletti nei Consigli di classe possono esprimere un *Comitato dei Genitori* d'Istituto. Tale iniziativa viene successivamente richiamata anche dall'articolo 15, comma 2, del Decreto Legislativo 297/94 (Testo Unico della Scuola), il quale ribadisce che i rappresentanti dei genitori nei consigli di classe possono costituire un Comitato dei Genitori dell'Istituto.

I genitori hanno diritto di riunirsi in assemblea tra di loro per discutere di problemi che riguardano aspetti di carattere generale della scuola o delle classi frequentate dai propri figli e, come disposto dalla Circolare Ministeriale 19 settembre 1984, n. 274, i Dirigenti scolastici dovranno favorire, per quanto possibile, l'attività di detti comitati.

Le assemblee possono essere di singole classi o di istituto. Qualora le assemblee si svolgano nei locali dell'istituto, la data e l'orario di svolgimento di ciascuna di esse debbono essere concordati di volta in volta con il Dirigente scolastico.

L'assemblea di classe è convocata su richiesta dei genitori eletti nei consigli di classe; l'assemblea di istituto è convocata su richiesta del presidente dell'assemblea, ove sia stato eletto, o della maggioranza del comitato dei genitori, oppure qualora la richiedano cento genitori negli istituti con popolazione scolastica fino a 500, duecento genitori negli istituti con popolazione scolastica fino a 1000, trecento negli altri. All'assemblea di classe o di istituto possono partecipare con diritto di parola il Dirigente scolastico e i docenti della classe o dell'istituto.

Organo di Garanzia

L'Organo di Garanzia interno alla scuola, istituito e disciplinato dal Regolamento d'Istituto, è chiamato a decidere su eventuali conflitti che dovessero sorgere all'interno della Scuola circa la corretta applicazione dello Statuto delle studentesse e degli studenti (D.P.R. 249/98, modificato dal D.P.R. 235/2007). La sua funzione principale è esaminare i ricorsi presentati dai genitori degli studenti o da chi esercita la patria potestà in seguito all'irrogazione di una sanzione disciplinare a norma del regolamento di disciplina. L'organo di garanzia è presieduto sempre dal Dirigente Scolastico ed è composto da un docente designato dal Consiglio d'istituto, da un rappresentante eletto dai genitori e da un rappresentante eletto dagli studenti.

Comitato per la valutazione dei docenti

Il Comitato per la valutazione dei docenti, presieduto dal Dirigente scolastico è composto da:
- tre docenti della scuola, di cui due scelti dal Collegio dei Docenti e uno dal Consiglio di Istituto;
- un rappresentante degli studenti e un rappresentante dei genitori, per il secondo ciclo di istruzione, individuati dal Consiglio di Istituto;
- un componente esterno individuato dall'Ufficio Scolastico Regionale tra Docenti, Dirigenti scolastici e Dirigenti tecnici.

Il comitato è convocato dal Dirigente Scolastico, a norma di legge, ogni volta che se ne presenti la necessità, e nell'ambito delle sue funzioni:

- individua i criteri per la valorizzazione dei docenti come previsto dalla Legge n. 107/2015;
- esprime il proprio parere sul superamento del periodo di formazione e di prova per il personale docente e educativo (comitato ristretto solo ai tre docenti e al Dirigente scolastico);
- valuta il servizio, di cui all'art. 448 del D. Lgs n. 297/94, su richiesta dell'interessato, previa relazione del dirigente scolastico;
- esercita le competenze per la riabilitazione del personale docente, di cui all'articolo 501 del D. Lgs n. 297/94.

Area gestionale – Tecnico Amministrativa

Segreteria

La segreteria normalmente viene suddivisa in aree funzionali che gestiscono tutte le pratiche necessarie per l'amministrazione, per il personale e anche le relazioni con il pubblico. Una razionale articolazione della segreteria è la seguente:

Area della Contabilità e del Patrimonio: Quest'area si occupa della gestione finanziaria e contabile dell'istituzione scolastica. Qui vengono gestiti bilanci, entrate e uscite finanziarie, registrazioni contabili, nonché la supervisione del patrimonio dell'istituto, che include l'inventario di beni e attività.

Area dei servizi all'utenza interna (personale) e retribuzioni: Quest'area gestisce le pratiche relative al personale della scuola (docenti e personale ATA). Si occupa di questioni legate alle assunzioni, alle retribuzioni, alle ferie, alle malattie e a qualsiasi altra questione amministrativa riguardante il personale della scuola.

Area dei servizi generali: Quest'area gestisce le attività amministrative e logistiche quotidiane dell'istituto. Include la gestione della corrispondenza, dell'archivio, delle forniture di cancelleria, dell'organizzazione degli spazi comuni e delle attrezzature.

Area dei servizi all'utenza esterna: Quest'area si occupa delle relazioni con gli studenti e le loro famiglie. Gestisce le iscrizioni degli studenti, fornisce informazioni sugli orari, con la collaborazione dei docenti organizza eventi e attività extracurricolari, gestisce le comunicazioni con le famiglie e fornisce supporto per questioni riguardanti la vita scolastica degli studenti.

Sito Web

Il sito Web dell'istituzione scolastica è il punto di riferimento della relazione comunicativa tra scuola, studenti, famiglie e territorio. Con le nuove tecnologie digitali, il sito web istituzionale assume, sempre di più, la conformazione di un portale digitale in quanto al suo interno colloca diverse funzioni e applicazioni che vanno dalle informazioni online (news) al registro elettronico e agli ambienti di apprendimento, dall'albo online all'amministrazione trasparente, ed altro ancora.

Nell'ambito del Programma «Scuola digitale 2022-2026», il Dipartimento per la trasformazione digitale e il Ministero dell'Istruzione e del Merito hanno avviato l'iniziativa *Siti web* rivolta alle Istituzioni scolastiche statali finanziata nell'ambito della Missione 1, Componente 1, investimento 1.4 del PNRR finanziato dall'Unione europea nel contesto dell'iniziativa Next Generation.

Le istituzioni scolastiche, al fine di migliorare la fruibilità dei servizi digitali, possono adeguare i propri siti web ad un modello standard, evoluto, che garantisce una maggiore accessibilità, funzionalità e navigabilità al personale scolastico, agli studenti e loro famiglie, tramite le risorse finanziarie previste dal PNRR.

Nel programma Scuola digitale 2022-2026, oltre all'iniziativa *Siti Web,* sono previste altre tre iniziative rivolte alle istituzioni scolastiche:

- *Migrazione al cloud*: mira a realizzare la migrazione dei servizi/applicazioni delle Istituzioni scolastiche verso infrastrutture e soluzioni cloud qualificate.

- *PagoPA e app IO*: mira ad accelerare l'adozione di pagoPA, la piattaforma digitale per i pagamenti verso le Pubbliche Amministrazioni, e di app IO quale principale punto di contatto tra Enti e cittadini per la fruizione dei servizi pubblici digitali.

- *SPID e CIE*: mira a promuovere l'adozione dell'identità digitale, consentendo l'accesso ai servizi digitali erogati dalle Istituzioni scolastiche attraverso SPID e CIE.

I quattro interventi si configurano come fondamentali leve abilitanti per guidare il processo di trasformazione digitale nel sistema educativo, e allo stesso tempo promuovono una nuova alleanza tra Stato, scuole e famiglie, lavorando insieme per il futuro dell'istruzione.

Le scuole, per accedere ai finanziamenti devono rispondere agli avvisi pubblicati dal Dipartimento per la trasformazione digitale sulla piattaforma PA digitale 2026. I primi bandi sono già partiti nel 2023.

Rete informatica

L'implementazione di una rete informatica all'interno di una scuola rappresenta un passo significativo verso una modernizzazione e una migliorata efficienza del processo educativo. Attraverso la rete locale, i docenti hanno la possibilità di condividere i propri materiali didattici. Un aspetto altrettanto significativo è la possibilità di accesso alla rete informatica anche da casa, consentendo agli studenti di recuperare lezioni e materiali di studio. Altresì c'è la possibilità, navigando in Internet, di filtrare i siti web che non rispondono ai principi etici, morali ed educativi dell'istituzione scolastica. Infine, va sottolineato che la condivisione delle periferiche informatiche, come stampanti e scanner, permette significative economie di scala, liberando risorse che possono essere reinvestite in software e tecnologie innovative, potenziando ulteriormente l'esperienza educativa degli studenti.

Il responsabile della rete locale deve garantisce il corretto funzionamento del sistema informatico locale con tutti i suoi servizi in essere (account utente, posta elettronica, navigazione Internet, antivirus su rete interna e su rete globale, file server, aggiornamenti automatici SO e prodotti MS Office), nonché deve implementare tali servizi con innovazioni che ne agevolino l'uso.

Ufficio tecnico

Gli istituti tecnici e gli istituti professionali sono dotati di un ufficio tecnico con il compito di sostenere la migliore organizzazione e funzionalità dei laboratori a fini didattici e il loro adeguamento in relazione alle esigenze poste dall'innovazione tecnologica, nonché per la sicurezza delle persone e dell'ambiente.

Il Responsabile dell'ufficio Tecnico, scelto tra gli insegnanti Tecnico-Pratici (I.T.P.), viene nominato dal Dirigente Scolastico, tenendo conto delle competenze tecniche specifiche e delle capacità organizzative. Nell'ambito delle sue funzioni mette in atto, per quanto di sua competenza, le direttive del Dirigente scolastico relative all'utilizzo delle attrezzature e delle strumentazioni didattiche. Sintetizzando il mansionario, egli:

- cura i rapporti con le Aziende fornitrici;
- formula piani di acquisto di attrezzature e materiali;
- predispone la comparazione delle offerte e si rapporta con il DS e il DSGA;
- segue le procedure di fornitura, installazione e collaudo delle attrezzature acquistate;
- provvede a garantire il perfetto funzionamento delle apparecchiature dei laboratori;
- coordina le attività formative nei diversi laboratori, avvalendosi degli assistenti tecnici;

Altresì:

- collabora con il Dirigente Scolastico e con il DSGA nella definizione del piano annuale degli acquisti e di quello della manutenzione;
- collabora col DSGA nella gestione dell'inventario del materiale didattico e delle strumentazioni;
- collabora con i Docenti responsabili di progetti disponendo la predisposizione e l'utilizzo di apparecchiature e strumentazioni didattiche.

Responsabile di laboratorio e Assistente tecnico

Il Responsabile di laboratorio, in collaborazione con l'Assistente tecnico e sotto la supervisione del Dirigente Scolastico, ha il compito di garantire la sicurezza nel luogo di lavoro e il corretto funzionamento delle attrezzature utilizzate nelle attività didattiche.

A tal fine, il responsabile di laboratorio:

- Esegue periodicamente il controllo delle dotazioni antinfortunistiche;
- Custodisce e verifica regolarmente le apparecchiature didattiche;
- Avanza proposte per lo smaltimento del materiale obsoleto e per il miglioramento/potenziamento delle dotazioni esistenti;
- Sovrintende al collaudo del materiale acquistato per il reparto;
- Gestisce le segnalazioni di manutenzione;
- Cura gli inventari dei beni durevoli e i registri di largo consumo;
- Predispone la chiusura e l'apertura del laboratorio a fine e inizio anno scolastico.

RSPP (Responsabile del servizio di prevenzione e protezione)

Il Responsabile del servizio di prevenzione e protezione è nominato dal datore di lavoro, a cui risponde, per coordinare il servizio di prevenzione e protezione dai rischi. L'art. 34 del D. Lgs. 81/08 prevede che il DS può assumere il ruolo di RSPP se il numero dei dipendenti, con esclusione degli allievi, non supera le 200 unità. In tal caso deve frequentare un apposito corso. L'art. 32 disciplina i requisiti per lo svolgimento delle funzioni di RSPP. Tali requisiti sono di due tipi e devono essere entrambi posseduti:

- requisito di istruzione, corrispondente a un titolo di studio non inferiore al diploma di scuola media superiore;
- requisito di formazione, corrispondente alla frequenza (con verifica degli apprendimenti) di corsi di formazione iniziale (Moduli A, B e C) e di aggiornamento quinquennale.

Lo stesso articolo 32, al comma 5, indica il possesso di alcune lauree come requisito valido per l'esonero di una parte dell'obbligo di frequenza dei corsi per RSPP.

In assenza di personale disponibile ci si può avvalere di personale esperto esterno (ad es. ci si può avvalere di una rete di scuole per contenere la spesa) con apposita convenzione, a carico della disponibilità finanziaria dell'istituto. Va precisato che la nomina di un RSPP senza i requisiti formativi, riferiti anche all'aggiornamento, o i titoli di studio richiesti, equivale alla mancata nomina.

Nel caso in cui nell'esercizio della sua attività il RSPP cagioni un infortunio o una malattia professionale, è assoggettato a responsabilità penale. In generale, dove il Responsabile avesse, per colpa professionale, mancato di individuare un pericolo, e di conseguenza di mettere in atto le necessarie misure preventive, non fornendo al dirigente scolastico l'informazione necessaria per attuare le stesse, potrebbe essere chiamato a rispondere, ovviamente in concorso con il dirigente stesso, dell'evento. Ove invece il Responsabile avesse correttamente individuato il problema e indicate le soluzioni, ma il dirigente scolastico, non avesse dato seguito alle sue indicazioni, sarebbe sollevato da qualsiasi responsabilità nel merito dell'evento.

ASPP (Addetti al servizio di prevenzione e protezione)

L'ASPP è l'addetto al servizio di prevenzione e protezione e le sue funzioni sono di supporto a tale servizio, ed opera in stretta collaborazione con l'RSPP designato. L'ASPP può essere per esempio il referente di plesso.

Per ricoprire il ruolo di ASPP il soggetto è tenuto a frequentare specifici corsi di formazione secondo quanto sancito dall'accordo Stato-Regioni. La nomina dell'Addetto al Servizio di Prevenzione e Protezione (ASPP) è incompatibile con il ruolo di Rappresentante dei Lavoratori per la Sicurezza (RLS).

RSU (Rappresentanza Sindacale Unitaria)

La rappresentanza sindacale unitaria (RSU), è un organo collettivo rappresentativo di tutti i lavoratori e viene eletta da tutti i lavoratori dell'istituzione scolastica (personale docente, educativo e ATA), indipendentemente dalla loro iscrizione ad un sindacato. La RSU resta in carica per tre anni (salvo in caso di decadenza dei suoi componenti).

Nelle istituzioni scolastiche, la RSU è costituita:
da 3 componenti negli istituti che hanno fino a 200 unità di personale;
da 6 componenti negli istituti che superano le 200 unità di personale.

A livello di istituzione scolastica, tra il dirigente scolastico e, per la componente sindacale, la RSU e i rappresentanti territoriali delle organizzazioni sindacali firmatarie del CCNL Scuola, che costituiscono la parte sindacale, si svolge la contrattazione collettiva integrativa finalizzata ad incrementare la qualità dell'offerta formativa, sostenendo i processi di innovazione in atto, anche mediante la valorizzazione delle professionalità coinvolte.

La RSU (nel suo complesso e non dai singoli componenti), con specifico ordine del giorno, può indire l'assemblea sindacale che riguarda la generalità dei dipendenti o gruppi di essi, altresì può indire l'assemblea sindacale congiuntamente con una o più organizzazioni sindacali rappresentative del comparto.

RLS (Rappresentante dei lavoratori per la sicurezza)

Il è una persona eletta o designata per rappresentare i lavoratori

Il Rappresentante dei lavoratori per la sicurezza viene eletto dai lavoratori nell'ambito delle rappresentanze sindacali d'istituto, per quanto concerne gli aspetti della salute e della sicurezza durante il lavoro. Fino a 200 dipendenti (esclusi gli studenti) si può eleggere un solo RLS, 3 se si superano i 200 dipendenti. Una volta eletto il RLS, il dirigente comunica il nominativo alla sede provinciale dell'INAIL.

Il RLS ha diritto ad una formazione iniziale di almeno 32 ore, in materia di salute e sicurezza, riguardante la normativa e i rischi specifici esistenti nella scuola:

- egli ha libero accesso a qualsiasi luogo della scuola e a tutti i documenti legati alla gestione della sicurezza scolastica e in particolare al Documento di Valutazione dei Rischi (DVR) e al registro infortuni;
- si fa promotore di proposte e portavoce delle istanze avanzate dai lavoratori;
- viene consultato dal dirigente scolastico in merito ai problemi connessi alla salute ed alla sicurezza sul lavoro;
- interagisce con le figure addette alla sicurezza scolastica e con le autorità e gli enti competenti;
- partecipa alle riunioni periodiche di prevenzione e protezione.

Se all'interno della scuola non si riesce ad eleggere questa figura, le funzioni del RLS diventano di competenza del Rappresentante dei Lavoratori per la Sicurezza Territoriale (RLST).

Medico competente (MC)

Il medico competente si nomina solo nelle scuole che presentano attività lavorative rischiose. Per il lavoratore che utilizza il computer per almeno 20 ore complessive settimanali è previsto l'obbligo della sorveglianza sanitaria obbligatoria (c. 1, art. 176 TU 81/08). La sua idoneità lavorativa non va, peraltro, valutata in relazione ai soli problemi oculo-visivi, ma anche ai rischi connessi ai danni all'apparato muscolo-scheletrico (disturbi osteoarticolari della colonna vertebrale e del sistema spalla-braccio-avambraccio-mano). Oltre alla esecuzione delle visite mediche e alle eventuali prescrizioni integrative a favore del lavoratore addetto ai videoterminali, il Medico competente deve valutare nell'ambiente di lavoro, la congruità:

- della distribuzione dei videoterminali;
- dell'orario delle mansioni lavorative;
- dell'illuminazione dell'ambiente;
- della postazione di lavoro rispetto alle norme ergonomiche di riferimento.

Le visite mediche sono prescritte con cadenza biennale:

1. per i soggetti che hanno ricevuto un giudizio d'idoneità (con prescrizioni o con limitazioni);
2. per i soggetti che hanno compiuto il cinquantesimo anno di età.

In tutti gli altri casi la cadenza delle visite è quinquennale.

Area erogazione

Area degli Assistenti

Appartengono all'Area degli Assistenti i lavoratori che svolgono compiti complessi richiedenti specifica capacità di attuazione delle procedure, anche con l'utilizzazione di macchinari o attrezzature elettroniche, di cui hanno piena conoscenza comprensione e consapevolezza. All'interno dell'Area degli Assistenti sono previsti 5 profili professionali:
- l'Assistente amministrativo;
- l'Assistente tecnico;
- il Cuoco;
- il Guardarobiere;
- l'Infermiere.

L'Assistente amministrativo svolge attività lavorative che richiedono una preparazione professionale specifica e la capacità di attuare procedure utilizzando strumenti informatici e piattaforme digitali connesse a vari processi, come la contabilità e la gestione dei documenti, degli alunni e del personale. Inoltre, l'assistente amministrativo ha la competenza e la responsabilità diretta della tenuta dell'archivio, del protocollo e del magazzino, del quale garantisce anche la custodia, la verifica, la registrazione delle entrate e delle uscite del materiale e delle derrate in giacenza.

L'assistente tecnico svolge attività lavorative che richiedono una specifica formazione professionale e la capacità di gestire procedure operative, tra cui la conduzione tecnica di laboratori, delle officine e dei reparti di lavorazione, il supporto tecnico allo svolgimento delle attività didattiche, la guida e manutenzione di autoveicoli, nonché l'assolvimento dei servizi esterni connessi al proprio lavoro.

Il cuoco è un professionista specializzato nella preparazione e il confezionamento dei pasti, e nella conservazione delle vivande. L'attività lavorativa comprende la selezione e la preparazione degli ingredienti, la cottura dei pasti, la cura della presentazione estetica e la gestione della conservazione degli alimenti, anche attraverso l'uso di strumentazioni particolari, di cui cura l'ordinaria manutenzione per garantire un ambiente di lavoro efficiente e igienico.
Per l'accesso è richiesto il Diploma di scuola secondaria di secondo grado con qualifica di tecnico dei servizi di ristorazione, settore cucina e certificazione internazionale di alfabetizzazione digitale.

Il guardarobiere è responsabile delle attività legate alla conservazione, custodia e alla cura del corredo degli alunni, nonché all'organizzazione e alla tenuta del guardaroba scolastico.
Per l'accesso è richiesto il Diploma di qualifica professionale di operatore di moda o diploma di scuola secondaria di secondo grado "Sistema moda" e certificazione internazionale di alfabetizzazione digitale

L'infermiere gestisce l'infermeria scolastica, occupandosi delle attrezzature mediche, dei farmaci e degli strumenti in dotazione. Inoltre, somministra terapie e mette in atto le misure di prevenzione prescritte per garantire la salute e il benessere degli studenti.

Per l'accesso è richiesta Laurea in scienze infermieristiche o altro titolo ritenuto valido dalla vigente normativa per l'esercizio della professione di infermiere e certificazione internazionale di alfabetizzazione digitale.

Area dei Collaboratori

All'Area dei Collaboratori appartengono i lavoratori, in possesso di conoscenze concrete di moderata ampiezza attestate dal possesso di un diploma di qualifica triennale rilasciato da un istituto professionale, che eseguono, seguendo specifiche istruzioni ricevute, attività caratterizzate da procedure ben definite, talvolta con sequenze diversificate, e che possono richiedere l'uso di strumenti o attrezzature specifiche.

Il collaboratore scolastico, nell'ambito delle istruzioni ricevute e con responsabilità connessa alla corretta esecuzione del proprio lavoro, svolge le seguenti attività:

- Accoglienza e sorveglianza degli alunni nei periodi immediatamente prima e dopo l'orario delle attività didattiche, durante il cambio dell'ora o nell'uscita dalla classe per l'utilizzo dei servizi e durante la ricreazione. Altresì, accoglie e sorveglia il pubblico che accede negli ambienti scolastici.
- Pulizia dei locali, degli spazi scolastici, degli arredi e delle pertinenze.
- Vigilanza sugli alunni, inclusa l'ordinaria vigilanza e l'assistenza necessaria durante i pasti nelle mense scolastiche. Nelle scuole dell'infanzia e primarie, assiste gli alunni nell'uso dei servizi igienici e nella cura dell'igiene personale.
- Custodia e sorveglianza generica dei locali scolastici.
- Collaborazione con i docenti e supporto alle attività didattiche quando richiesto.

Inoltre, per garantire l'effettivo diritto all'inclusione scolastica, il collaboratore scolastico presta ausilio materiale non specialistico agli alunni con disabilità, aiutandoli nell'accesso dalle aree esterne alle strutture scolastiche, all'interno e nell'uscita da esse, nonché nell'uso dei servizi igienici e nella cura dell'igiene personale.

Area degli Operatori

Con il CCNL 2019/2021, nella scuola viene introdotta una nuova Area professionale: l'Area degli Operatori.

Appartengono a questa Area i lavoratori che ricoprono posizioni di lavoro che richiedono conoscenze teoriche e informatiche di base relative allo svolgimento dei compiti assegnati, capacità operative e tecniche specifiche riferite alle proprie specializzazioni nonché autonomia e responsabilità nell'ambito di prescrizioni di massima. All'interno dell'Area sono previsti due profili professionali:
- l'Operatore scolastico;
- l'Operatore dei servizi agrari.

L'operatore scolastico è addetto ai servizi generali della scuola quali, a titolo esemplificativo:
1. Accoglienza e sorveglianza degli alunni nei periodi immediatamente prima e dopo l'orario delle attività didattiche, durante il cambio dell'ora o nell'uscita dalla classe per

l'utilizzo dei servizi e durante la ricreazione. Altresì, accoglie e sorveglia il pubblico che accede negli ambienti scolastici.
2. pulizia dei locali, degli spazi scolastici, degli arredi e delle pertinenze;
3. vigilanza sugli alunni, compresa l'ordinaria vigilanza e l'assistenza necessaria durante il pasto nelle mense scolastiche e, nelle scuole dell'infanzia e primaria, nell'uso dei servizi e nella cura dell'igiene personale;
4. custodia e sorveglianza generica sui locali scolastici;
5. collaborazione con i docenti.
6. attività qualificata non specialistica di assistenza e di monitoraggio delle esigenze igienico-sanitarie agli alunni con disabilità;
7. supporto ai servizi amministrativi e tecnici.

Da notare che, nella sostanza, sono i punti 6 e 7 che differenziano l'operatore scolastico dal collaboratore scolastico.

L' Operatore dei servizi agrari effettua attività di supporto alle professionalità specifiche delle aziende agrarie, compiendo nel settore agrario, forestale e zootecnico operazioni semplici caratterizzate da procedure ben definite.

Docenti

La funzione docente, radicata nei principi della Costituzione Italiana, è incentrata sulla promozione dello sviluppo umano, culturale, civile e professionale degli studenti e si basa sull'autonomia culturale e professionale dei docenti, che si manifesta sia nell'ambito delle attività individuali che in quelle collegiali, nonché nella partecipazione a programmi di aggiornamento e formazione professionale.

A partire dagli anni Ottanta, si è sviluppata una nuova epistemologia della pratica professionale del docente che ha elaborato il concetto di *"professionista riflessivo"* in grado di padroneggiare tre fondamentali processi nel proprio lavoro:

- il pensiero intuitivo che sottostà all'azione e alle prese di decisioni rapide;
- la competenza tecnica socio-psico-pedagogica, che permette di programmare l'apprendimento e impostarlo in modo corretto;
- il pensiero riflessivo che è cruciale per imparare dall'esperienza e poterla valorizzare.

Nel corso degli anni, in particolar modo a partire dal nuovo millennio, alle tradizionali competenze di tipo culturale e didattico, che restano comunque al centro della professionalità dei docenti, si sono aggiunte:

- competenze educative in vari ambiti (alcool, droghe, sicurezza stradale …);
- competenze organizzative, particolarmente evidenziate dalla cultura dell'autonomia;
- competenze progettuali, derivanti da decenni di sperimentazioni sul campo (Ambra, Igea, Mercurio…), nonché dai PON;
- competenze auto-valutative, sul versante della scuola vista come sistema complesso;
- competenze relazionali, sempre più necessarie a fronte delle nuove esigenze, sia delle giovani generazioni sia della comunità scolastica e del contesto in cui opera;
- competenze comunicative, sul piano verbale, non verbale, iconico e multimediale.

In questo contesto, accentuato dall'autonomia scolastica, i docenti collaborano in attività collegiali per elaborare e implementare il Piano Triennale dell'Offerta Formativa, con percorsi educativo-didattici flessibili, finalizzati al perseguimento degli obiettivi generali del Sistema Nazionale di Istruzione e di Formazione, nel rispetto della libertà di insegnamento, della libertà di scelta educativa da parte delle famiglie e del diritto ad apprendere degli studenti. Vediamo nello specifico alcuni punti cruciali che rientrano nella funzione docente:

- Insegnamento: Rappresenta il fulcro del lavoro dei docenti. Essi pianificano e tengono le lezioni, seguendo le linee guida e gli obiettivi stabiliti nel PTOF. Assicurano che gli studenti acquisiscano conoscenze, competenze e abilità rilevanti coerenti al PTOF.

- Potenziamento: I docenti possono essere coinvolti in attività di potenziamento per supportare gli studenti con particolari esigenze educative, offrendo interventi mirati per aiutarli a raggiungere i livelli di apprendimento previsti.

- Sostegno: Alcuni docenti possono essere assegnati a ruoli di supporto per assistere gli studenti con disabilità o bisogni educativi speciali (BES), fornendo un sostegno personalizzato e adattando le strategie didattiche.

- Progettazione: I docenti partecipano attivamente alla progettazione delle attività didattiche, dei progetti educativi e delle iniziative previste nel PTOF. Contribuiscono alla definizione degli obiettivi, dei contenuti e delle metodologie.

- Ricerca: La ricerca educativa è un aspetto importante del lavoro dei docenti. I docenti possono condurre ricerche pedagogiche per migliorare le loro pratiche didattiche e contribuire al miglioramento dell'istruzione nella scuola. Ultimamente la ricerca è indirizzata anche sul campo delle nuove tecnologie e dell'innovazione didattica in quanto, in un mondo in continua evoluzione tecnologica, è fondamentale che i docenti rimangano al passo con le nuove tendenze e gli strumenti digitali per integrarli in modo efficace nel processo insegnamento/apprendimento.

- Coordinamento didattico e organizzativo: I docenti collaborano tra loro e con la dirigenza scolastica per coordinare le attività didattiche, garantire una coerenza nel percorso educativo e organizzare eventi o iniziative che rientrano nel PTOF.

- Partecipazione alle attività collegiali: I docenti partecipano attivamente alle riunioni degli organi collegiali, come il Consiglio di Classe o il Collegio dei Docenti, i Dipartimenti, per discutere e condividere idee sulla pianificazione e sull'attuazione del PTOF.

- Aggiornamento professionale: Per garantire che le loro competenze siano sempre aggiornate, i docenti partecipano a programmi di formazione continua e aggiornamento professionale, il che contribuisce al miglioramento costante delle loro pratiche didattiche.

Classi scolastiche

Una classe scolastica, di norma, è costituita dagli alunni assegnati a uno specifico ambiente didattico, condividendo un percorso formativo comune, gli stessi orari di lezione e gli insegnanti responsabili delle diverse materie.

Il Dirigente scolastico organizza le classi del primo anno con riferimento al numero complessivo degli iscritti e assegna ad esse gli studenti secondo le diverse scelte effettuate, sulla base del piano dell'offerta formativa. Le classi iniziali degli istituti di istruzione secondaria di II grado sono costituite con non meno di 27 allievi, senza superare, comunque, il numero di 30 studenti per classe in quanto il numero massimo può essere incrementato del 10%, nel rispetto di quanto previsto ai sensi del DPR 20 marzo 2009, n. 81.

Lo stesso decreto prevede che in presenza di studenti con disabilità le classi iniziali siano costituite con non più di 20 alunni, purché sia esplicitata e motivata la necessità di tale consistenza numerica, in rapporto alle esigenze formative degli alunni disabili, e purché il progetto articolato di integrazione definisca espressamente le strategie e le metodologie adottate dai docenti della classe, dall'insegnante di sostegno, o da altro personale operante nella scuola.

In casi estremi, se si dovessero superare i limiti numerici previsti dal DPR n.81/2009 o i locali non dovessero rispondere ai parametri richiesti dal D.M. 26 agosto 1992 (Norme di prevenzione incendi per l'edilizia scolastica"), ovvero qualora i locali sottoposti a controllo di prevenzione incendi e le attività in essi svolte dovessero presentare caratteristiche tali da non consentire l'integrale osservanza della normativa vigente, il Dirigente scolastico può presentare all'Ispettorato interregionale o regionale dei Vigili del Fuoco, tramite il Comando provinciale dei Vigili del Fuoco competente per territorio, domanda motivata per la deroga al rispetto delle condizioni prescritte.

Alla domanda, completa delle generalità del Dirigente scolastico (legale rappresentante dell'Istituzione scolastica), della specificazione dell'attività principale e delle eventuali attività secondarie oggetto della domanda di deroga, nonché delle disposizioni normative alle quali si chiede derogare, bisogna allegare una documentazione tecnica, a firma del tecnico abilitato, integrata da una valutazione sul rischio aggiuntivo conseguente alla mancata osservanza delle disposizioni cui si intende derogare e dalle misure tecniche che si ritengono idonee a compensare tale rischio aggiuntivo.

Nel caso di sovraffollamento, sia che ci si limiti a riportarlo nel DVR in quanto contenuto e rientrante nei parametri normativi, sia che si sfori da tali parametri e che si renda necessaria la richiesta di una deroga al Comando provinciale dei Vigili del Fuoco, oltre al rischio aggiuntivo, valutato ai fini della sicurezza antincendio, bisogna considerare il rischio aggiuntivo dovuto ai fattori di rischio fisici, chimici e biologici, nonché il rischio infettivo, dovuto alla pandemia da COVID-19, ancora presente, che richiede ulteriori valutazioni per la limitazione della trasmissione dei virus, appartenenti agli inquinanti microbiologici indoor insieme ai batteri e muffe, e misure aggiuntive per il contenimento dei rischi (dispositivi di protezione individuale, distanziamento, sanificazione superfici, igiene delle mani, miglioramento dei ricambi dell'aria).

RIFORMA DELL'ISTRUZIONE PROFESSIONALE (D.LGS N. 61/2017)

Revisione dei percorsi dell'istruzione professionale

Il decreto legislativo n.61/2017, in coerenza con gli obiettivi e le finalità individuati dalla legge 13 luglio 2015, n. 107, disciplina la revisione dei percorsi dell'istruzione professionale, in raccordo con quelli dell'istruzione e formazione professionale (IeFP), attraverso la ridefinizione degli indirizzi e il potenziamento delle attività didattiche laboratoriali.

Il nuovo sistema dell'istruzione professionale ha la finalità di formare gli studenti ad arti, mestieri e professioni strategici per l'economia del Paese per un saper fare di qualità comunemente denominato «Made in Italy», nonché di garantire una facile transizione nel mondo del lavoro e delle professioni.

Identità dell'istruzione professionale

Ai fini dell'assolvimento del diritto-dovere all'istruzione e alla formazione, gli studenti possono scegliere tra:

- i percorsi di istruzione professionale per il conseguimento di diplomi quinquennali, realizzati da scuole statali o da scuole paritarie riconosciute ai sensi della legge n. 62/2000;
- i percorsi di istruzione e formazione professionale (IeFP) per il conseguimento di qualifiche triennali e di diplomi professionali quadriennali, di competenza regionale ai sensi del D.Lgs 17 ottobre 2005, n. 226.

A partire dall'a.s. 2018/19, e a scorrimento negli anni successivi, gli indirizzi di studio passano da 6 a 11:

Vecchio ordinamento DPR 15.03. 2010, n. 87	Nuovo ordinamento D.Lgs. n.61/2017
1) Servizi per l'agricoltura e lo sviluppo rurale; 2) Servizi sociosanitari; 3) Servizi per l'enogastronomia e l'ospitalità alberghiera; 4) Servizi commerciali; 5) Produzioni industriali ed artigianali; 6) Manutenzione e assistenza tecnica.	1) Agricoltura, sviluppo rurale, valorizzazione dei prodotti del territorio e gestione delle risorse forestali e montane; 2) Pesca commerciale e produzioni ittiche; 3) Industria e artigianato per il Made in Italy; 4) Manutenzione e assistenza tecnica; 5) Gestione delle acque e risanamento ambientale; 6) Servizi commerciali; 7) Enogastronomia e ospitalità alberghiera; 8) Servizi culturali e dello spettacolo; 9) Servizi per la sanità e l'assistenza sociale; 10) Arti ausiliarie delle professioni sanitarie: odontotecnico; 11) Arti ausiliarie delle professioni sanitarie: ottico.

I percorsi hanno una durata di cinque anni, organizzati in un primo biennio e in un successivo triennio, e sono finalizzati al conseguimento di diplomi di istruzione secondaria di secondo grado, relativi agli indirizzi di studio che danno accesso agli ITS, all'Università e alle Istituzioni dell'Alta Formazione Artistica, Musicale e coreutica (AFAM).

Il biennio comprende 2112 ore complessive, articolate in:
- 1188 ore di attività e insegnamenti di istruzione generale
- 924 ore di attività e insegnamenti di indirizzo, comprensive del tempo da destinare al potenziamento dei laboratori.

Nel Triennio per ogni anno sono previste 1056 ore, articolate in:
- 462 ore di attività e insegnamenti di istruzione generale
- 594 ore di attività e insegnamenti di indirizzo.

L'assetto didattico è caratterizzato dalla *Personalizzazione del percorso di apprendimento,* che si avvale di una quota del monte ore non superiore a 264 delle 2112 del biennio e dal *Progetto formativo individuale,* redatto dal Consiglio di classe entro il 31 gennaio del primo anno di frequenza e aggiornato durante l'intero percorso scolastico.

> Il *Progetto formativo individuale* si basa su un bilancio dei saperi e delle competenze acquisiti da ciascuno studente, anche in modo non formale e informale ed è in grado di rilevare le potenzialità e le carenze riscontrate, al fine di motivare ed orientare nella progressiva costruzione del percorso formativo e lavorativo.
>
> Per sostenere gli studenti nell'attuazione e nello sviluppo del *Progetto formativo individuale*, il Dirigente scolastico individua dei *tutor* all'interno dei Consigli di Classe. Di norma un tutor segue al massimo una decina di studenti.
>
> Il *tutor*, accoglie e accompagna lo studente nel percorso scolastico, mantenendo i contatti con la famiglia. Nel primo anno di frequenza, redige il bilancio iniziale, consultando anche la famiglia e lo studente. Sulla base del bilancio personale dello studente, redige la bozza del PFI da sottoporre al Consiglio di Classe e una volta approvato lo tiene aggiornato. Il tutor, a tal proposito, monitora e orienta costantemente lo studente, proponendo al Consiglio di Classe eventuali modifiche da apportare, strada facendo, al PFI al fine di personalizzare gli apprendimenti dello studente. Altresì il tutor accompagna lo studente nei PCTO e negli eventuali passaggi tra i sistemi formativi (IP - IeFP).

In attuazione dell'autonomia, le istituzioni scolastiche possono utilizzare la quota di autonomia del 20% dell'orario complessivo del biennio, nonché dell'orario complessivo del triennio, per potenziare le attività dei laboratori e qualificare la loro offerta in modo flessibile, avvalendosi anche del contributo di esperti del mondo del lavoro e delle professioni, e attivare partenariati per migliorare l'offerta formativa.

Possono inoltre declinare gli indirizzi di studio in percorsi formativi richiesti dal territorio coerenti con le priorità indicate dalle Regioni nella propria programmazione dell'offerta formativa, nei *limiti degli spazi di flessibilità* entro il 40% dell'orario complessivo previsto nel triennio (3°, 4°, 5° anno). L'utilizzo della flessibilità dovrà avvenire nei limiti delle dotazioni organiche assegnate senza determinare esuberi di personale.

Sempre in virtù dell'autonomia si possono attivare partenariati territoriali per la realizzazione dei percorsi in Alternanza Scuola Lavoro (oggi rinominati *"Percorsi per le competenze trasversali e per l'orientamento - PCTO")*; si possono costituire i dipartimenti quali articolazioni funzionali del Collegio dei docenti, per il sostegno alla didattica e alla progettazione formativa; è possibile dotarsi di un Comitato Tecnico-Scientifico (CTS), composto da docenti e da esperti del mondo del lavoro, delle professioni e della ricerca scientifica e tecnologica, con funzioni consultive e di proposta per l'organizzazione delle attività e degli insegnamenti di indirizzo e l'utilizzazione degli spazi di autonomia e flessibilità.

Allo scopo di promuovere il raccordo con il mondo del lavoro e diffondere e sostenere il sistema duale realizzato in alternanza scuola-lavoro e in apprendistato, viene istituita la «*Rete nazionale delle scuole professionali*», di cui fanno parte le istituzioni scolastiche statali o paritarie che offrono percorsi di istruzione professionale e le istituzioni formative accreditate che offrono percorsi IeFP.

Il nuovo contesto crea le condizioni per definire un'offerta formativa unitaria, articolata e integrata sul territorio. Gli Istituti Professionali possono attivare, in via sussidiaria, previo accreditamento regionale, percorsi di Istruzione e Formazione Professionale (IeFP) per il rilascio della qualifica triennale e del diploma professionale quadriennale.

I passaggi, a domanda degli studenti, tra i percorsi di istruzione professionale e i percorsi di istruzione e formazione professionale sono disciplinati in sede di Conferenza Stato-Regioni e costituiscono delle opportunità che garantiscono la realizzazione di un percorso personale di crescita e di apprendimento, in rapporto alle proprie potenzialità, attitudini ed interessi, anche attraverso la ridefinizione delle scelte, senza disperdere il proprio bagaglio di acquisizioni.

A tal proposito, gli studenti che intraprendono il percorso IeFP, conseguita la qualifica triennale, potranno scegliere se proseguire gli studi al quarto anno dello stesso sistema e conseguire un diploma professionale oppure se transitare al quarto anno del percorso dell'Istruzione Professionale per poter conseguire il diploma quinquennale di istruzione secondaria di II grado, grazie al quale potranno accedere agli Istituti tecnici superiori (ITS), alle Università e alle Istituzioni dell'Alta formazione artistica, musicale e coreutica (AFAM), in base alle loro inclinazioni e alle loro aspirazioni. Se gli studenti dovessero optare per la prima soluzione, dopo il diploma professionale IeFP possono iscriversi al quinto anno di un Istituto Professionale per poter accedere agli Esami di Stato e conseguire il Diploma di "maturità" Professionale.

I percorsi di istruzione professionale (IP) sono ridefiniti ai sensi del D. Lgs n. 61/2017 e il vecchio Regolamento (DPR 15 marzo 2010, n. 87 - riforma Gelmini), a partire dall'a. s. 2018/19, a scorrimento, sarà sostituito dal nuovo Regolamento.

Con l'anno scolastico 2022/23 gli studenti sosterranno l'Esame di Stato del nuovo ordinamento, il quale si connota con diverse novità, in particolar modo la seconda prova scritta non è centrata sulle discipline ma sulle competenze in uscita e sui nuclei tematici fondamentali di indirizzo. È un'unica prova integrata in cui il Ministero fornisce la *"cornice nazionale generale di riferimento"* e le commissioni d'esame costruiscono le tracce declinando le indicazioni ministeriali secondo lo specifico percorso formativo attivato dalla scuola.

Decreti attuativi del D.Lgs 61/2017

L'11 agosto 2018 è entrato in vigore il Decreto Interministeriale 92, un regolamento che reca la disciplina dei profili di uscita degli indirizzi di studio dei percorsi di istruzione professionale. Tale norma rappresenta uno dei decreti attuativi previsti dal D.Lgs. 61/2017.

Gli elementi fondamentali del decreto riguardano:

- i profili di uscita degli 11 indirizzi di studio previsti per la riforma dei professionali;
- i risultati di apprendimento declinati in termini di competenze e relative abilità e conoscenze;
- il rapporto tra le Attività Economiche (ATECO) e la relativa correlazione con gli indirizzi di studio dell'Istruzione Professionale;
- i nuovi quadri orari con le puntuali articolazioni in termini di area generale ed aree distinte per ciascun indirizzo;
- il rapporto di correlazione tra i percorsi quinquennali dell'istruzione professionale e le qualifiche (triennali) e diplomi (quadriennali) previsti dall'IeFP (Istruzione e Formazione Professionale);
- le modalità per il passaggio al nuovo ordinamento.

Vista la gran mole di materiale, per la visione dettagliata e gli approfondimenti su tali elementi, si rimanda ai documenti ufficiali pubblicati nel sito Web del Ministero dell'Istruzione e del Merito

Linee Guida

Con Decreto Direttoriale n. 1400 del 25 settembre 2019, l'allora Miur, oggi Ministero dell'Istruzione e del Merito, ha trasmesso le *Linee Guida* per favorire e sostenere l'adozione del nuovo assetto didattico e organizzativo dei percorsi di istruzione professionale (*di cui al decreto interministeriale 24 maggio 2018, n. 92, Regolamento ai sensi dell'articolo 3, comma 3, decreto legislativo 13 aprile 2017, n. 61*).

Le *Linee Guida* sono strutturate in due parti:

- la prima fornisce un quadro di riferimento interpretativo e metodologico;
- la seconda riporta i traguardi intermedi di apprendimento, da utilizzare sia per i passaggi e i raccordi, sia per la declinazione dei percorsi di IP

Il documento è stato elaborato con una visione complessiva sull'intero quinquennio. Si sottolinea, comunque, che, tenendo conto della progressiva applicazione del D.Lgs. 61/2017 a partire dalle prime classi dall'a.s. 2018/2019, particolare attenzione è stata posta, soprattutto nella parte metodologica, alle problematiche concernenti il biennio unitario.

Le *Linee guida* sono rivolte ai docenti, al personale ATA, ai dirigenti scolastici e ai rappresentanti degli organi collegiali degli istituti che sono coinvolti nell'attivazione dei nuovi percorsi di istruzione professionale (IP) ed hanno lo scopo di fornire orientamenti interpretativi e operativi funzionali all'implementazione dei nuovi percorsi. Le indicazioni, poste in essere, saranno via via aggiornate con le scuole interessate che a loro volta potranno rendere disponibili strumenti, esperienze e materiali da loro stesse realizzati. A tal proposito per favorire e quindi facilitare il lavoro delle scuole, il MIUR ha messo a disposizione una piattaforma dedicata che consentirà di attribuire alle *Linee Guida* una dimensione dinamica, che si arricchirà progressivamente di contributi, di esperienze, di buone pratiche. In essa sono raccolti esempi, modelli, pratiche didattiche e organizzative utili come strumenti di lavoro per le scuole.

Misure per la riforma degli Istituti Professionali previste nel PNRR

Il Decreto Aiuti Ter (D. L. n.144/22) rimaneggia la Riforma dei Professionali del 2017 (D.Lgs n. 61/2017), la quale, nata in coerenza con gli obiettivi e le finalità individuati dalla legge 13 luglio 2015, n. 107, c.d. La Buona Scuola, aveva disciplinato la revisione dei percorsi dell'istruzione professionale prevista dal DPR n.87/2010 (Ministro Gelmini), in raccordo con quelli dell'istruzione e formazione professionale (IeFP), attraverso la ridefinizione degli indirizzi e il potenziamento delle attività didattiche laboratoriali. Il c.d. decreto Aiuti Ter, al fine di rafforzare il rapporto della scuola con il mondo del lavoro, allinea, con modificazioni e integrazioni, il suddetto decreto del 2017 alle richieste di innovazione, sostenibilità ambientale e competitività del PNRR.

Qui di seguito vengono indicate le modificazioni e integrazioni apportate dal decreto Aiuti Ter al D.Lgs n.61 del 2017 di cui le Istituzioni scolastiche terranno conto nell'aggiornare il Progetto Formativo Individuale.

Il **Progetto formativo individuale** viene redatto dal Consiglio di Classe entro il 31 gennaio del primo anno di frequenza, viene verificato almeno al termine di ciascun anno scolastico e aggiornato durante l'intero percorso scolastico.

Il documento si basa su un *bilancio personale* che evidenzia i *saperi* e le *competenze* acquisiti da ciascuna studentessa e da ciascuno studente, anche in modo non formale e informale, ed è idoneo a rilevare le potenzialità e le carenze riscontrate, al fine di motivare ed orientare nella progressiva costruzione del percorso formativo e lavorativo.

Per gli studenti provenienti da altri percorsi, il PFI è deliberato dal nuovo Consiglio di Classe, dopo un adeguato tempo di osservazione, tenendo conto di quanto stabilito ai fini del passaggio.

Il D.Lgs n. 61/2017 prevede che il sistema dell'istruzione professionale ha la finalità di formare la studentessa e lo studente ad arti, mestieri e professioni strategici per l'economia del Paese per un saper fare di qualità comunemente denominato «*Made in Italy*», nonché di garantire che le competenze acquisite nei percorsi di istruzione professionale consentano una facile transizione nel mondo del lavoro e delle professioni.

Il decreto Aiuti Ter, a tale finalità, aggiunge che la transizione nel mondo del lavoro e delle professioni, deve essere favorita anche per le tecnologie previste nel Piano nazionale Industria 4.0 quali: big data e analisi dei dati, cloud e fog computing, cyber security, sistemi cyber-fisici, prototipazione rapida, sistemi di visualizzazione e realtà aumentata, robotica avanzata e collaborativa, interfaccia uomo macchina, manifattura additiva, internet delle cose e delle macchine e integrazione digitale dei processi aziendali.

Il Profilo Educativo, Culturale e Professionale dello studente (PECUP) dei percorsi di Istruzione Professionale (IP) si basa su uno stretto raccordo della scuola con il mondo del lavoro e delle professioni e si ispira ai modelli promossi dall'Unione europea, così come definito nel decreto del 2017. Il decreto Aiuti Ter aggiunge che tale profilo deve essere coerente con gli obiettivi di innovazione, sostenibilità ambientale e competitività del sistema produttivo in un'ottica di promozione e sviluppo dell'innovazione digitale determinata dalle evoluzioni generate dal Piano nazionale «Industria 4.0».

Il decreto Aiuti Ter prevede che le previgenti fasi del passaggio tra i percorsi di IP e i percorsi di IeFP disciplinate con accordo in sede di Conferenza permanente per i rapporti tra lo Stato, le Regioni e le Province autonome di Trento e Bolzano, siano disciplinate anche da Linee guida, adottate dal Ministero dell'istruzione, finalizzate a prevedere la semplificazione in via amministrativa degli adempimenti necessari per il passaggio.

Anche per gli Istituti Professionali saranno definite, con specifiche Linee guida, adottate dal Ministero dell'istruzione e del Merito, misure di supporto allo sviluppo dei processi di internazionalizzazione, per la filiera tecnica e professionale, al fine di realizzare lo *Spazio europeo dell'istruzione* in coerenza con gli obiettivi dell'Unione europea in materia di istruzione e formazione professionale.

Per dare seguito al processo di riforma, anche al fine di rafforzare il raccordo permanente con le filiere produttive e professionali di riferimento degli Istituti Tecnici e Professionali e di ridurre il divario tra domanda e offerta di competenze, presso il Ministero dell'Istruzione e del Merito viene istituito *l'Osservatorio nazionale per l'istruzione tecnica e professionale*, composto da quindici esperti dell'istruzione tecnica e professionale, che svolge funzioni consultive e di proposta per il miglioramento del settore, come ad esempio l'aggiornamento degli indirizzi di studio (o delle articolazioni), le Linee Guida e ogni altra iniziativa idonea a rafforzare l'efficacia dell'insegnamento e delle metodologie collegate alla didattica per competenze.

IeFP (Istruzione e Formazione Professionale)

L'Istruzione e Formazione Professionale IeFP è un sistema formativo che fa parte integrante del secondo ciclo di istruzione del sistema scolastico italiano. Al sistema dell'istruzione e Formazione Professionale (IeFP) è assegnato un ruolo significativo nell'offerta del secondo ciclo al pari dell'istruzione liceale, tecnica e professionale, con una propria identità, collocazione e rilievo strategico per lo sviluppo socio-economico del Paese.

Al termine del primo ciclo di istruzione, gli allievi, con l'iscrizione nei percorsi di istruzione e formazione professionale IeFP, triennali o quadriennali, possono assolvere l'obbligo di istruzione, nonché esercitare il diritto-dovere all'istruzione e alla formazione, alla pari dei percorsi di istruzione quinquennale,

I percorsi IeFP sono realizzati dalle strutture formative accreditate dalle Regioni, secondo criteri condivisi a livello nazionale, oppure dagli Istituti Professionali di Stato, in regime di sussidiarietà, come previsto dalla programmazione regionale. Per accedere agli studi universitari o ai percorsi ITS Academy, gli allievi in possesso del diploma professionale di IeFP (conseguibile in 4 anni) possono svolgere un corso integrativo di durata annuale, presso un Istituto Professionale, per il conseguimento del diploma degli Esami di Stato di Istruzione Professionale. Altresì, gli allievi, in possesso del diploma professionale di IeFP, possono accedere ai percorsi ITS Academy dopo aver conseguito il *Certificato di specializzazione tecnica superiore* in un percorso annuale di IFTS (Istruzione e Formazione Tecnica Superiore).

Riassumendo, tramite i percorsi IeFP si possono conseguire, con tappe successive, i seguenti titoli di studio:

- *Qualifica di istruzione e formazione professionale* a seguito di un percorso di base di tre anni; si accede al termine della scuola secondaria di primo grado, i corsi si tengono presso le strutture formative accreditate dalle Regioni, o presso gli Istituti Professionali in regime di sussidiarietà, dove è offerta anche la possibilità di articolare percorsi personalizzati per allievi con Bisogni Educativi Speciali ed esigenze di apprendimento specifiche, con disabilità, oppure che riprendono gli studi dopo un periodo di interruzione;

- *Diploma di istruzione e formazione professionale* a seguito di un percorso quadriennale IeFP o di un percorso annuale di quarto anno aggiuntivo al percorso triennale di Qualifica (formula 3+1);

- *Diploma di Maturità Professionale* dopo aver ottenuto il Diploma di IeFP e svolgendo un anno integrativo presso un istituto professionale statale, risultando ammessi all'Esame di Stato di Istruzione Professionale; c'è la possibilità di presentarsi anche come privatisti;

- *Certificato di specializzazione tecnica superiore IFTS* dopo un ulteriore anno di specializzazione dove possono accedere coloro che hanno conseguito il Diploma di istruzione e formazione professionale; è possibile frequentare un percorso IFTS anche dopo il Diploma conseguito con l'Esame di Stato per specializzarsi con un ulteriore anno di studi che presenta una valenza molto pratica e operativa;

- *Diploma ITS Academy* dopo due anni ulteriori di specializzazione dove possono accedere coloro che hanno conseguito il certificato IFTS o un Diploma di Maturità statale (nel piano nazionale di sperimentazione della filiera formativa tecnologico-professionale il diploma professionale IeFP consente agli studenti della rete l'accesso diretto ai percorsi ITS Academy).

Offerta sussidiaria integrativa e complementare

Si articola in percorsi di durata triennale e quadriennale, finalizzati al conseguimento – rispettivamente – di qualifiche e diplomi professionali. Le qualifiche e i diplomi professionali, di competenza regionale, sono riconosciuti e spendibili a livello nazionale e comunitario.

Con la Riforma Gelmini del 2010, il DPR n.87/2010, allo scopo di promuovere e favorire lo sviluppo di organici raccordi tra i percorsi degli Istituti Professionali e quelli di IeFP, si assumevano due tipologie di riferimento per l'erogazione dell'offerta sussidiaria di IeFP finalizzata al rilascio dei titoli di Qualifica e di Diploma professionale:

- Tipologia A – Offerta sussidiaria integrativa
  Gli studenti iscritti ai percorsi quinquennali degli Istituti Professionali finalizzati all'acquisizione dei Diplomi di Istruzione professionale potevano conseguire, al termine del terzo anno, anche i titoli di Qualifica professionale, in relazione all'indirizzo di studio frequentato, validi per l'assolvimento del diritto dovere all'istruzione e alla formazione.

- Tipologia B – Offerta sussidiaria complementare
  Gli studenti potevano conseguire i titoli di Qualifica e Diploma Professionale presso gli Istituti Professionali. A tal fine, gli Istituti Professionali attivavano classi parallele che assumevano gli standard formativi e la regolamentazione dell'ordinamento dei percorsi di IeFP, determinati da ciascuna Regione.

Decreti attuativi del D.Lgs n.61/2017 in materia di IeFP

In seguito alla Riforma dei Professionali, attuata dal D.Lgs n. 61/2017 dal Ministro Fedeli, a partire dall'anno scolastico 2018-19 il regime sussidiario previgente non potrà più essere avviato, in quanto cesserà l'applicazione del DPR 15 marzo 2010, n. 87 (Riforma Gelmini) per le prime classi dell'istruzione professionale, e dunque per queste classi non potrà più applicarsi la normativa statale che attualmente consente l'erogazione dei percorsi di IeFP in regime sussidiario.

Il D. Lgs 13 aprile 2017, n. 61, a norma della "Buona Scuola" per il riordino degli Istituti Professionali, prescrive che per la *realizzazione dei percorsi* di IeFP da parte degli Istituti Professionali in regime di sussidiarietà, nonché per *raccordare* i due sistemi occorrerà procedere alla definizione di "*criteri generali*" attraverso l'emissione di un decreto del MIUR, adottato di concerto con il MLPS e il MEF.

Le *"modalità realizzative"* di tali criteri, nel rispetto dell'esercizio delle competenze esclusive delle regioni in materia di istruzione e formazione professionale, dovranno essere definite (declinate) territorialmente mediante appositi accordi tra Regione e Ufficio Scolastico Regionale. Di fatto, quindi, il regime di sussidiarietà viene definito prima in sede nazionale, e poi attuato in sede regionale.

Restando sempre nell'ambito relazionale tra i due sistemi, per disciplinare le *fasi del passaggio* dall'uno all'altro, in modalità biunivoca, è necessario un accordo, da stabilire in sede di Conferenza permanente per i rapporti tra lo Stato, le Regioni e le Province autonome di Trento e Bolzano, accordo che dovrà essere recepito da un decreto ministeriale.

A tal proposito, in materia di IeFP, sono stati emanati due decreti attuativi del decreto n.61/2017:

- il Decreto 17 maggio 2018 che recepisce l'Intesa sottoscritta l'8 marzo 2018 in sede di Conferenza Stato-Regioni riguardo ai *criteri generali* per favorire il *raccordo* tra il sistema dell'istruzione professionale (IP) e il sistema di istruzione e formazione professionale (IeFP) e per la *realizzazione,* in via sussidiaria, di percorsi di istruzione e formazione professionale per il rilascio della qualifica triennale e del diploma professionale quadriennale;
- il decreto ministeriale 427 del 22 maggio 2018 con il quale il MIUR *recepisce l'accordo* stabilito in sede di Conferenza Stato-Regioni del 10 maggio 2018 (atto 100/CSR) dove vengono definite le diverse *fasi di passaggio* tra i percorsi quinquennali di istruzione professionale e i percorsi triennali e quadriennali IeFP e viceversa.

Accreditamento regionale degli Istituti Professionali

In riferimento al suddetto Decreto 17 maggio 2018, nella definizione dei predetti *"criteri generali"*, in coerenza con i principi della distinzione, dell'affiancamento e del raccordo tra i due sistemi professionalizzanti (IP e IeFP) non sarà più ammissibile l'erogazione di percorsi di IeFP secondo la formula ibrida dell'offerta sussidiaria integrativa, precedentemente consentita dal DPR n. 87 del 2010, pertanto dovrà prevedersi soltanto la formula dell'offerta *"sussidiaria complementare"*, o meglio dell'offerta *"sussidiaria"*, l'unica capace di assicurare veramente ed efficacemente *"l'integrazione, l'ampliamento e la differenziazione"* del percorsi di IeFP.

Le Regioni e le Province autonome di Trento e Bolzano, devono prevedere le modalità di accreditamento delle istituzioni scolastiche che vogliano attivare percorsi di IeFP in via sussidiaria, nel rispetto dei *livelli minimi* previsti dall'intesa in sede di Conferenza Stato-Regioni 20 marzo 2008.

Tali *livelli* sono garantiti attraverso la declinazione degli standard minimi del *sistema di accreditamento delle strutture formative* per la *qualità dei servizi*, che tenga conto della specificità degli Istituti Professionali. In particolare, il requisito della certificazione del sistema di gestione della qualità, laddove previsto dai sistemi regionali di accreditamento, se non si possiede, si ritiene assolto anche attraverso le procedure adottate nel rapporto di autovalutazione, cd. RAV (DPR n. 80/2013) e il conseguente Piano di Miglioramento (PdM).

Le istituzioni scolastiche già accreditate sulla base del previgente ordinamento si intendono accreditate, fatta salva la competenza esclusiva delle Regioni e delle Province autonome a revocare, modificare e integrare i propri atti disposti in materia.

Nuova offerta sussidiaria dei percorsi di IeFP

Gli Istituti professionali, quindi, previo accreditamento, possono attivare percorsi per il conseguimento della qualifica triennale e del diploma professionale quadriennale di IeFP, in via sussidiaria, per ampliare e differenziare la propria offerta formativa.

Tali percorsi si realizzano sulla base degli standard formativi definiti da ciascuna regione, nel rispetto dei livelli essenziali delle prestazioni, con la costituzione di classi composte esclusivamente da studenti che scelgono, all'atto dell'iscrizione, di seguire i percorsi di IeFP per il conseguimento di qualifiche di durata triennale, e di diplomi professionali di durata quadriennale, ferma restando la reversibilità delle scelte attraverso i passaggi da un sistema all'altro.

L'offerta sussidiaria è erogata nei limiti delle risorse finanziarie e strumentali dell'Istituto Professionale che attiva il percorso sussidiario e nei limiti delle sue dotazioni organiche di personale docente. L'organico delle classi di IeFP non è separato rispetto alle classi ordinamentali. Le classi si costituiscono con riferimento ai criteri del DPR 81/2009.

Raccordo tra i sistemi formativi IP - IeFP

Come previsto dal Decreto del 17 maggio 2018, lo Stato, le Regioni e le Province autonome devono promuovere e sostenere i raccordi tra i due sistemi formativi, sia per rendere effettiva agli studenti la possibilità dei passaggi tra i due percorsi e sia per dare la possibilità agli studenti iscritti ai percorsi quinquennali dei professionali di accedere all'esame di qualifica o diploma professionale del percorso IeFP, naturalmente previo riconoscimento dei *crediti formativi* (in sostanza di fatto si recupera quanto si faceva con la sussidiarietà integrativa).

Al fine di favorire, agli studenti degli Istituti Professionali, di acquisire conoscenze, abilità e competenze riconoscibili in termini di *crediti formativi*, possono essere previsti *interventi* per integrare, anche con la collaborazione delle istituzioni formative di IeFP, i percorsi di istruzione professionale:
- nel biennio con attività idonee rientranti nell'ambito del Progetto Formativo Individuale (P.F.I.), che si avvale di una quota del monte ore non superiore a 264, di cui all'art. 5 del D.Lgs n.61/2017;
- nel triennio con attività idonee rientranti negli spazi di flessibilità di cui all'art. 4, comma 3, lettera e), del D.Lgs n.61/2017.

La valutazione dei *crediti formativi*, in analogia con quanto avviene per i passaggi, è effettuata dall'istituzione formativa presso la quale viene rilasciata la qualifica.
Lo studente può sostenere *l'esame di qualifica* presso le istituzioni di IeFp o presso le istituzioni scolastiche accreditate che offrono percorsi di IeFP in sussidiarietà.

Può diventare buona prassi, una convenzione tra l'IP e l'IeFP per formalizzare la progettazione di certe UdA, da realizzare nel corso dei tre anni e rientranti nel percorso personalizzato di cui sopra, al fine di facilitare l'acquisizione di crediti formativi utili per sostenere l'esame di qualifica. Analogamente l'IP potrebbe collaborare con l'IeFP per la progettazione di attività per facilitare l'inserimento dello studente al quarto o al quinto anno del percorso IP.

Accordi regionali

Gli accordi regionali sono stipulati a livello territoriale tra la Regione e l'Ufficio Scolastico Regionale sia per favorire il raccordo tra il sistema dell'istruzione professionale e il sistema di IeFP, sia per definire le modalità realizzative, in via sussidiaria, dei percorsi di istruzione e formazione professionale per il rilascio della qualifica e del diploma professionale quadriennale.

Gli accordi sono definiti sulla base dei seguenti criteri generali:

- salvaguardare l'identità dei percorsi di istruzione professionale e di IeFP;

- soddisfare la richiesta degli studenti iscritti presso un Istituto Professionale di accedere agli esami, presso un'istituzione scolastica o formativa accreditata, per conseguire una qualifica e un diploma professionale di IeFP (gli oneri relativi al presidente di commissione, ai membri esterni ed agli esperti degli esami di qualifica e di diploma professionale sono a carico delle regioni);

- assicurare agli studenti la possibilità dei passaggi tra i due sistemi e di accesso all'esame per il conseguimento delle qualifiche e diplomi di IeFP attraverso il riconoscimento dei crediti acquisiti;

- ampliare e differenziare i percorsi attraverso l'offerta sussidiaria degli Istituti Professionali, nei limiti delle disponibilità di organico a legislazione vigente.

Passaggi tra i due sistemi e fasi operative

L'accordo Stato-Regioni del 10 maggio 2018, dove vengono definite le *fasi di passaggio*, prevede che la reversibilità delle scelte e la possibilità del passaggio tra i due sistemi debba essere assicurata e assistita dalle istituzioni scolastiche e da quelle formative. In mancanza delle condizioni essenziali per l'inserimento dello studente nel percorso richiesto, le istituzioni scolastiche e formative dovranno attuare tutte le misure necessarie di ri-orientamento al fine di permettere allo studente la prosecuzione degli studi.

Lo studente che intende passare da un sistema all'altro deve presentare la domanda, per il tramite dell'istituzione di appartenenza (o scolastica o formativa), alla istituzione nella quale è attivato il percorso richiesto. In caso di minorenne, la domanda deve essere presentata da chi esercita la patria potestà genitoriale. La domanda è presentata direttamente all'istituzione di destinazione nei casi di discontinuità nella frequenza dei percorsi, nonché nell'ipotesi di rientro nei percorsi di IP o di IeFP dopo un periodo di interruzione degli studi.

Lo studente che richiede il passaggio da IeFP a IP nel corso dei primi due anni, deve presentare la domanda entro il 31 gennaio dell'anno formativo cui è iscritto e l'operazione di passaggio dovrà concludersi entro il mese di febbraio; se la richiesta del passaggio è fatta al termine dell'anno formativo, la domanda dovrà essere presentata entro il 30 giugno e comunque in tempo utile per perfezionare la pratica di passaggio. Se la domanda è presentata nel corso del terzo anno, il termine di scadenza è fissato al 30 novembre.

Il termine di presentazione della domanda di passaggio da IP a IeFP, erogati da istituzioni formative o da istituzioni scolastiche in via sussidiaria è definito da specifica regolamentazione regionale.

Le fasi procedurali da seguire sono le seguenti:

1. I passaggi tra i due sistemi rivestono un carattere personalizzato e le corrispondenti procedure devono essere attivate, se richieste, a domanda presentata dallo studente, per il tramite dell'istituzione di appartenenza, all'istituzione nella quale è attivo il percorso richiesto:

   - per i primi tre anni dei percorsi, in entrambi i sensi, nel corso o al termine di ciascun anno;

   - al termine del quarto anno, per i passaggi dai percorsi di IeFP a quelli di IP (lo studente che ha iniziato il percorso IeFP dopo il diploma di qualifica può proseguire gli studi al quinto anno dell'Istituto Professionale per conseguire il diploma di "maturità" attraverso l'esame di Stato)

2. L'istituzione di provenienza dello studente che richiede il passaggio deve assicurare le seguenti operazioni fondamentali dando, allo stesso tempo, allo studente, motivata e formale comunicazione dell'esito della procedura:

   - acquisizione della domanda di passaggio presentata dallo studente e trasmissione all'istituzione scolastica o all'istituzione formativa di destinazione;

   - invio all'istituzione di destinazione del Certificato di competenze, se IP, ovvero dell'attestazione delle competenze, prevista dalla normativa di ciascuna regione da parte dell'istituzione formativa, se IeFP, ovvero del titolo di studio, nonché ogni altra documentazione utile ai fini della determinazione del credito; la certificazione è comprensiva degli apprendimenti acquisiti dallo studente anche nell'ambito di esercitazioni pratiche, esperienze realizzate in Italia e all'estero in realtà culturali, sportive, sociali, produttive, professionali e dei servizi, tirocini, stage, percorsi PCTO (ex ASL) e percorsi di apprendistato di primo livello;

   - eventuale designazione dell'incaricato in servizio presso l'istituzione scolastica IP o l'istituzione formativa di IeFP, che integra la commissione per i passaggi;

3. L'Istituzione di destinazione dello studente che richiede il passaggio assicura il rispetto e la gestione ottimale delle seguenti operazioni fondamentali, nonché la progettazione e la realizzazione delle attività di inserimento e di accompagnamento, dello studente richiedente, nel nuovo percorso:

- elaborazione del bilancio delle competenze sulla base della documentazione sulle competenze di cui sopra e di eventuali verifiche in ingresso degli apprendimenti in quegli ambiti disciplinari non adeguatamente documentati, per il conseguente riconoscimento dei crediti;

- determinazione, sulla base dei crediti accertati, dell'annualità di inserimento e delle eventuali riduzioni orarie, nonché delle azioni di supporto o degli interventi integrativi;

- progettazione e realizzazione delle attività di inserimento e accompagnamento dello studente nel nuovo percorso, per favorirne il successo formativo e il conseguimento dei relativi risultati di apprendimento;

- valutazione in itinere ed a conclusione del processo di inserimento e accompagnamento;

4. Le istituzioni di provenienza e di destinazione, se necessario, attivano, in tempo utile per facilitare il passaggio e l'inserimento dello studente, misure di accompagnamento anche in periodi precedenti il momento di passaggio e nei primi periodi di inserimento.

Commissione passaggi

L'istituzione presso la quale è attivato il percorso richiesto nella domanda di passaggio, nomina una commissione, costituita da personale in servizio presso l'istituzione stessa, per sovrintendere all'intera procedura e curare tutte le operazioni fondamentali del procedimento di passaggio.
La commissione può essere integrata con un docente o un formatore dell'istituzione di provenienza, nonché, nel rispetto dell'autonomia dell'istituzione scolastica o formativa, con ulteriori risorse professionali ritenute utili e opportune alla gestione degli interventi.

Ai fini del monitoraggio e del controllo delle attività, la Commissione è tenuta a documentare tutte le operazioni attraverso la redazione di un verbale contenente gli elementi necessari di tracciabilità dell'intero procedimento. La determinazione dell'annualità di inserimento tiene conto del percorso di provenienza, dei crediti riconosciuti e delle correlazioni degli indirizzi, qualifiche e diplomi.
Lo studente può essere inserito:
- Nell'annualità corrispondente a quella del percorso di provenienza, nel caso di passaggi in corso d'anno;
- Nell'annualità corrispondente a quella conclusa nel percorso di provenienza col riconoscimento di eventuali crediti formativi associati a specifiche UdA, ovvero se necessario disponendo interventi necessari per colmare eventuali carenze formative;
- Nell'annualità successiva a quella conclusa con esito positivo nel percorso di provenienza.

Nel caso di passaggio, in entrambi i sensi, effettuato durante l'anno scolastico (IP) o l'anno formativo (IeFP), le ore effettuate nel percorso di provenienza sono riconosciute e concorrono al computo della frequenza annuale minima del 75% del percorso di destinazione.

A livello territoriale con specifico accordo tra Regione e USR, sono definiti le forme e le modalità di:
- supporto alle istituzioni scolastiche e alle istituzioni formative in materia di passaggi
- monitoraggio e controllo del rispetto degli standard minimi per un servizio di qualità
- collaborazione tra le parti per la gestione dei dati.

RIFORMA DEGLI ISTITUTI TECNICI PREVISTA DAL PNRR

Il PNRR nella Missione 4 Istruzione e ricerca, nell'Ambito di intervento "Miglioramento qualitativo e ampliamento quantitativo dei servizi di istruzione e formazione", ha previsto la Riforma degli istituti tecnici e professionali (1.1).

La riforma degli Istituti Tecnici e Professionali, prevista dal Ministro Bianchi del Governo Draghi, inserita nel D. L. n.144/22 c.d. Decreto Aiuti Ter *"Misure urgenti per la realizzazione del PNRR"* nella Sezione III *"Misure per l'attuazione del Piano nazionale di ripresa e resilienza in materia di istruzione"*, (Legge di conversione n. 175 del 17.11.2022), mira ad allineare il curricolo di questi istituti alla domanda di competenze che proviene dal tessuto produttivo del Paese, orientando l'istruzione tecnica e professionale verso l'innovazione introdotta da Industria 4.0, incardinandola nel contesto dell'innovazione digitale. Gli artt. 26 (Tecnici) e 27 (Professionali) del suddetto D. L. n.144/22 prevedono le misure da attuare entro il 2023 (Traguardo: T4 2023) mentre l'art. 28 istituisce l'Osservatorio nazionale per l'istruzione tecnica e professionale.

Relativamente alla Riforma degli Istituti Tecnici, al fine di sostenere il rilancio del Paese consolidando il legame tra crescita economica e giustizia sociale, è prevista la revisione dell'assetto ordinamentale dei percorsi istituiti nel 2010 dalla riforma Gelmini (D.P.R. 15 marzo 2010, n. 88 - *Regolamento recante norme per il riordino degli Istituti Tecnici*), tramite uno o più regolamenti, da adottare entro centottanta giorni dalla data di entrata in vigore del suddetto decreto (vigente dal: 24-9-2022). Con l'entrata in vigore dei nuovi regolamenti sarà abrogato il DPR 15 marzo 2010, n. 88.

I nuovi regolamenti degli Istituti Tecnici dovranno ridefinire i profili dei curricoli vigenti (quelli del 2010) mirando a *rafforzare* le competenze linguistiche, storiche, matematiche e scientifiche, e la connessione al tessuto socioeconomico del territorio di riferimento, favorendo le attività laboratoriali, l'innovazione metodologia e la didattica per competenze, grazie anche a specifiche attività formative destinate al personale docente.

Pertanto, alla luce di ciò, quando entreranno in vigore i nuovi Regolamenti, le scuole dovranno rivedere il Profilo Educativo, Culturale e Professionale dello studente (PECUP) e, nel rispetto dell'autonomia delle Istituzioni scolastiche, incrementare gli spazi di flessibilità. In tale contesto innovativo, non manca la revisione degli indirizzi di studio e dei relativi quadri orari che saranno definiti da specifico decreto del Ministro dell'Istruzione e del Merito, di concerto con il Ministro dell'Economia e delle Finanze.

La continuità degli apprendimenti nell'ambito dell'istruzione tecnica dovrà essere favorita da meccanismi che condurranno ai percorsi dell'istruzione tecnologica terziaria, ivi inclusa la funzione orientativa finalizzata all'accesso a tali percorsi, coerentemente a quanto disposto in materia di ITS Academy (L.15 luglio 2022, n. 99) e in materia di lauree a orientamento professionale abilitanti (L.8 novembre 2021, n. 163).

Nella cornice della riforma, si prevede inoltre:

- l'attivazione di «Patti educativi 4.0» a livello regionale o interregionale, consistenti in accordi che "mettono in relazione" tra loro gli Istituti Tecnici e Professionali, le Imprese, gli Enti di formazione accreditati dalle Regioni, gli ITS Academy, le Università e i Centri di ricerca con lo scopo di integrare e condividere le risorse professionali, logistiche e strumentali di cui dispongono, nonché di programmare esperienze laboratoriali condivise (le modalità operative e i contenuti per l'attivazione dei Patti educativi 4.0 saranno indicate in apposite Linee guida che saranno definite con decreto del Ministro dell'istruzione e del Merito, di concerto con il Ministro del Lavoro e delle Politiche Sociali e del Ministro dell'Università e della Ricerca, sentita la Conferenza Unificata);

- l'erogazione diretta da parte dei Centri Provinciali di Istruzione per gli Adulti (CPIA) di percorsi di istruzione tecnica non in rete con le istituzioni scolastiche di secondo grado o non adeguatamente sufficienti rispetto alle richieste dell'utenza e del territorio;

- misure di supporto allo sviluppo dei processi di internazionalizzazione degli istituti al fine di realizzare lo *Spazio europeo dell'istruzione* in coerenza con gli obiettivi dell'Unione europea in materia di istruzione e formazione professionale (argomento affrontato nel III Volume in versione bilingue Inglese-Italiano).

Alla fine del primo e del secondo biennio, gli studenti che intraprendono il percorso dell'istruzione tecnica, acquisiranno una certificazione che attesta le competenze in uscita corrispondente, rispettivamente, al secondo e al terzo livello del Quadro europeo delle qualifiche (EQF) per l'apprendimento permanente. I modelli e le modalità di rilascio delle certificazioni saranno definiti con decreto del Ministro dell'Istruzione e del Merito, di concerto con il Ministro del Lavoro e delle Politiche Sociali e il Ministro dell'Economia e delle Finanze. Comunque, per analizzare a fondo la riforma bisogna attendere i regolamenti di attuazione.

Revisione dell'assetto ordinamentale degli Istituti Tecnici

Martedì 7 novembre 2023 si è svolto l'incontro di informativa sindacale sulla bozza di DPR attuativo dell'articolo 26 del decreto-legge del 23 settembre 2022, n. 144, recante "misure per la riforma degli istituti tecnici". Il decreto-legge n.144/2022 e le relative bozze di decreto attuative rivedono il Regolamento recante le norme per il riordino degli istituti tecnici del 2010 (DPR n.88/2010). La bozza del provvedimento prevede interventi consistenti sul curricolo dei percorsi di istruzione tecnica, sulla distribuzione del monte ore tra l'Area di Istruzione Generale Nazionale e l'Area di Indirizzo Flessibile, sul profilo educativo, culturale e professionale dello studente (PECUP).

La bozza della riforma introduce una maggiore flessibilità nell'organizzazione dei percorsi e pone particolare attenzione alla personalizzazione dell'offerta formativa. Sono previsti accordi di partenariato, alleanza e reti tra le scuole, che potranno costituire Comitati Tecnico Scientifici (CTS) con rappresentanti del mondo produttivo e del lavoro. I CTS avranno funzioni consultive e propositive per quanto riguarda la programmazione e l'innovazione didattica, nonché per l'organizzazione delle aree di indirizzo flessibili e per l'aggiornamento e la formazione dei docenti.

La riforma non prevede finanziamenti aggiuntivi per la sua realizzazione. Questo solleva interrogativi sulla capacità delle scuole di implementare efficacemente le nuove disposizioni senza risorse finanziarie dedicate. La sfida sarà quindi quella di ottimizzare le risorse esistenti e di sfruttare al meglio le sinergie tra istituti scolastici e realtà produttive locali per garantire un'istruzione tecnica di qualità e in linea con le esigenze del mercato del lavoro.

Tenuto conto della ristrettezza dei tempi tecnici dell'iter parlamentare, in quanto come periodo scolastico si è in prossimità delle iscrizioni alle classi prime per l'anno scolastico 2024/2025, la riforma degli Istituti Tecnici, per una migliore programmazione e attuazione, viene rinviata all'anno scolastico 2025-2026.

Disegno di legge per l'istituzione della filiera formativa tecnologico-professionale

Contestualmente alla revisione dell'assetto ordinamentale degli Istituti Tecnici, rimandata al successivo anno scolastico come visto nel paragrafo precedente, il Ministro dell'Istruzione e del Merito Valditara apre un altro fronte che mira alla progettazione di *un'offerta formativa integrata in ambito tecnologico-professionale*, capace di garantire ampie opportunità di scelta di istruzione e formazione all'interno di una filiera che coinvolge Istituti Tecnici e Professionali, Istituzioni formative accreditate dalle Regioni che attivano i percorsi di istruzione e formazione professionale (IeFP) e ITS Academy. In ragione di ciò, il 18 settembre 2023 il Consiglio dei ministri ha approvato un disegno di legge per l'istituzione della filiera formativa tecnologico-professionale nella formula 4+2, di cui 4 anni di istruzione secondaria tecnica e professionale e 2 anni di istruzione terziaria non accademica (ITS Academy).

Il 27 ottobre 2023 il Ministro dell'Istruzione e del Merito Valditara ha presentato al Senato della Repubblica il Disegno di Legge S.924 collegato alla manovra di finanza pubblica. Il disegno di legge, come nelle intenzioni del Ministro, persegue l'obiettivo di istituire la *filiera formativa tecnologico professionale*, al fine di rendere ancor più efficace la Riforma del PNRR, relativa agli Istituti Tecnici e Professionali, di cui agli articoli 26, 27, 28 del Decreto-legge 23 settembre 2022, n. 144, contribuendo al potenziamento dell'offerta dei servizi di istruzione.

Considerato che il disegno di legge sull'istituzione della filiera formativa tecnologico-professionale nel mese di dicembre 2023 è ancora in discussione in Senato (Atto S.924) e che in sede di dibattito parlamentare il DDL potrebbe essere soggetto a modifiche, il Ministro Valditara, per dare avvio alla riforma già a partire dall'A.S. 2024/2025, decide di attivare un *progetto sperimentale* relativo all'istituzione della filiera formativa tecnologico professionale attraverso l'emanazione di un decreto ministeriale.

Il 16 novembre 2023 il Ministro Valditara presenta alle organizzazioni sindacali una bozza di decreto ministeriale per dare avvio ad un *Piano nazionale di sperimentazione* relativo all'istituzione della filiera formativa tecnologico-professionale nella formula 4+2. Il 7 dicembre 2023 il Consiglio Superiore della Pubblica Istruzione esprime parere negativo sul progetto sperimentale (vedi infra). Parere obbligatorio ma non vincolante.

Nonostante il parere negativo del CSPI (non vincolante) e un disegno di legge ancora in fase di discussione in Senato, il Ministro Valditara, avvalendosi dell'art. 11 del DPR n.275/99 *"Iniziative finalizzate all'innovazione"* che permette di promuovere progetti in ambito nazionale, regionale e locale, volti a esplorare possibili innovazioni riguardanti gli ordinamenti degli studi, la loro articolazione e durata, l'integrazione fra sistemi formativi e i processi di continuità e orientamento, nelle more della istituzione ordinamentale della filiera formativa tecnologico-professionale, avvia il *Piano nazionale di sperimentazione* per l'istituzione della filiera formativa integrata nell'ambito tecnologico-professionale.

A tal proposito, il 7 dicembre 2023 vengono pubblicati:

- il D.M. 7 dicembre 2023, 240, decreto concernente il progetto nazionale di sperimentazione relativo all'istituzione della filiera formativa tecnologico-professionale;
- Il Decreto Dipartimentale 7 dicembre 2023, n. 2608 contenete AVVISO "Piano nazionale di sperimentazione per l'istituzione di una filiera formativa integrata nell'ambito tecnologico-professionale".

Parere del CSPI sullo schema del DM 7 dicembre 2023

Qui di seguito viene riportata una sintesi dei punti principali del parere espresso dal CSPI.

Il decreto intende promuovere un piano nazionale di sperimentazione per creare un'offerta formativa integrata che collega i percorsi degli istituti tecnici e professionali, delle istituzioni formative accreditate dalle Regioni e degli ITS Academy. Si prevede l'attivazione di percorsi quadriennali sperimentali di istruzione tecnica e/o professionale, di percorsi per il conseguimento del diploma professionale di IeFP coerenti o affini con la filiera di riferimento, laddove attivati, e di percorsi biennali di istruzione tecnologica superiore (ITS Academy).

Considerato che la sperimentazione dei percorsi quadriennali sono un elemento fondamentale nel progetto sulla filiera tecnologico-professionale, il CSPI richiama il parere relativo al piano di sperimentazione dei percorsi quadriennali avviato nel 2017. Nella fattispecie il CSPI aveva sottolineato l'importanza di uno scrupoloso monitoraggio per valutare l'andamento della sperimentazione, i cui esiti tra l'altro avrebbero dovuto essere condivisi con questo organo. Il Piano sperimentale è stato poi ampliato e rinnovato nel 2021 senza il supporto, all'epoca, dei riscontri della precedente sperimentazione.

Il CSPI osserva inoltre che i contenuti della sperimentazione sono ancora oggetto di dibattito parlamentare e in tale sede il Disegno di legge potrebbe essere soggetto a modifiche e l'eventuale emanazione della legge potrebbe rendere complessa la stessa prosecuzione della sperimentazione, i cui esiti potranno essere utilizzati solo dopo sei anni dal suo avvio (la durata della sperimentazione non è peraltro chiaramente indicata nel decreto).

Altresì, il CSPI esprime perplessità riguardo alla considerazione indistinta degli istituti tecnici e professionali poiché hanno riferimenti ordinamentali diversi e alcuni passaggi non sembrano parimenti adeguati nei diversi indirizzi, a partire dalla previsione dell'apprendistato formativo e dei Percorsi per le Competenze Trasversali e l'Orientamento (PCTO) già dal secondo anno. In riferimento a quest'ultimo punto, il CSPI rileva con preoccupazione la tendenza costante verso l'anticipazione di esperienze lavorative che possono risultare insignificanti e perfino pericolose se destinate ad alunni che non siano ancora pronti ad assumere gli atteggiamenti adeguati in contesti reali non scolastici.

Nella sua prima fase l'orientamento deve consistere nell'acquisizione e nel consolidamento da parte dello studente degli strumenti per orientarsi, attraverso un lavoro su di sé e mediante lo sviluppo dei saperi e delle conoscenze disciplinari. Inoltre, la mancata presenza dei licei nella proposta di sperimentazione della filiera prefigura una visione ancorata alla separazione tra l'istruzione liceale e quella tecnico-professionale.

Il CSPI rileva, inoltre, che l'integrazione nella filiera dei percorsi IeFP necessiterebbe uno specifico approfondimento in relazione sia agli aspetti giuridici che ordinamentali. In particolare, evidenzia che, attualmente, coloro che abbiano conseguito il diploma professionale del quarto anno devono superare un anno aggiuntivo e sostenere l'esame di Stato per l'iscrizione agli ITS. Appare ancor più pregnante, ai fini della complessiva efficacia formativa, che i percorsi realizzati nell'ambito della formazione professionale quadriennale, al momento, non sono equiparabili alla proposta formativa dell'istruzione tecnica e professionale. Altresì, il CSPI evidenzia che gli Istituti Professionali, pur trovandosi al sesto anno della riforma attuata dal D.Lgs n.61/2017, necessitano ancora di misure di implementazione e di accompagnamento per l'attuazione del nuovo modello, per cui risulta complesso coinvolgerli nella definizione di percorsi quadriennali all'interno della filiera.

Inoltre, il CSPI sottolinea che negli istituti tecnici, nell'a.s. 2024/25, si potrebbe verificare la contestuale presenza di classi che seguono l'ordinamento di cui al DPR n. 88/2010 (Riforma Gelmini ancora in vigore), classi quadriennali autorizzate ai sensi del D.M. n. 344/2021 e classi prime quadriennali della filiera formativa tecnologico-professionale oggetto del presente parere. A questo si aggiunga che la riforma degli ITS Academy è ancora in avvio, tanto che alcuni decreti di attuazione devono essere emanati o sono in una fase transitoria, pertanto, appare difficile che possano essere coinvolti in un ulteriore percorso, come prefigurato dalla sperimentazione della filiera.

Il CSPI sostiene inoltre che la contemporanea introduzione di innovazioni, non adeguatamente diffuse e condivise con le scuole che dovranno realizzarle, comporta peraltro il rischio che il progetto non sia considerato nel suo complesso e abbia come unico risultato l'abbreviazione del percorso di studi. Inoltre, viene espressa la preoccupazione che la struttura e la durata dei nuovi percorsi possano portare a una compressione dei contenuti dei curricoli, impoverendo l'offerta formativa.

A tal proposito, il CSPI suggerisce di fornire precise indicazioni nell'avviso nazionale e di prestare particolare attenzione a questi aspetti nella valutazione delle proposte progettuali, con uno specifico approfondimento per l'esame dei quadri-orario previsti per i singoli anni di corso. Il CSPI auspica, inoltre, di prevedere l'istituzione di un Comitato tecnico-scientifico (come avviene per le sperimentazioni autorizzate ai sensi dell'articolo 11 del d.P.R. 275/99) per poter supportare, sia a livello nazionale che regionale, in ogni fase la sperimentazione ed effettuare un monitoraggio continuo su tutto il processo, anche comparando percorsi ed esiti con quelli quinquennali presenti nella medesima istituzione scolastica.

Il CSPI ritiene inoltre che la tempistica per avviare la sperimentazione nel 2024/25 sia troppo ristretta, considerando l'acquisizione dell'intesa tra Regioni e Uffici Scolastici Regionali, nonché la necessità di informare le famiglie e coinvolgere i docenti. Pertanto, date le criticità e problematicità evidenziate, il CSPI esprime un *parere negativo* sul testo dello schema di decreto, suggerendo modifiche significative per superare le criticità.

PERCORSI SPERIMENTALI QUADRIENNALI DELLA S.S. II GRADO

La durata quadriennale del corso di studi superiore in Italia, oltre all'abbreviazione per merito per gli studenti che rispettano determinati requisiti, è nata nell'anno scolastico 2013/2014 quando l'allora ministro del MIUR Maria Chiara Carrozza autorizzò due progetti sperimentali proposti da due scuole che già avevano caratteristiche di forte internazionalizzazione: il San Carlo di Milano e il Guido Carli di Brescia. Successivamente altre scuole hanno fatto la richiesta di sperimentazione quadriennale autonoma c.d. dei "licei brevi".

In Italia già 12 istituti stavano sperimentando il diploma in 4 anni sulla base di singole richieste presentate al Ministero prima dell'anno 2017. Per rendere maggiormente valutabile l'efficacia della sperimentazione quadriennale e per consentirne una maggiore diffusione territoriale, l'allora MIUR, guidato dal ministro Valeria Fedeli, ha emanato il decreto ministeriale n. 567 del 3 agosto 2017 il quale prevede la promozione, a partire dall'anno scolastico 2018/2019, di un piano nazionale di innovazione ordinamentale con riduzione di un anno dei percorsi *destinato a 100 classi prime* di istituzioni scolastiche, statali e paritarie, del secondo ciclo di istruzione che hanno indirizzi dei Licei e degli Istituti tecnici. Di fatto il decreto ministeriale amplia e innova il processo di sperimentazione quadriennale dei c.d. "licei brevi" iniziato qualche anno prima.

Il MIUR nel mese di ottobre 2017 emana un avviso, rivolto ai Licei e agli Istituti tecnici, per la presentazione di un progetto di sperimentazione di un percorso quadriennale la cui partenza è prevista nell'anno scolastico 2018/2019 (il percorso quadriennale partirà a settembre 2018 con il nuovo ministro Marco Bussetti).

Il corso di studi quadriennale, secondo i fini del suddetto decreto e del corrispondente avviso (bando di selezione), deve garantire, attraverso il ricorso alla flessibilità didattica e organizzativa consentita dall'autonomia scolastica, alla didattica laboratoriale e all'utilizzo di tutte le risorse professionali e strumentali disponibili, l'insegnamento di tutte le discipline previste dall'indirizzo di studi di riferimento, entro il termine del quarto anno, in modo da assicurare agli studenti il raggiungimento delle competenze e degli obiettivi specifici di apprendimento previsti per il quinto anno di corso, nel pieno rispetto delle Indicazioni Nazionali per i Licei e delle Linee Guida dei Tecnici.

Soggetti destinatari

Il DM n. 567 del 3 agosto 2017 prevede che possono presentare progetti di innovazione metodologico-didattica finalizzati alla realizzazione dei percorsi quadriennali:

- le istituzioni scolastiche che organizzano percorsi di istruzione secondaria di secondo grado, sia statali che paritarie, riferiti agli indirizzi di liceo e di istituto tecnico;

- le istituzioni scolastiche statali e paritarie che abbiano già in corso progetti per la sperimentazione di percorsi quadriennali di istruzione secondaria di secondo grado, autorizzati con appositi decreti ministeriali (vedi i c.d. *Licei brevi*).

Per queste ultime istituzioni, qualora le proposte progettuali presentate vengano valutate positivamente dalla Commissione, le sperimentazioni in atto potranno proseguire, a partire dall'anno scolastico 2018/2019, con le classi prime, secondo le nuove condizioni e la tempistica previste dal DM n. 567 del 3 agosto 2017. Altresì, se le medesime istituzioni scolastiche non presentano una proposta progettuale ovvero non risultino tra le istituzioni selezionate, non si procederà al rinnovo delle sperimentazioni in atto, fatte salve le sole classi già avviate che completeranno il ciclo sperimentale fino ad esaurimento.

Requisiti di partecipazione

Il DM n. 567 del 3 agosto 2017 prevede che le istituzioni scolastiche statali e paritarie che intendono presentare la propria candidatura devono predisporre, previa deliberazione degli organi collegiali competenti, e in linea con gli orientamenti del Piano triennale dell'offerta formativa, un progetto di sperimentazione di un percorso quadriennale che abbia le seguenti caratteristiche:

- Deve specificare se il percorso quadriennale sperimentale appartiene all'ambito liceale o tecnico. Questa scelta determinerà il tipo di titolo di studio che verrà rilasciato agli studenti al completamento dei quattro anni, equivalente a quello previsto dal secondo ciclo di istruzione.

- Deve stabilire in modo chiaro gli orari annuali e settimanali per ogni materia e anno di studio, sfruttando la flessibilità permessa dall'autonomia scolastica. È fondamentale l'impiego di metodologie innovative, come la didattica laboratoriale, e l'utilizzo di tutte le risorse disponibili. Questo approccio mira a garantire che tutti gli obiettivi di apprendimento e le competenze previste per il quinto anno vengano raggiunti entro il quarto anno, assicurando così una formazione completa e conforme al piano di studi.

- Può essere istituita una sola classe prima sperimentale, rispettando il numero di alunni definito dalle norme attuali. Le iscrizioni richiedono una domanda specifica da parte dei genitori, con il progetto che deve delineare chiaramente i criteri di priorità per l'ammissione in caso di domande eccedenti, come deliberato dal Consiglio di istituto. La classe sperimentale deve essere distinta da quelle dei percorsi quinquennali esistenti e non accetta iscrizioni di studenti che abbiano già fruito di abbreviazioni del percorso scolastico o di studenti provenienti da percorsi quinquennali. Agli esami di Stato, non possono essere assegnati alla classe sperimentale candidati esterni e non è consentita l'ammissione all'esame con abbreviazione di un anno per merito.

- Deve includere idee specifiche per sviluppare iniziative che colleghino il percorso sperimentale con la scuola secondaria di primo grado, il mondo del lavoro, gli ordini professionali, l'università e i percorsi di istruzione terziaria non accademica (ITS Academy). Le azioni devono creare un continuum educativo che faciliti la transizione degli studenti attraverso i vari livelli di istruzione.

- Deve prevedere misure mirate per rafforzare l'apprendimento delle lingue, introducendo l'insegnamento di almeno una materia non linguistica attraverso la metodologia CLIL (Content and Language Integrated Learning) a partire dal terzo anno di corso. Un approccio metodologico, rivolto all'apprendimento integrato di competenze linguistico-comunicative e disciplinari in lingua straniera, che mira a migliorare sia la competenza linguistica degli studenti sia la comprensione della materia non linguistica oggetto di studio.

- Deve identificare azioni specifiche per valorizzare le attività laboratoriali e l'impiego di tecnologie didattiche innovative. Le azioni devono essere finalizzate a migliorare l'acquisizione di competenze disciplinari specifiche e competenze trasversali, arricchendo l'esperienza di apprendimento degli studenti. L'approccio deve considerare varie modalità di organizzazione del gruppo classe per ottimizzare l'insegnamento e l'apprendimento, sfruttando al meglio le potenzialità offerte dall'innovazione tecnologica e metodologica.

- Deve includere la pianificazione di insegnamenti opzionali, anche in funzione orientativa, finalizzati ad arricchire il curriculum dello studente, come previsto dall'art. 1, c. 7 della Legge n.107/2015 (Buona Scuola). L'obiettivo è di offrire agli studenti opportunità aggiuntive di apprendimento personalizzate che rispondano ai loro interessi e aspirazioni, facilitando al contempo la loro scelta futura di percorsi di studi o carriere professionali.

- Deve riportare specifiche modalità di adeguamento e rimodulazione del calendario scolastico annuale e dell'orario settimanale delle lezioni, ai sensi degli artt. 4 e 5 del DPR n. 275/1999. Le modifiche sono necessarie per compensare, almeno in parte, la riduzione di una annualità del percorso scolastico per conseguire gli obiettivi specifici di apprendimento previsti per ciascun indirizzo di studi, e per realizzare progetti di PCTO che permettono di arricchire la formazione degli studenti con esperienze pratiche e professionalizzanti.

- Deve includere una dichiarazione di disponibilità da parte della scuola a partecipare a iniziative formative dedicate ai docenti e a sottoporsi a monitoraggi qualitativi a livello regionale e nazionale. Questo impegno mira a garantire un miglioramento continuo della qualità dell'insegnamento attraverso la formazione professionale del personale docente e attraverso la valutazione sistematica delle pratiche didattiche e dei risultati educativi.

- Deve includere una dichiarazione che conferma l'assenza di oneri aggiuntivi a carico del bilancio dello Stato, impegnandosi a realizzare le attività previste utilizzando esclusivamente le risorse finanziarie e umane già disponibili. Questo vincolo assicura che l'implementazione del percorso sperimentale sia gestita in modo sostenibile, senza richiedere ulteriori investimenti finanziari da parte dello Stato, ma ottimizzando e valorizzando le risorse esistenti all'interno dell'istituto.

Agli istituti paritari che partecipano alla sperimentazione, in seguito all'approvazione del progetto, è richiesto l'impegno a formalizzare una richiesta di riconoscimento della parità scolastica per il percorso sperimentale. Quanto richiesto agli istituti paritari è fondamentale per garantire che il percorso sperimentale sia riconosciuto e valutato alla stregua dei percorsi offerti dalle istituzioni statali, assicurando agli studenti la stessa validità e riconoscimento del titolo di studio conseguito.

Valutazione delle proposte progettuali

A seguito del bando emanato a ottobre 2017, al Miur sono pervenute 197 richieste di sperimentazione: 87 dal Nord, 45 dal Centro, 65 dal Sud. In particolare, 128 richieste sono arrivate da scuole statali, 69 da scuole paritarie; 147 da indirizzi liceali, 50 da indirizzi tecnici.

Come previsto dal DM n. 567 del 3 agosto 2017, nonché dal corrispondente avviso (bando di selezione), un'apposita Commissione tecnica, basandosi sull'aderenza agli obiettivi della sperimentazione quadriennale, l'innovatività del progetto sia dal punto di vista didattico che metodologico, e la qualità generale dell'iniziativa proposta, ha valutato le proposte progettuali più meritevoli e con maggiore potenziale di successo nell'ambito dell'innovazione scolastica presentate dalle istituzioni scolastiche, selezionando quelle che si sono distinte per l'elevato livello di innovazione, in particolare per quanto riguarda l'articolazione e la rimodulazione dei piani di studio, per l'utilizzo delle tecnologie e delle attività laboratoriali nella didattica, per l'uso della metodologia CLIL, per i processi di continuità e orientamento con la scuola secondaria di primo grado, il mondo del lavoro, gli ordini professionali, l'università e i percorsi terziari non accademici.

Il Piano nazionale di innovazione dei percorsi quadriennali, destinato inizialmente a 100 classi prime, con apposito decreto ministeriale è stato esteso, anche per consentire una ancor maggiore diffusione territoriale e varietà di indirizzi coinvolti, a tutte le classi prime delle istituzioni scolastiche secondarie di secondo grado statali e paritarie che hanno presentato il progetto e che dalla valutazione della Commissione tecnica risultano in possesso dei requisiti richiesti dal decreto, e idonei per il raggiungimento degli obiettivi del Piano nazionale di innovazione. Pertanto, a seguito dell'estensione prevista dal DM n.89/2018, il numero di istituzioni scolastiche selezionate per partecipare alla sperimentazione del percorso di studi quadriennale è aumentato di 92 unità, passando da 100 a 192. La richiesta di aumentare il numero delle scuole partecipanti al Piano nazionale è pervenuta al Ministero, in via formale, anche da parte di alcune Regioni.

I dati forniti dall'Amministrazione alle organizzazioni sindacali, nel mese di luglio 2023, confermano che le 192 scuole coinvolte sono composte da 127 scuole statali e da 65 paritarie, di cui 144 Licei e 48 istituti tecnici così distribuiti sul territorio:
- 85 le istituzioni scolastiche autorizzate a Nord, di cui 45 in Lombardia (di queste 19 sono statali);
- 43 le istituzioni scolastiche del Centro Italia;
- 64 al Sud e nelle Isole.

Le scuole selezionate, a partire dall'anno scolastico 2018/2019, hanno avviato il nuovo percorso di studi quadriennale, limitato a una sola sezione e iniziando dalla classe prima, per ciascuna istituzione scolastica partecipante al piano di sperimentazione.

Le disposizioni vigenti in materia di esame di Stato conclusivo del secondo ciclo e rilascio dei titoli di studio finali devono riferirsi ai percorsi di istruzione secondaria di secondo grado del vigente ordinamento. L'attribuzione del credito scolastico viene effettuata al termine del secondo, del terzo e del quarto anno di corso nel rispetto delle disposizioni vigenti in materia. Agli esami di Stato non è consentita l'ammissione con abbreviazione di un anno per merito.

Gli esiti della sperimentazione saranno valutati, di anno in anno, dai Comitati scientifici regionali, i quali invieranno i rapporti al Comitato scientifico nazionale, il quale valuta l'andamento nazionale del piano di innovazione ordinamentale e predispone una relazione da inviare al Consiglio Superiore della Pubblica Istruzione (CSPI).

Al termine del ciclo sperimentale, previa valutazione positiva da parte del Comitato scientifico nazionale, la sperimentazione può essere rinnovata. In caso di mancato rinnovo le classi intermedie già funzionanti completano il ciclo sperimentale fino ad esaurimento.

Ampliamento della sperimentazione dei percorsi quadriennali (1000 classi prime)

Nel 2021, con il DM n.344/21, il Ministro Bianchi rinnova il Piano nazionale di innovazione ordinamentale dei percorsi quadriennali di istruzione secondaria di secondo grado e amplia fino a 1000 il numero delle istituzioni scolastiche statali e paritarie del secondo ciclo di istruzione che possono aderirvi. Al nuovo Piano, oltre ai percorsi liceali e tecnici, sono ammessi anche i percorsi di istruzione professionale, riformati dal D.Lgs. n.61/2017, che andranno a regime nell'anno scolastico 2022/2023.

Al fine di garantire una equilibrata distribuzione delle classi sperimentali a livello nazionale nell'ambito di tre macroaree (nord- centro – sud), il Ministero ha preventivamente previsto una ripartizione per regioni, delle 1000 nuove classi prime, i cui valori sono riportati nella tabella (Allegato B - Avviso prot. 2451 del 7 dicembre 2021).

Regioni	IIS Statali	IIS Paritari	Totale	Studenti statali	Studenti paritarie	Totale	50% per scuole	50% per studenti	Totale classi sperimentali
Abruzzo	135	21	156	53.800	676	54.476	11,29	10,58	22
Basilicata	101	1	102	26.815	64	26.879	7,38	5,22	13
Calabria	282	33	315	86.089	1.219	87.308	22,80	16,95	40
Campania	653	367	1020	288.139	25.321	313.460	73,84	60,87	135
E.	299	56	355	192.026	4.307	196.333	25,70	38,12	64
Friuli	121	12	133	46.909	1.042	47.951	9,63	9,31	19
Lazio	445	296	741	239.858	14.261	254.119	53,64	49,35	103
Liguria	126	16	142	57.547	2.093	59.640	10,28	11,58	22
Lombardi	643	367	1010	363.908	32.731	396.639	73,11	77,02	150
Marche	153	40	193	69.213	1.527	70.740	13,97	13,74	28
Molise	49	0	49	12.800	0	12.800	3,55	2,49	6
Piemonte	345	58	403	165.264	5.496	170.760	29,17	33,16	62
Puglia	410	28	438	186.763	1.388	188.151	31,71	36,54	68
Sardegna	191	18	209	66.608	507	67.115	15,13	13,03	28
Sicilia	539	192	731	213.608	8.408	222.016	52,92	43,11	96
Toscana	316	49	365	158.898	2.735	161.633	26,42	31,39	58
Umbria	91	8	99	38.688	248	38.936	7,17	7,56	15
Veneto	354	92	446	196.623	9.321	205.944	32,29	39,99	72
Totale	**5.253**	**1.654**	**6.907**	**2.463.556**	**111.344**	**2.574.900**	**500**	**500**	**1.000**

Fonte: Anagrafe Nazionale Studenti agg. al 1/12/2021.

I nuovi percorsi quadriennali dovranno garantire l'insegnamento di tutte le discipline previste dall'indirizzo di studi di riferimento, ivi compreso l'insegnamento trasversale dell'educazione civica, di cui alla legge 20 agosto 2019, n. 92, compresa la transizione ecologica e lo sviluppo sostenibile e il potenziamento delle discipline STEM, attraverso il ricorso alla flessibilità didattica e organizzativa consentita dall'autonomia delle istituzioni scolastiche, alla didattica laboratoriale, all'adozione di metodologie innovative, alla didattica digitale e all'utilizzo di tutte le risorse strumentali e professionali disponibili, nei limiti dell'organico dell'autonomia. Altresì, i corsi di studi dovranno assicurare agli studenti il raggiungimento degli obiettivi specifici di apprendimento e delle competenze, previsti per il quinto anno di corso, entro il termine del quarto anno

Come nella fase precedente, le istituzioni scolastiche statali e paritarie che intendono presentare la propria candidatura devono predisporre, previa deliberazione degli organi collegiali competenti e in coerenza con gli orientamenti del PTOF, un progetto di sperimentazione di percorso quadriennale di istruzione secondaria di secondo grado.

Relativamente ai requisiti di ammissione, rispetto alla precedente selezione, nei nuovi percorsi quadriennali si fa leva anche sulla possibilità di effettuare *insegnamenti curricolari on line*, mediante l'utilizzo di piattaforme digitali che consentano di registrare le presenze degli studenti per un numero di ore non superiore al dieci per cento dell'orario annuale previsto dal progetto di sperimentazione, nonché sull'introduzione di *moduli curricolari* orientati ai temi *della transizione ecologica* e dello *sviluppo sostenibile*.

Un'altra novità del Piano nazionale dei percorsi quadriennali sta nel fatto che la valutazione delle proposte progettuali, presentate dalle istituzioni scolastiche, non è più demandata ad una apposita *Commissione tecnica*, nominata dal Direttore generale della Direzione Generale per gli ordinamenti scolastici e la valutazione del sistema nazionale di istruzione, ma ad una apposita *Commissione tecnica territoriale*, nominata dal Direttore generale o dal Dirigente preposto all'Ufficio scolastico regionale.

I percorsi liceali e tecnici selezionati dalla Commissione tecnica territoriale sono autorizzati alla sperimentazione di un percorso di studi quadriennale a partire dall'anno scolastico 2022/2023, mentre gli istituti professionali selezionati a partire dall'anno scolastico 2023/2024. Alla fine del percorso, le disposizioni sugli esami di Stato restano le stesse che erano state previste nella sperimentazione precedente (ripartizione del credito scolastico dal secondo al quarto anno e divieto dell'abbreviazione di un anno per merito).

Le istituzioni scolastiche statali e paritarie che hanno già un percorso quadriennale in corso possono richiedere, a domanda, il rinnovo, a condizione che:

a) abbiano attivato una classe prima sperimentale, regolarmente funzionante nell'anno scolastico 2020/21;
b) rimodulino il progetto di innovazione metodologico-didattica precedentemente autorizzato, secondo i nuovi requisiti richiesti per la partecipazione.

In caso di valutazione positiva da parte della *Commissione tecnica territoriale* la sperimentazione in atto dell'istituzione scolastica si intende rinnovata e le classi autorizzate non rientrano nel computo delle nuove mille classi prime. In caso di valutazione non positiva, la sperimentazione in atto non sarà rinnovata, fatte salve le classi intermedie che completeranno il ciclo sperimentale fino ad esaurimento. Altresì, le istituzioni scolastiche statali e paritarie che ottengono il rinnovo della sperimentazione in corso, possono richiedere, partecipando al nuovo Piano, una ulteriore classe prima sperimentale, ovviamente quest'ultima rientrerà nel computo delle nuove mille classi prime.

Gli esiti della sperimentazione, per ciascuna regione, con particolare riguardo al coinvolgimento di tutte le discipline e di tutti gli insegnamenti nel progetto di innovazione e al raggiungimento degli obiettivi specifici di apprendimento previsti per ciascun indirizzo di studio, saranno monitorati dai Comitati scientifici regionali, costituiti presso ogni Ufficio scolastico regionale, i quali trasmettono al Comitato scientifico nazionale i rapporti annuali degli esiti del progetto.

Il Comitato scientifico nazionale, avvalendosi del supporto dell'Invalsi e dell'Indire, valuta l'andamento nazionale del Piano e predispone annualmente una relazione da trasmettere al Ministro dell'istruzione e del Merito. Al termine del ciclo sperimentale quadriennale, previa valutazione positiva da parte del Comitato scientifico nazionale, la sperimentazione nazionale può essere rinnovata. In caso di mancato rinnovo le classi intermedie già funzionanti completano il ciclo sperimentale fino ad esaurimento.

Riflessioni sulla sperimentazione dei percorsi quadriennali

La sperimentazione dei percorsi quadriennali nel sistema educativo italiano risponde a vari bisogni formativi reali e si basa su considerazioni pedagogiche, sociali ed economiche. Di seguito, alcune riflessioni su questi aspetti:

1) Bisogni Formativi Reali:

- *Risposta alla Rapida Evoluzione Tecnologica e Professionale*: la velocità con cui cambiano le competenze richieste nel mondo del lavoro richiede un sistema educativo più agile e flessibile, capace di adattarsi rapidamente alle nuove esigenze.

- *Efficienza Formativa*: concentrare il curriculum in quattro anni può ridurre il rischio di dispersione scolastica, mantenendo gli studenti motivati grazie a percorsi più diretti verso l'istruzione superiore o l'ingresso nel mondo del lavoro.

- *Internazionalizzazione*: l'armonizzazione dei percorsi di studio con quelli di altri Paesi europei, dove il ciclo di istruzione secondaria è spesso di quattro anni, facilita gli scambi culturali tra le scuole.

2) Ricadute Attese:

- *Maggiore Coinvolgimento degli Studenti*: un percorso più breve ma intensivo potrebbe stimolare un maggiore interesse e partecipazione degli studenti.

- *Sviluppo di Competenze Trasversali*: l'enfasi sull'educazione civica, la transizione ecologica e lo sviluppo sostenibile, nonché il potenziamento delle discipline

STEM potrebbe favorire lo sviluppo di competenze critiche, come il pensiero critico, la risoluzione di problemi e la capacità di adattamento.

- *Preparazione al Futuro Lavorativo e Accademico*: Gli studenti dovrebbero uscire dal percorso quadriennale con le stesse competenze previste al termine del quinto anno del percorso quinquennale, rendendoli pronti per ulteriori studi del sistema terziario o per l'ingresso nel mondo del lavoro.

3) Indici per la Comparazione:

- *Livelli di Apprendimento*: sarebbe opportuno valutare i risultati negli esami di Stato, il successo nei primi anni di studi terziari o l'ingresso nel mondo del lavoro.

- *Motivazione e Benessere degli Studenti*: sarebbe opportuno promuovere indagini sulla soddisfazione degli studenti e sul loro benessere psicologico durante e dopo il percorso di studi.

- *Dispersione Scolastica*: una attenta valutazione sui tassi di abbandono e di prosecuzione degli studi potrebbe offrire indicazioni sull'efficacia dei percorsi.

4) Basi Scientifiche:

- *Teorie dell'Apprendimento*: studi sull'apprendimento e sullo sviluppo cognitivo supportano l'idea che un approccio intensivo e focalizzato possa essere efficace quanto uno più lungo e diluito nel tempo.

- *Esperienze Internazionali*: la sperimentazione si ispira anche ai modelli educativi di successo di altri paesi, dove percorsi di durata simile hanno dimostrato di preparare efficacemente gli studenti sia per l'istruzione superiore sia per il lavoro.

- *Ricerca sull'Educazione STEM*: l'importanza crescente delle competenze STEM nel mondo contemporaneo è supportata da un ampio corpo di ricerca che sottolinea come l'istruzione in queste aree sia cruciale per lo sviluppo personale e professionale.

Queste riflessioni forniscono un quadro generale della logica e delle aspettative dietro l'introduzione dei percorsi quadriennali, ma è importante notare che l'efficacia di tali sperimentazioni deve essere valutata attraverso studi longitudinali e comparativi specifici, che considerino variabili complesse e contestualizzate. Gli studi longitudinali sono particolarmente preziosi per valutare l'impatto di interventi educativi nel tempo, poiché permettono di distinguere gli effetti a lungo termine da quelli immediati e di considerare la complessità delle traiettorie di sviluppo degli studenti.

In conclusione, l'introduzione dei percorsi quadriennali rappresenta un esperimento ambizioso che ha il potenziale per modernizzare e rendere più efficiente il sistema educativo, rispondendo meglio alle esigenze del mondo contemporaneo. Tuttavia, il successo di questa iniziativa dipenderà dalla capacità di implementarla con attenzione, monitorarne gli effetti nel tempo e adattarsi in base ai feedback e ai risultati raccolti.

FILIERA FORMATIVA TECNOLOGICO-PROFESSIONALE: MODELLO 4+2

D.M. 7 dicembre 2023, n.240

Il decreto ministeriale 7 dicembre 2023, n.240 rappresenta un passo significativo verso la riformulazione e l'innovazione nel campo dell'istruzione tecnico-professionale. L'essenza di questo decreto si concentra sull'integrazione di diversi percorsi formativi - Istituti Tecnici e Professionali, Istituzioni formative accreditate dalle regioni e ITS Academy - con un chiaro obiettivo: creare una sinergia tra il sistema educativo e il mondo produttivo.

Questo approccio rispecchia la crescente necessità di rendere l'istruzione più pertinente e aderente alle esigenze dinamiche del mercato del lavoro.

La strategia proposta dal decreto non è solo ambiziosa ma anche pragmatica. Si mira a stabilire una rete collaborativa tra istituzioni educative e il settore produttivo, in modo da offrire agli studenti un'istruzione che sia non solo teorica ma anche praticamente applicabile. Questo modello educativo enfatizza l'importanza dell'apprendimento pratico, dell'innovazione didattica e dell'adattabilità, elementi cruciali in un'economia di mercato in rapido cambiamento.

Un aspetto fondamentale del decreto è la sua enfasi sulla flessibilità e l'adattabilità dei percorsi formativi. Con la possibilità di transizioni fluide tra diversi livelli di istruzione e l'introduzione di percorsi quadriennali sperimentali, si apre la strada a un sistema educativo più inclusivo e personalizzabile. Questo è particolarmente importante in un'epoca dove le carriere individuali possono prendere molteplici direzioni e richiedere una varietà di competenze e conoscenze.

La sperimentazione, come delineata nel decreto, non è solo una prova per nuove metodologie educative, ma anche un impegno verso l'innovazione continua. Essa mira a creare un sistema educativo integrato e altamente collaborativo, che va oltre i tradizionali confini tra istruzione secondaria, formazione professionale e istruzione terziaria. L'obiettivo principale è di offrire agli studenti un'ampia varietà di percorsi formativi nel campo tecnologico-professionale, che non solo soddisfino le esigenze immediate di formazione, ma che siano anche progettati per prepararli efficacemente alle sfide del mercato del lavoro moderno.

Oggetto e finalità

Al fine di verificare l'efficacia della progettazione di un'offerta formativa integrata, che miri a creare un collegamento tra i vari percorsi formativi degli istituti tecnici e professionali, delle istituzioni formative accreditate dalle Regioni che attivano i percorsi di istruzione e formazione professionale (IeFP) e degli ITS Academy, il Ministero dell'Istruzione e del Merito, avvalendosi dell'art. 11 del D.P.R. 8 marzo 1999, n. 275 *"Iniziative finalizzate all'innovazione"*, promuove, a partire dall'A.S. 2024/2025 un Piano nazionale di sperimentazione volto a istituire la filiera formativa tecnologico-professionale. Il Piano intende favorire anche il raccordo tra gli istituti di istruzione e i contesti produttivi, il mondo delle imprese, delle professioni e dei diversi stakeholder.

L'obiettivo principale del Piano nazionale di sperimentazione è assicurare che l'offerta formativa risponda in modo efficace alle esigenze del mercato del lavoro, integrando l'istruzione teorica con competenze pratiche e professionali. Attraverso un approccio integrato, si tende a creare un sistema educativo più coerente, in grado di preparare gli studenti in modo più attinente e mirato per il loro futuro professionale.

Le Regioni che intendono partecipare al Piano nazionale di sperimentazione, nell'esercizio delle loro competenze, in materia di *istruzione e formazione professionale*, attraverso i propri atti devono definire:

- *La Programmazione dell'Offerta Formativa in ambito tecnologico-professionale in funzione dei fabbisogni locali*: La programmazione dell'offerta formativa in ambito tecnologico-professionale deve essere attentamente calibrata per ambiti specifici per poter rispondere alle esigenze del mercato del lavoro del territorio. Ciò implica una stretta collaborazione tra le istituzioni educative e gli attori del mercato del lavoro per identificare le competenze più richieste in specifici settori industriali o professionali. Ad esempio, in una regione dove l'industria manifatturiera del settore tessile è predominante, i corsi potrebbero concentrarsi su competenze tecniche avanzate pertinenti a quel settore. Altresì, la programmazione deve essere flessibile per adattarsi alle mutevoli esigenze del mercato del lavoro e promuovere percorsi formativi che preparino i giovani alle carriere locali emergenti.

- *Le azioni di orientamento volte a favorire la conoscenza delle filiere formative tecnologico-professionali*: Le azioni di orientamento in questo contesto complesso sono cruciali per aiutare gli studenti a comprendere la gamma delle opzioni disponibili nella *filiera formativa tecnologico-professionale*. L'orientamento mirato include sessioni informative, workshop, incontri con professionisti del settore e visite in aziende. L'obiettivo è fornire agli studenti una visione chiara delle opportunità di carriera che questi percorsi possono offrire e dei percorsi formativi necessari per raggiungerle.

- *L'analisi e la definizione del fabbisogno di competenze delle aziende*: Nel nuovo contesto, una stretta collaborazione tra le istituzioni educative e il settore produttivo è essenziale per assicurare che i programmi di formazione rispondano alle esigenze reali delle aziende. A tal proposito si rende necessario condurre regolari studi di mercato e sondaggi tra le aziende per identificare le competenze tecniche e trasversali più richieste. L'analisi dovrebbe guidare la progettazione e l'aggiornamento dei curricula, assicurando che gli studenti acquisiscano le abilità pratiche e teoriche necessarie per essere immediatamente operativi nel mondo del lavoro.

- *Il coinvolgimento dei soggetti accreditati per l'erogazione dei percorsi IeFP e delle Fondazioni ITS Academy*: Le istituzioni formative accreditate dalle Regioni che attivano i percorsi di istruzione e formazione professionale e le Fondazioni ITS Academy, giocano un ruolo cruciale nell'erogazione dei percorsi formativi. Il loro coinvolgimento dovrebbe andare oltre la semplice erogazione dei corsi; dovrebbero essere partner attivi nella progettazione dei percorsi, assicurando che questi siano aggiornati, pertinenti e allineati con gli standard nazionali e regionali. Inoltre, dovrebbero collaborare con le aziende locali per offrire esperienze di tirocinio e apprendistato, elementi chiave per un apprendimento pratico ed efficace.

Se le Regioni non emanano tali atti, gli istituti Tecnici e Professionali possono comunque presentare la loro domanda di candidatura al piano nazionale di sperimentazione facendo riferimento al D.M. 7 dicembre 2023, n.240 e al corrispondente Avviso *"Piano nazionale di sperimentazione per l'istituzione di una filiera formativa integrata nell'ambito tecnologico-professionale"*.

La sperimentazione rappresenta un'innovativa iniziativa nel campo dell'istruzione finalizzata a proporre agli studenti un'ampia gamma di opportunità formative nel settore tecnologico-professionale. La chiave di questa iniziativa è *l'integrazione in rete*, che consente di collegare e coordinare efficacemente, in modo sinergico, scuole secondarie di secondo grado e ITS Academy. L'approccio *rete-integrato* non solo garantisce agli studenti l'accesso ad un'ampia scelta di percorsi d'istruzione, di istruzione e formazione professionale e di specializzazione terziaria, ma favorisce anche la creazione di percorsi di studio personalizzati e flessibili.

Un altro elemento fondamentale della sperimentazione è il coinvolgimento attivo di istituzioni diverse, che vanno oltre le scuole secondarie di secondo grado e gli ITS Academy. Università e Istituzioni AFAM, così come altri soggetti pubblici e privati, sono invitati a partecipare alla sperimentazione. L'inclusione di diversi attori educativi e professionali amplia notevolmente le risorse, le competenze e le prospettive disponibili, arricchendo l'esperienza formativa degli studenti.

Altresì, la collaborazione con rappresentanti del sistema delle imprese e delle professioni è essenziale per garantire che i percorsi formativi siano allineati con le esigenze attuali e future del mercato del lavoro. Il partenariato con il sistema delle imprese e delle professioni aiuta a creare un *"ponte"* tra il mondo dell'istruzione e quello del lavoro, assicurando che gli studenti acquisiscano competenze e conoscenze che siano strettamente connessi con le realtà del mondo del lavoro e della società contemporanea.

La sperimentazione si prefigge altresì l'obiettivo di valorizzare i talenti individuali degli studenti. Questo tipo di approccio mira a contrastare il fenomeno della dispersione scolastica, incoraggiando gli studenti a perseguire attivamente i loro interessi e passioni in un contesto educativo stimolante e supportivo. Riconoscendo e nutrendo i talenti individuali, la sperimentazione cerca di rendere l'istruzione e la formazione più coinvolgente e pertinente per gli studenti, riducendo così il rischio che abbandonino prematuramente il percorso intrapreso.

Inoltre, un elemento fondante della sperimentazione è il miglioramento dell'orientamento. Informazioni chiare e dettagliate sui vari percorsi formativi e professionali disponibili, aiutano gli studenti a prendere decisioni informate sul loro futuro educativo e professionale. L'orientamento mirato è essenziale per guidare gli studenti verso percorsi che non solo corrispondano ai loro interessi e talenti, ma che siano anche in linea con le esigenze del mercato del lavoro.

Un altro obiettivo chiave della sperimentazione è lo sviluppo di competenze fondamentali che sono cruciali sia per il progresso individuale degli studenti sia per il benessere economico delle regioni e delle imprese. Questo include non solo competenze tecniche specifiche, ma anche competenze trasversali come il pensiero critico, la risoluzione di problemi, la creatività e la capacità di lavorare in gruppo. Queste competenze sono vitali per la competitività delle imprese e per lo sviluppo economico e sociale dei territori.

Infine, un altro aspetto cruciale della sperimentazione è la sua enfasi nel promuovere un efficace trasferimento tecnologico. Questo si realizza attraverso una sinergia strategica tra le istituzioni educative (istituzioni scolastiche, ITS Academy, Università e AFAM), le aziende e i vari soggetti attivi nel settore tecnologico. La collaborazione deve facilitare uno scambio dinamico e continuo di idee, conoscenze e innovazioni, creando un canale sinergico tra il sistema educativo e quello produttivo. Non solo questo processo impreziosisce l'esperienza educativa degli studenti, fornendo loro un contesto applicativo reale per le loro competenze e conoscenze, ma stimola anche lo sviluppo tecnologico e l'innovazione all'interno delle imprese. In questo modo, la sperimentazione contribuisce a creare un ecosistema in cui l'istruzione e il settore produttivo possono prosperare insieme, promuovendo la crescita economica e l'avanzamento tecnologico.

Caratteristiche della sperimentazione

Caratteristica peculiare della filiera formativa tecnologico-professionale è la progettazione di un'offerta formativa integrata tra i vari soggetti che aderiscono sinergicamente alla sperimentazione in un determinato territorio (4 anni di scuola secondaria + 2 di frequenza di un ITS Academy). L'offerta formativa è, comunque, progettata per fornire agli studenti una vasta gamma di opportunità educative, sia nel contesto del secondo ciclo del sistema educativo di istruzione e formazione, sia in una prospettiva di continuità verticale, che facilita il passaggio dall'istruzione secondaria a quella terziaria, anche al di fuori dalla rete. Infatti, dopo gli Esami di Stato conclusivi dei corsi di studio quadriennali del secondo ciclo di istruzione (Esami di Stato equivalenti a quelli dei percorsi quinquennali ordinamentali), gli studenti non sono obbligati ad iscriversi ad uno degli ITS Academy coinvolti nella filiera di rete per completare gli ultimi due anni. Agli studenti viene garantita l'uscita dalla rete per l'accesso ad altro tipo di istruzione terziaria (per es. Università, AFAM) o al lavoro.

Un elemento chiave dell'offerta formativa integrata è la progettazione e l'attivazione di percorsi quadriennali sperimentali, direttamente legati alle esigenze e alle opportunità del mercato del lavoro, di *istruzione tecnica e/o professionale*, di percorsi per il conseguimento del diploma professionale di *istruzione e formazione professionale*, coerenti o affini con la filiera di riferimento, laddove attivati, e di percorsi biennali di *istruzione tecnologica superiore* (ITS Academy). In sintesi, un'offerta formativa integrata, flessibile e interconnessa, che non solo facilita la transizione degli studenti tra diversi livelli di istruzione, ma fornisce anche le competenze e le conoscenze necessarie per avere successo in un ambiente professionale in rapido cambiamento. Ovviamente i percorsi da attivare devono essere coerenti con le disposizioni regionali in materia di programmazione dell'offerta formativa territoriale.

Pertanto, ferme restando le funzioni delle Regioni in materia di programmazione dell'offerta formativa integrata tra istruzione e formazione professionale, nell'ambito della filiera formativa tecnologico-professionale, le Regioni e gli Uffici Scolastici Regionali possono stipulare accordi di reti (*campus*), di cui possono far parte Istituzioni scolastiche statali e/o paritarie dell'istruzione tecnica e professionale, Istituzioni formative accreditate dalle Regioni, laddove presenti, Istituti tecnologici superiori ITS Academy, anche in partenariato con Università, Istituzioni AFAM, rappresentanti del settore produttivo di riferimento e delle imprese e delle professioni, nonché altri soggetti pubblici e privati.

La collaborazione tra le Regioni e gli Uffici Scolastici Regionali permette di allineare le iniziative educative con le politiche regionali e le specificità locali, creando un sistema di istruzione e formazione che sia reattivo e proattivo rispetto alle dinamiche territoriali. Inoltre, questo modo di operare assicura che ogni rete possa trarre vantaggio dalle risorse e dalle competenze specifiche della propria area, massimizzando l'efficacia dei percorsi formativi offerti e promuovendo un approccio più mirato e personalizzato all'istruzione e alla formazione professionale.

L'offerta formativa condivisa e integrata delineata dai soggetti aderenti alla rete deve raccordarsi con quella dei *campus multiregionali e multisettoriali* attivati dal Comitato nazionale ITS Academy per l'istruzione tecnologica superiore. Tale Comitato è istituito presso il Ministero dell'Istruzione e del Merito con compiti di consulenza e proposta, nonché di consultazione delle associazioni di rappresentanza delle imprese, delle organizzazioni datoriali e sindacali, degli studenti e delle fondazioni ITS Academy al fine di raccogliere elementi sui nuovi fabbisogni di figure professionali di tecnici superiori nel mercato del lavoro.

Il coinvolgimento diretto dei rappresentanti del settore produttivo, delle imprese e delle professioni assicura che l'educazione e la formazione siano in linea con le esigenze reali del mercato del lavoro. In tale contesto, le istituzioni scolastiche che fanno parte della rete (del *campus*) s'impegnano attivamente a implementare e potenziare relazioni stabili con le aziende e le realtà produttive del territorio di propria competenza, tramite la stipulazione di uno o più accordi di partenariato volti a definire le modalità di coprogettazione dell'offerta formativa, di attuazione dei PCTO e di stipula dei contratti di apprendistato di primo e terzo livello. Gli accordi di partenariato con le aziende e le realtà produttive del territorio sono fondamentali per un approccio educativo che non sia solo teorico, ma che integri efficacemente le competenze pratiche e professionali richieste dal mercato del lavoro. L'interazione diretta con le aziende e le realtà produttive del territorio permette agli studenti di acquisire un'esperienza pratica significativa, preparandoli in modo più efficace per il loro futuro professionale. A sua volta, gli accordi di partenariato rappresentano un'opportunità per le aziende di contribuire alla formazione delle future generazioni di lavoratori, assicurando che le competenze sviluppate dagli studenti siano pertinenti e utili.

La partecipazione di altri soggetti pubblici e privati, infine, apre la porta a ulteriori risorse, competenze e opportunità, che possono contribuire significativamente al successo dell'iniziativa. L'approccio collaborativo tra diversi settori e discipline non solo potenzia l'offerta formativa, ma stimola anche l'innovazione e favorisce il trasferimento di conoscenze e competenze tra i vari ambiti dell'istruzione e del lavoro.

Sotto questa prospettiva, l'accordo di rete, ovvero la costituzione del *campus* previsto dalla sperimentazione, rappresenta un modello olistico e inclusivo di educazione e formazione, che mira a costruire relazioni tra diversi settori, molto spesso disconnessi tra loro, e a preparare gli studenti in modo efficace per un futuro professionale dinamico e interconnesso. Questo approccio non solo migliora la qualità dell'istruzione, ma favorisce anche la creazione di un legame più stretto tra l'educazione e il tessuto economico e produttivo del territorio, un aspetto cruciale per lo sviluppo sostenibile e l'innovazione a livello locale.

I corsi di studio quadriennali introdotti nell'ambito dell'istruzione secondaria tecnica e professionale devono essere progettati con un obiettivo molto specifico: garantire che gli studenti, al termine del loro percorso, raggiungano gli stessi obiettivi di apprendimento e le stesse competenze che sono tipicamente previste per il quinto anno dei percorsi tradizionali. Questo approccio assicura che gli studenti che completano i corsi quadriennali acquisiscano una formazione equivalente a quella dei loro coetanei che seguono percorsi quinquennali, sia in termini di conoscenze sia di competenze pratiche.

A tal proposito, è importante sottolineare che, nonostante l'innovazione rappresentata dai percorsi quadriennali, le norme relative al rilascio dei titoli di studio finali e all'esame di Stato conclusivo del secondo ciclo di istruzione restano invariate. Questo assicura che gli standard di valutazione e certificazione rimangano coerenti in tutto il sistema educativo, mantenendo l'integrità e il valore dei titoli di studio rilasciati.

Soggetti destinatari

Possono presentare la candidatura per partecipare alla sperimentazione, nei termini dell'avviso nazionale di selezione pubblica emesso dal Capo Dipartimento per il sistema educativo di istruzione e formazione, gli istituti tecnici o professionali, ovvero un loro raggruppamento, che manifestano l'intenzione di costituirsi in rete.

La proposta progettuale delle istituzioni scolastiche interessate, richiesta dal Ministero, deve riguardare vari aspetti fondamentali:

- il contesto di riferimento e la struttura della filiera: le istituzioni devono delineare il contesto specifico in cui operano e la struttura della filiera formativa, identificando le necessità e le opportunità del territorio;

- la tipologia dei percorsi: devono essere definite le tipologie dei percorsi formativi, tenendo conto delle specifiche esigenze rilevate e delle vocazioni produttive del territorio;

- la pianificazione dei partenariati: è essenziale pianificare partenariati con enti esterni, come aziende e altre istituzioni educative, per arricchire l'offerta formativa e creare opportunità concrete per gli studenti;

- le attività Trasversali, le risorse e i soggetti che costituiscono la rete: le proposte devono includere attività trasversali che integrino l'istruzione tradizionale e l'uso efficiente delle risorse disponibili e i partner pubblici e privati che fanno parte del campus.

Altresì, nella proposta progettuale deve essere definito il modello curriculare che potenzi le competenze di base e la progettazione dei singoli percorsi di istruzione e formazione, in particolare la riorganizzazione del curricolo secondo il modello sperimentale quadriennale e il ricorso alla flessibilità didattica e organizzativa consentita dall'autonomia scolastica, alla didattica laboratoriale, all'adozione di metodologie innovative, al potenziamento delle discipline STEM, alla didattica digitale, ai processi di orientamento e all'utilizzo di tutte le risorse disponibili. In sostanza, le istituzioni scolastiche sono invitate a elaborare progetti che siano non solo in linea con le direttive del Ministero, ma anche proattivi nel preparare gli studenti per un futuro in un mondo tecnologico e professionale in rapida evoluzione.

Infine, la proposta progettuale deve indicare le azioni di raccordo e di orientamento per facilitare l'accesso degli studenti ai percorsi di istruzione terziaria degli ITS Academy.

Nel nuovo contesto quadriennale, le dotazioni organiche complessive saranno le stesse di quelle attribuite per i corrispondenti percorsi di studio quinquennali.

I requisiti che dovranno possedere i soggetti destinatari che partecipano alla sperimentazione saranno delineati, nei dettagli, nel paragrafo *"Requisiti di partecipazione"*.

La proposta progettuale richiesta dal Ministero riflette un approccio progressista e pragmatico all'istruzione. La definizione di un modello curriculare che enfatizza sia il potenziamento delle competenze di base sia l'introduzione di metodologie didattiche innovative rappresenta un passo importante verso un sistema educativo più adattabile e in linea con le esigenze del mondo moderno. In particolare, l'attenzione alla flessibilità didattica e organizzativa, alla didattica laboratoriale, all'adozione di metodologie innovative, al potenziamento delle discipline STEM e all'implementazione della didattica digitale sono tutti elementi chiave per un'istruzione che prepara gli studenti ad affrontare le sfide del futuro.

L'accento posto sui processi di orientamento e sull'utilizzo di tutte le risorse disponibili è altrettanto cruciale. Questo approccio garantisce che gli studenti non solo acquisiscano le competenze necessarie, ma siano anche guidati e supportati nel loro percorso di apprendimento e nella transizione verso ulteriori studi (ITS Academy, Università o AFAM) o nel mondo del lavoro.

L'invito implicito alle istituzioni scolastiche a sviluppare progetti che vanno oltre il semplice adempimento delle direttive ministeriali, ma che siano proattivi nel preparare gli studenti per un mondo in rapida evoluzione, è particolarmente lodevole. Ciò implica una visione dell'istruzione che non si limita a trasmettere conoscenze, ma che si impegna attivamente a sviluppare competenze, adattabilità e pensiero critico.

Infine, il mantenimento delle dotazioni organiche complessive invariate, nonostante il passaggio a un modello quadriennale, rappresenta una sfida significativa. Questo richiederà alle istituzioni scolastiche di essere efficienti e creative nel gestire le risorse, garantendo allo stesso tempo che la qualità dell'istruzione non venga compromessa. La capacità di realizzare questo obiettivo sarà cruciale per il successo della sperimentazione.

Requisiti di partecipazione

Affinché una rete possa essere attivata è necessario che ci sia l'adesione di almeno un istituto tecnico o un istituto professionale, un'istituzione accreditata dalla regione per l'erogazione dei percorsi IeFP, laddove esistente, e un ITS Academy. La rete può, altresì, prevedere la partecipazione delle università, delle istituzioni dell'alta formazione artistica, musicale e coreutica (AFAM) o di altri soggetti pubblici e privati intenzionati a contribuire alla realizzazione del progetto sperimentale, in partenariato con i rappresentanti delle imprese e delle professioni.

Gli istituti tecnici o professionali, ovvero un loro raggruppamento, previa deliberazione degli organi competenti (Collegio dei Docenti e Consiglio di Istituto) e in linea con la programmazione dell'offerta formativa regionale, possono avanzare la candidatura per la partecipazione al piano nazionale di sperimentazione, relativo alla filiera formativa tecnologico-professionale, a condizione che vengano rispettate, a pena di esclusione, le seguenti condizioni:

- la *dichiarazione di impegno* a partecipare ad un accordo di rete: la dichiarazione è una promessa formale dell'istituzione di collaborare con le altre entità del campus, come scuole, università, istituzioni formative, aziende e organizzazioni professionali, per realizzare obiettivi comuni nel campo dell'istruzione tecnica e professionale;

- la *progettazione di almeno un percorso quadriennale* di istruzione tecnica o professionale, l'integrazione con almeno un percorso per il conseguimento del diploma IeFP, ove esistente e affine o correlato alla filiera formativa, e un percorso biennale ITS Academy, di area tecnologica coerente con l'indirizzo di riferimento;

- *l'attivazione del partenariato con almeno una impresa*, al fine di garantire un collegamento diretto con il mondo del lavoro e una formazione che risponda alle esigenze concrete del settore produttivo del territorio.

I nuovi percorsi quadriennali devono assicurare l'insegnamento di tutte le discipline previste dall'indirizzo di studi di riferimento, ivi compreso l'insegnamento trasversale dell'Educazione Civica, nonché il potenziamento delle discipline STEM, avvalendosi della flessibilità didattica e organizzativa, della didattica laboratoriale, delle metodologie innovative, della didattica digitale e dell'utilizzo di tutte le risorse strumentali e professionali disponibili, nei limiti dell'organico dell'autonomia.

I percorsi quadriennali sperimentali di istruzione tecnica e/o professionale progettati per l'attivazione della filiera formativa integrata devono fare riferimento a indirizzi ordinamentali degli istituti tecnici e/o professionali già attivi nelle istituzioni scolastiche che si candidano per la sperimentazione. Gli istituti con più indirizzi ordinamentali possono presentare più candidature, afferenti a filiere diverse, con ITS Academy del territorio appartenenti ad aree tecnologiche/ambiti differenti.

La formale adesione degli ITS Academy alla proposta progettuale può essere dichiarata, in prima istanza, dal Presidente della Fondazione, il quale provvederà, successivamente, all'invio della delibera del Consiglio di amministrazione della Fondazione.

Se nel territorio regionale non è presente un ITS Academy di area tecnologica coerente con l'indirizzo di riferimento della filiera, si può, comunque, ricorrere ad un ITS Academy di un'altra Regione.

Gli istituti tecnici e gli istituti professionali se hanno percorsi quadriennali già attivi, ai sensi dei DM n. 567 del 3 agosto 2017 e DM n. 344 del 3 dicembre 2021, e vogliono far confluire le classi prime dei medesimi percorsi già autorizzati alla filiera formativa integrata nell'ambito tecnologico-professionale di cui al D.M. n. 240 del 7 dicembre 2023, dovranno, comunque, presentare la propria candidatura alla sperimentazione della filiera formativa integrata.

Nella proposta progettuale, l'integrazione con almeno un percorso per il conseguimento del diploma professionale di IeFP *è obbligatoria* se nell'offerta formativa regionale sono previsti percorsi di IeFP quadriennali, o percorsi triennali più un quarto anno (3+1), affini o correlati alla filiera. Tale obbligo si estende anche al caso in cui alla rete aderiscano solo Istituti Tecnici senza che ci siano Istituti Professionali.

La mancata previsione all'interno della proposta progettuale di un percorso di IeFP erogato da strutture formative accreditate dalle Regioni per l'erogazione di IeFP, o erogato in regime di sussidiarietà (si ricorda che i percorsi di IeFP possono essere erogati anche da Istituti Professionali, accreditati dalle Regioni, in regime di sussidiarietà – vedi capitolo specifico), deve, in ogni caso, essere debitamente motivata nel Formulario per la candidatura, affinché la Commissione tecnica, appositamente nominata per la selezione delle proposte progettuali, possa conseguentemente fare le valutazioni di competenza.

Il percorso IeFP triennale, che attribuisce la qualifica professionale, può essere integrato con il quarto anno, sempre affine o correlato alla filiera, erogato anche da altro ente accreditato, per il conseguimento del diploma professionale, nella formula 3+1, a condizione che i due enti accreditati facciano parte della stessa rete.

Elementi caratterizzanti della proposta progettuale

Gli istituti Tecnici o Professionali che intendono avviare il percorso sperimentale quadriennale devono presentare una proposta progettuale in risposta a un avviso specifico emesso dal *Capo di Dipartimento per il sistema educativo di istruzione e formazione.*

La valutazione del progetto sarà demandata ad un'apposita Commissione tecnica nominata dal *Direttore generale per gli ordinamenti scolastici, la valutazione e l'internazionalizzazione del sistema nazionale di istruzione.*

Nella valutazione della proposta progettuale, oltre all'indirizzo tecnico e/o professionale su cui il percorso sperimentale quadriennale si inserisce, si terrà conto, sulla base di specifici criteri (*vedi infra - Valutazione delle proposte progettuali*), anche dei seguenti elementi caratterizzanti:

- Progettazione di un'offerta formativa integrata che combina i diversi percorsi (quadriennale di istruzione tecnica o professionale, IeFP e ITS Academy) in un unico sistema coesivo (elementi diversi che lavorano insieme in armonia) e che preveda misure per agevolare la possibilità di accesso diretto ai percorsi dell'istruzione terziaria non accademica (ITS Academy) e di passaggio tra i diversi percorsi di studio quadriennali offerti dalle istituzioni scolastiche interne alla rete (uno degli elementi innovativi della sperimentazione sta nel fatto che gli studenti dei percorsi IeFP della rete possono accedere, dopo il diploma IeFP conseguito al quarto anno, direttamente ai percorsi ITS Academy, senza la necessità di conseguire il certificato IFTS o un Diploma di Esame di Stato professionale come avviene nel sistema ordinamentale);

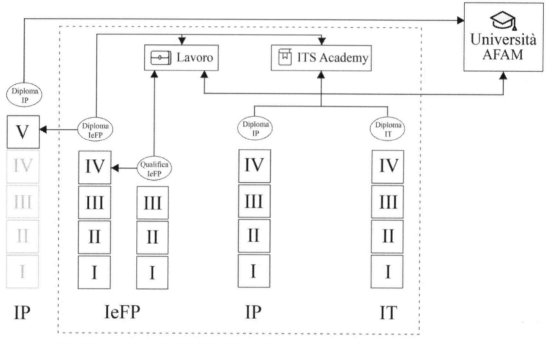

Modello sperimentale della Filiera formativa Tecnologico-Professionale

- Adeguamento e rimodulazione del calendario scolastico annuale e dell'orario settimanale delle lezioni. Le modifiche devono essere rapportate all'intero curricolo, nel rispetto dell'autonomia didattica e organizzativa come previsto dal DPR 275/1999, con l'obiettivo di compensare, *almeno in parte*, la riduzione di una annualità del percorso scolastico, ferme restando le risorse di organico già utilizzate nel quinquennio per l'indirizzo di studio oggetto di sperimentazione. La locuzione *almeno in parte* significa che non è assolutamente richiesto l'adeguamento matematico nei quattro anni delle ore previste complessivamente nel corso quinquennale (ad esempio 1056 x 5 =5280 degli Istituti tecnici). Le modalità di rimodulazione del curricolo, per come gestire l'orario nelle 4 annualità, sono lasciate alle istituzioni scolastiche e agli accordi all'interno della rete in funzione delle peculiari caratteristiche ed esigenze del contesto di riferimento. Possono essere adottate metodologie differenziate quali ad esempio: possibilità di prevedere parte dell'erogazione didattica in modalità FAD (Formazione a Distanza); progettazione di esperienze PCTO da svolgere anche durante i mesi estivi; ricorso a metodologie innovative.

Questo approccio deve assicurare che, nonostante la riduzione della durata complessiva del percorso, gli studenti ricevano un'istruzione completa e approfondita che copra tutti gli aspetti essenziali utili al raggiungimento del successo formativo.

- Strutturazione di processi di continuità e orientamento all'interno della filiera e degli accordi di partenariato che interconnettono la scuola secondaria di secondo grado con il mondo delle imprese, gli ordini professionali, le università e i percorsi terziari non accademici. L'obiettivo è garantire agli studenti un orientamento coerente e continuo lungo l'intero percorso formativo, facilitando la transizione tra i vari livelli di istruzione e il mondo del lavoro. Attraverso questi processi, gli studenti potranno acquisire una visione più chiara delle loro opportunità e percorsi professionali, e saranno meglio preparati a fare scelte informate riguardo alla loro carriera e al loro sviluppo professionale.

- Progettazione, da parte degli ITS Academy aderenti alla rete, di idonei interventi a favore degli studenti, sulla base dell'offerta formativa integrata, delle specifiche esigenze rilevate e delle caratteristiche produttive del territorio in cui operano, in stretta sinergia con le iniziative di orientamento promosse dal *Comitato nazionale ITS Academy* tramite le *linee di azione nazionale*.

- Consolidamento e potenziamento delle esperienze di apprendimento e formazione che gli studenti possono effettuare, dopo i quindici anni, direttamente sul luogo di lavoro (c.d. *esperienze on the job*). Questo tipo di esperienza si formalizza tramite il ricorso ordinario all'apprendistato formativo di primo e terzo livello con contratti di apprendistato rispettivamente per il conseguimento del diploma di istruzione secondaria di secondo grado e del diploma di istruzione tecnologica superiore (ITS Academy). A differenza dell'apprendimento teorico in aula, le esperienze *on the job*, rientranti nella formula dell'apprendistato formativo, consentono agli studenti di imparare facendo, affrontando compiti e sfide reali che si verificano in un ambiente di lavoro, offrendo inoltre agli individui l'opportunità di integrarsi in un ambiente lavorativo reale, acquisendo non solo competenze tecniche, ma anche una comprensione delle dinamiche lavorative, delle relazioni professionali e delle aspettative del settore.

- Potenziamento delle ore dedicate ai Percorsi per le Competenze Trasversali e per l'Orientamento (PCTO), distintamente per i diversi ordini di studio di istruzione secondaria di secondo grado e l'avvio dei suddetti percorsi già dal secondo anno di studio. L'obiettivo del potenziamento delle ore dedicate ai PCTO, che pone in essere la sperimentazione, è quello di garantire agli studenti dell'istruzione secondaria di secondo grado ampie opportunità per sviluppare una gamma di competenze pratiche e trasversali, quali il pensiero critico, la capacità di risolvere problemi, la comunicazione efficace, e il lavoro di squadra e l'adattabilità. Queste competenze sono fondamentali non solo per il successo degli studenti nel proseguimento dei loro studi, ma anche per la loro futura carriera professionale. In particolare, iniziando i percorsi PCTO già dal secondo anno di studio, gli studenti potranno beneficiare di un'esperienza formativa più ricca e variegata, che li introduce progressivamente alle dinamiche del mondo del lavoro. In questo contesto, il ruolo degli esperti e dei professionisti del settore è cruciale: la loro partecipazione attiva ai PCTO assicura che gli studenti ricevano una formazione pratica che riflette le reali esigenze e sfide professionali. Inoltre, l'orientamento professionale fornito nel corso dei PCTO aiuta gli studenti a comprendere meglio le proprie aspirazioni e a esplorare potenziali percorsi di carriera, mentre un sistema di valutazione e feedback continuo garantisce che il programma sia costantemente aggiornato e adattato per soddisfare le esigenze degli studenti e le richieste del mercato del lavoro.

- Potenziamento delle discipline STEM (Scienza, Tecnologia, Ingegneria e Matematica), in conformità alle Linee Guida adottate con decreto ministeriale del 15 settembre 2023, n. 184, e introduzione di moduli curriculari orientati ai temi della transizione ecologica e dello sviluppo sostenibile. Questo impegno non solo rafforza l'istruzione nelle aree fondamentali che sono sempre più rilevanti nel mondo tecnologico di oggi, ma prepara anche gli studenti a contribuire in modo significativo in settori in rapida evoluzione. Inoltre, l'integrazione di moduli curriculari orientati ai temi della transizione ecologica e dello sviluppo sostenibile è particolarmente pertinente in un'epoca in cui la consapevolezza ambientale e la sostenibilità sono diventate priorità globali. Integrare questi temi nel curriculum non solo migliora la consapevolezza degli studenti riguardo alle importanti questioni ambientali, ma sviluppa anche la loro capacità di pensare in modo critico e innovativo su come le scienze e la tecnologia possono essere applicate per risolvere problemi reali. Questo tipo di istruzione li prepara a diventare cittadini responsabili e professionisti qualificati, capaci di affrontare le sfide del nostro tempo e di contribuire alla società in modi significativi. Inoltre, l'enfasi sulle discipline STEM, abbinata a una comprensione profonda delle questioni ambientali e di sostenibilità, equipaggia gli studenti con le competenze e le conoscenze necessarie per eccellere in campi di lavoro emergenti e in evoluzione. Questo approccio all'istruzione è essenziale per preparare una forza lavoro che sia non solo tecnologicamente competente, ma anche ecologicamente consapevole e impegnata nello sviluppo sostenibile.

- Potenziamento del processo di internazionalizzazione nell'ambito educativo. Questo elemento è fondamentale per preparare gli studenti a un contesto globale, comprendendo iniziative come il conseguimento di certificazioni internazionali che attestino le competenze linguistico-comunicative in lingue straniere, l'adozione più efficace e strutturata del metodo CLIL per integrare l'apprendimento della lingua straniera con i contenuti curriculari, un'enfasi sulla dimensione linguistica specificamente orientata ai settori professionali di riferimento, e il supporto di conversatori di lingua che lavorano in "*tandem*" con i docenti di tutte le discipline, rendendo l'apprendimento linguistico più interattivo e direttamente applicabile alle esigenze degli studenti, così da equipaggiarli non solo con *fluency linguistica* (capacità di parlare o scrivere una lingua in modo scorrevole e naturale), ma anche con una maggiore consapevolezza culturale per muoversi/navigare con successo in contesti internazionali.

- Introduzione di moduli didattici e attività laboratoriali svolti da professionisti provenienti dal mondo imprenditoriale e dalle varie professioni. La necessità di ricorrere ad esperti esterni deve essere esplicitata già nel formulario di candidatura (vedi infra) in quanto strettamente connessa alle caratteristiche della filiera e al progetto didattico-organizzativo presentato. Il ricorso ad esperti esterni permette di allineare l'offerta formativa alle esigenze specifiche del territorio e all'evoluzione delle conoscenze e tecnologie della filiera di riferimento. Attraverso la stipula di contratti di prestazione d'opera con esperti, le istituzioni scolastiche possono arricchire il curriculum con esperienze pratiche e dirette, portando all'interno delle aule una prospettiva reale e attuale del mondo lavorativo. Questo approccio consente agli studenti di beneficiare dell'expertise diretta di chi opera attivamente nei vari campi professionali, offrendo una visione più concreta e applicata delle materie studiate. Le attività laboratoriali e i moduli didattici condotti da questi professionisti non solo migliorano la comprensione teorica, ma forniscono anche competenze pratiche essenziali, preparando gli studenti ad affrontare le sfide e le opportunità del mondo del lavoro contemporaneo. Inoltre, il coinvolgimento di figure professionali esterne permette di aggiornare continuamente l'offerta formativa in linea con le ultime tendenze e innovazioni del settore, assicurando che l'istruzione fornita sia rilevante e all'avanguardia. In sintesi, l'integrazione delle competenze professionali nel contesto educativo rappresenta un importante passo avanti verso un modello di istruzione che risponde efficacemente alle richieste del mercato del lavoro e ai bisogni in evoluzione della società.

- Ricorso alla flessibilità didattica e organizzativa, alla didattica laboratoriale, all'adozione di metodologie innovative e al rafforzamento dell'utilizzo in rete di tutte le risorse professionali, logistiche e strumentali disponibili. Questo elemento della proposta progettuale rappresenta un approccio all'avanguardia nell'ambito dell'istruzione in quanto mira a creare un ambiente di apprendimento dinamico e adattabile che può rispondere efficacemente alle esigenze in continua evoluzione degli studenti e del contesto lavorativo. La flessibilità didattica consente di adattare i metodi d'insegnamento alle diverse esigenze e stili di apprendimento degli studenti, rendendo l'istruzione più inclusiva ed efficace. La flessibilità organizzativa, d'altra parte, si riferisce alla capacità di adattare gli orari delle lezioni, i piani di studio e le strutture scolastiche in modo da ottimizzare l'esperienza educativa. L'uso di laboratori pratici e di *esperienze hands-on* (imparare facendo) permette agli studenti di applicare le conoscenze teoriche in scenari reali, migliorando la comprensione e la memorizzazione dei concetti, e sviluppando competenze pratiche cruciali. L'introduzione di metodologie d'insegnamento innovative, che possono includere l'uso di tecnologie digitali, approcci interattivi e tecniche di apprendimento collaborativo, contribuisce a rendere l'istruzione più coinvolgente, moderna e al passo coi tempi.

- Infine, il rafforzamento dell'utilizzo in rete delle risorse disponibili implica il coordinamento e la condivisione di risorse professionali, logistiche e strumentali tra diverse istituzioni e organizzazioni. Questo favorisce l'ottimizzazione delle risorse, promuove la collaborazione e l'interscambio di conoscenze ed esperienze, arricchendo l'offerta formativa.

Presentazione della candidatura

Per aderire al piano nazionale di sperimentazione, le candidature degli istituti tecnici e/o professionali ovvero di un loro raggruppamento devono essere presentate mediante l'apposito formulario, allegato all'avviso nazionale di selezione pubblica emesso dal Capo Dipartimento per il sistema educativo di istruzione e formazione (Allegato 1), firmato digitalmente dal rappresentante legale dell'istituto o degli istituti proponenti, e inviato con posta elettronica certificata (PEC) istituzionale, contenente il codice meccanografico, alla *Direzione generale per gli ordinamenti scolastici, la valutazione e l'internazionalizzazione del sistema nazionale di istruzione* del Ministero dell'Istruzione e del Merito.

Alla proposta progettuale deve essere allegata la delibera del collegio dei Docenti e del Consiglio di Istituto, nonché l'adesione formale degli organi competenti per le altre istituzioni coinvolte.

Nel caso di due o più istituti tecnici e/o professionali aggregati, la candidatura alla sperimentazione va presentata come unico progetto, specificando quanto richiesto, in materia di informazioni, nel formulario che prevede l'indicazione di tutti i soggetti aderenti alla rete (istituzioni scolastiche, ITS Academy, Centri di formazione accreditati dalle regioni, Università, imprese ecc.). La candidatura non prevede una scuola capofila, in quanto ciascun soggetto partecipa in funzione del proprio ruolo e alle condizioni previste dalla proposta progettuale.

Relativamente al primo anno sperimentale 2024/2025, la tempistica per presentare la candidatura, prevista dal corrispondente avviso del 7 dicembre 2023, va dall'11 dicembre 2023 fino al 30 dicembre 2023, con l'oggetto "Candidatura al Piano nazionale di sperimentazione per l'istituzione di una filiera formativa integrata nell'ambito tecnologico-professionale".

La mancata inclusione dei requisiti, nonché l'omissione della documentazione richiesta o l'invio tardivo del progetto comporta l'esclusione dalla procedura di selezione.

Valutazione delle proposte progettuali

La valutazione delle proposte progettuali per il piano di sperimentazione è demandata ad una Commissione tecnica, nominata dal *Direttore generale per gli ordinamenti scolastici, la valutazione e l'internazionalizzazione del sistema nazionale di istruzione*, composta da un Presidente nominato dal Ministero e sei membri, di cui tre designati dal Coordinamento delle regioni rappresentative delle macro-aree del Paese (Nord, Centro, Sud e Isole).

La Commissione valuta le proposte progettuali, sulla base dei requisiti e degli elementi previsti dall'avviso, assegnando un massimo di 100 punti sulla base dei seguenti criteri:

- coerenza con le finalità della sperimentazione;

- impatto innovativo dell'offerta formativa integrata in relazione ai percorsi di istruzione secondaria e terziaria non accademica e all'ampiezza delle opportunità offerte agli studenti;

- rispetto delle disposizioni regionali in materia di programmazione dell'offerta formativa territoriale ed equilibrato coinvolgimento dei soggetti costituiti in rete e valore aggiunto del partenariato.

Sono valutate positivamente le proposte che conseguono un punteggio non inferiore a 50/100. L'elenco delle proposte progettuali valutate positivamente dalla Commissione tecnica è approvato dal *Direttore generale per gli ordinamenti scolastici, la valutazione e l'internazionalizzazione del sistema nazionale di istruzione* e pubblicato sul sito istituzionale del Ministero.

Le istituzioni scolastiche di istruzione tecnica o professionale, valutate positivamente, sono tenute a comunicare, ad avvio della sperimentazione, l'effettiva attivazione dei percorsi, ivi compresi gli eventuali percorsi di istruzione e formazione professionale (IeFP), ed il numero di studenti frequentanti.

Le nuove classi quadriennali di istruzione tecnica o professionale non devono essere articolate con classi di percorsi quinquennali che sono già in funzione nell'istituzione scolastica (statale o paritaria) facente parte della rete.

Inoltre, non possono essere accolte iscrizioni al primo anno sperimentale di studenti che non abbiano effettuato un pregresso e regolare percorso scolastico di otto anni (5 anni della Scuola Primaria e 3 anni della Scuola Secondaria di 1° grado), e non possono essere ammessi, in itinere, studenti provenienti da altri percorsi di istruzione secondaria di secondo grado quinquennali e dai percorsi di istruzione e formazione professionale non interni alla rete.

Attivazione e durata della sperimentazione

La sperimentazione nell'ambito dell'istruzione tecnica e professionale, che prenderà avvio nell'anno scolastico 2024/2025, si articola in diverse fasi e aspetti fondamentali:

- Attivazione delle Classi Prime dei Percorsi Sperimentali Quadriennali: Dal 2024/2025, sono attivate le classi prime dei percorsi sperimentali quadriennali di istruzione tecnica e professionale, nella formula 4+2, a seguito di accoglimento della candidatura. Parallelamente, vengono avviati anche i percorsi formativi, di istruzione e formazione professionale (IeFP), laddove esistenti, proposti dalle istituzioni accreditate dalle Regioni.

- Ruolo degli ITS Academy aderenti alla rete: Gli ITS Academy aderenti alla rete avviano, sulla base dell'offerta formativa integrata e tenuto conto delle vocazioni produttive del territorio, idonei interventi a favore degli studenti della rete, in stretta sinergia con le iniziative di orientamento già avviate dal Comitato nazionale ITS Academy. Le iniziative di orientamento rivolte agli studenti dei percorsi quadriennali, modulati in forma sinergica con i partner della rete, prevedono anche informazioni mirate su programmi pluriennali comprendenti percorsi PCTO (ex Alternanza Scuola Lavoro) e altre iniziative come i percorsi professionalizzanti in regime di apprendistato di alta formazione e ricerca per una rapida transizione nel mondo del lavoro.

- Valutazione e Possibile Rinnovo del Ciclo Sperimentale: Al termine del primo ciclo sperimentale, che include sia il percorso di istruzione e formazione secondaria sia quello terziario negli ITS Academy, la sperimentazione 4+2 sarà sottoposta a valutazione, la quale sarà condotta dall'Osservatorio nazionale per l'istruzione tecnica e professionale in raccordo con il Comitato nazionale degli ITS Academy e la Rete nazionale delle scuole professionali. In caso di mancato rinnovo, a seguito di valutazione non positiva, le classi intermedie già funzionanti avranno comunque l'autorizzazione a completare il ciclo sperimentale fino al suo termine naturale. Ciò assicura che gli studenti già iscritti nei percorsi sperimentali possano portare a termine la loro formazione senza interruzioni o cambiamenti improvvisi.

In questa cornice, la sperimentazione si colloca come un ambizioso progetto di riforma dell'istruzione tecnica e professionale, che mira a fornire un'istruzione più aderente alle esigenze contemporanee del mercato del lavoro e a favorire un migliore allineamento tra il mondo dell'istruzione e quello professionale. La sua riuscita dipenderà dall'efficacia dell'implementazione, nonché dalla collaborazione tra i vari attori coinvolti e dalla qualità dell'offerta formativa proposta.

Qui di seguito vengono riportate le FAQ sul Progetto nazionale di sperimentazione relativo all'istituzione della filiera formativa tecnologico-professionale rese pubbliche dal Ministero dell'Istruzione e del Merito.

Progetto nazionale di sperimentazione
relativo all'istituzione della filiera formativa tecnologico-professionale

FAQ

1	**I percorsi quadriennali sperimentali di istruzione tecnica e/o professionale, che rappresentano uno degli elementi necessari della filiera formativa integrata, devono rientrare nell'offerta formativa della Regione di riferimento?** Sì. I percorsi quadriennali sperimentali di istruzione tecnica e/o professionale devono essere attivati nel rispetto delle disposizioni regionali in materia di programmazione dell'offerta formativa territoriale (articolo 2, comma 2 del D.M. n. 240 del 7 dicembre 2023). Ciò significa che i percorsi quadriennali sperimentali di istruzione tecnica e/o professionale progettati per l'attivazione della filiera formativa integrata fanno riferimento a indirizzi ordinamentali degli istituti tecnici e/o professionali già attivi nelle istituzioni scolastiche che si candidano per la sperimentazione.
2	**Quali sono gli elementi necessari dell'offerta formativa integrata progettata dai soggetti aderenti alla rete?** Costituiscono elementi necessari dell'offerta formativa integrata la progettazione di almeno un percorso quadriennale di istruzione tecnica o professionale, l'integrazione di un percorso per il conseguimento del diploma professionale di IeFP, ove esistente e affine o correlato alla filiera, un percorso biennale di ITS *Academy*, di area tecnologica coerente con l'indirizzo ordinamentale di riferimento, e l'attivazione di un partenariato con almeno un'impresa.
3	**Se nell'offerta formativa della propria Regione non sono presenti percorsi di IeFP quadriennali affini o correlati alla filiera, ma solo percorsi triennali per il conseguimento della qualifica seguiti da un quarto anno per il conseguimento del diploma professionale (3+1), sempre affini o correlati alla filiera, è ammessa la possibilità che essi siano erogati da due enti accreditati distinti e che gli stessi possano aderire entrambi alla rete?** Sì, alla rete deve aderire l'ente accreditato che eroga il percorso triennale per il conseguimento ella qualifica e l'ente che eroga il percorso di quarto anno, purché entrambi i percorsi di IeFP siano affini o correlati alla filiera.
4	**L'integrazione di un percorso per il conseguimento del diploma professionale di IeFP è obbligatoria?** Sì, ma solo se sono presenti nell'offerta formativa regionale percorsi di IeFP quadriennali, o percorsi triennali più un quarto anno, affini o correlati alla filiera. La mancata previsione all'interno della proposta progettuale di un percorso di IeFP erogato da strutture formative accreditate dalle Regioni per l'erogazione di IeFP, o erogato in regime di sussidiarietà, deve in ogni caso essere debitamente motivata nel Formulario per la candidatura, allegato all'Avviso, affinché la Commissione tecnica, appositamente nominata per la selezione delle proposte progettuali, possa conseguentemente fare le valutazioni di competenza.
5	**Gli istituti tecnici e gli istituti professionali in cui siano già attivi percorsi quadriennali ai sensi delle sperimentazioni ordinamentali già autorizzate - DM n. 567 del 3 agosto 2017 e DM n. 344 del 3 dicembre 2021 - possono individuare i medesimi percorsi nella progettazione dei percorsi quadriennali della filiera?** Sì, le scuole tecniche e professionale con i percorsi quadriennali già attivi ai sensi di decreti ministeriali precedenti possono candidarsi con le classi prime dei medesimi percorsi già autorizzati, avendo cura di specificare nell'ambito dei relativi monitoraggi l'avvenuta confluenza dei suddetti percorsi alla sperimentazione di cui al D.M. n. 240 del 7 dicembre 2023.
6	**Ove sul territorio regionale non sia presente un ITS *Academy* di area tecnologica coerente con l'indirizzo di riferimento della filiera, si può ricorrere ad un ITS *Academy* di altra Regione?**

Progetto nazionale di sperimentazione
relativo all'istituzione della filiera formativa tecnologico-professionale

FAQ

	Sì, ove sul territorio regionale non sia presente un ITS *Academy* di area tecnologica coerente con l'indirizzo di riferimento della filiera, si può ricorrere ad un ITS *Academy* di un'altra Regione.
7	**La documentazione che, ai sensi dell'Articolo 4, comma 2 dell'Avviso, deve essere allegata alle proposte progettuali prevede, oltre alle delibere del collegio dei docenti e del consiglio di istituto delle istituzioni scolastiche del secondo ciclo riportanti l'adesione al progetto, anche la formale adesione al progetto da parte degli organi competenti per le altre istituzioni coinvolte. Nel caso degli ITS *Academy*, qual è l'organo cui compete questo adempimento?** La formale adesione alla proposta progettuale da parte dell'ITS *Academy* soggetto della rete può essere dichiarata dal Presidente della Fondazione, il quale potrà provvedere successivamente all'invio di specifica delibera del Consiglio di amministrazione della Fondazione, di norma organo competente, salvo differente previsione Statutaria.
8	**In che rapporto si pone la partecipazione di percorsi IeFP quadriennali quando la filiera è costituita da uno o più istituti tecnici?** Si premette che sul piano ordinamentale i percorsi IeFP e i percorsi di istruzione tecnica sono percorsi diversi, afferenti a ordinamenti che non prevedono raccordi analoghi a quelli di cui agli articoli 7 e 8 del d. lgs. n. 61/2017 (es. passaggi tra sistema IP e IeFP e viceversa). I passaggi sopra menzionati e l'accesso all'istruzione tecnica rimangono disciplinati dalle regole attuali. Ai fini della presentazione della candidatura all'avviso è richiesta la partecipazione di percorsi IeFP quadriennali anche nel caso in cui alla rete aderiscano solo scuole tecniche, in quanto la sperimentazione vuole favorire la filiera tecnologico-professionali, anche sul piano produttivo, nelle sue diverse configurazioni che comprendono differenti figure professionali.
9	**Uno studente di IeFP al quarto anno può effettuare l'esame di Stato per l'indirizzo di istituto tecnico?** È bene specificare che la norma a cui si fa genericamente riferimento non è inserita nel D.M. n. 240 del 7 dicembre 2023 e neppure nell'Avviso cui al Decreto dipartimentale prot. 2608 del 7 dicembre 2023. Invece, l'articolo 25 bis, comma 5, di cui al DDL di istituzione della filiera formativa tecnologico-professionale prevede la possibilità di accesso all'esame di Stato solo presso gli istituti professionali per gli studenti che hanno concluso i percorsi quadriennali IeFP, nell'ambito della sperimentazione, con validazione dei suddetti percorsi quadriennali, da parte di INVALSI.
10	**Vi sono impatti sulla presentazione della domanda se le Regioni non intendono partecipare al piano nazionale di sperimentazione?** No, se le Regioni non emanano gli atti previsti dall'articolo 1, comma 2, del D.M. n. 240 del 7 dicembre 2023 le scuole tecniche e professionali possono regolarmente presentare la loro domanda di candidatura al piano nazionale di sperimentazione tenendo a riferimento il citato D.M. e l'avviso di cui al Decreto dipartimentale prot. 2608 del 7 dicembre 2023 ai fini della presentazione della candidatura.
11	**Ai fini della creazione della filiera l'ente di formazione accreditato alla Regione deve avere in essere dei corsi finalizzati al rilascio del diploma professionale inerenti a figure professionali collegate alla filiera già alla data di presentazione della candidatura da parte della scuola o può attivarli successivamente e in tal caso, comunque, entro l'avvio dei percorsi quadriennali o in itinere?** Nella candidatura si può fare riferimento anche a corsi finalizzati al rilascio del diploma professionale da parte dell'ente di formazione accreditato dalla Regione, inerenti a figure professionali collegate alla filiera, che saranno attivati nell'anno formativo 2024/2025.

Progetto nazionale di sperimentazione
relativo all'istituzione della filiera formativa tecnologico-professionale

FAQ

12	**L'ITS che partecipa alla filiera può entrare in un'altra filiera con un altro istituto di provincia diversa? Un ITS che ha attivi due indirizzi può essere partner di due differenti filiere con due istituti diversi?** Sì, non esistono preclusioni in merito. L'ITS *Academy* che partecipa alla filiera può entrare in un'altra filiera con altro istituto di provincia diversa. Parimenti, un ITS *Academy* che ha attivi due differenti corsi di studio può essere partner di due differenti filiere facenti riferimento anche a istituzioni scolastiche diverse.
13	**La sperimentazione deve coinvolgere tutte le classi prime di uno stesso indirizzo?** No, non è necessario che la sperimentazione coinvolga tutte le classi prime di uno stesso indirizzo. Il coinvolgimento di una o più classi dello stesso indirizzo tecnico e/o professionale risponde ad una scelta autonoma delle scuole.
14	**La sperimentazione prevede 4 anni di scuola secondaria + 2 di frequenza di un ITS *Academy*. In che modo si rende vincolante per gli studenti adempiere al percorso intero e non fermarsi al solo diploma del quadriennale? In altre parole, chi si iscrive consegue il titolo intermedio (il diploma di scuola secondaria) anche se non si iscrive all'ITS *Academy* che ha stipulato con l'Istituto l'accordo di rete per la realizzazione della sperimentazione?** Al conseguimento degli esami di Stato conclusivi dei corsi di studio di istruzione secondaria di secondo grado (che è lo stesso esame di Stato cui accedono gli stessi studenti dei percorsi quinquennali ordinamentali), gli studenti non sono obbligati ad iscriversi all'ITS *Academy* o ad uno degli ITS *Academy* coinvolti nella filiera di rete. Deve essere infatti garantita la libertà dello studente di rivedere/ripensare le scelte operate durante il percorso di studio attraverso la possibilità dei passaggi all'interno della rete medesima - regolati dalle norme sull'istruzione professionale e tecnica – o fuori dalla rete secondo le norme generali dell'ordinamento, ma anche assicurando agli studenti l'uscita dalla rete per l'accesso ad altro tipo di istruzione terziaria (per es. Università) o al lavoro, a seguito del conseguimento del diploma conclusivo del secondo ciclo di istruzione.
15	**Al termine del percorso quadriennale di scuola tecnica o professionale gli studenti possono scegliere di frequentare l'università invece di un ITS *Academy*?** Sì, al termine del percorso quadriennale, al conseguimento del diploma di istruzione secondaria di secondo grado, gli studenti possono scegliere di uscire dalla filiera di rete ed accedere ad altro tipo di istruzione terziaria, per esempio all'Università, o direttamente al lavoro.
16	**Nella rimodulazione dell'orario settimanale delle lezioni le istituzioni scolastiche di istruzione tecnica e professionale che partecipano alla sperimentazione e attivano percorsi quadriennali devono prevedere la distribuzione in quattro anni di tutte le ore previste dal curricolo per il corso quinquennale? Ad esempio, negli istituti tecnici sono previste per ogni anno 1056 ore di lezione ovvero 5280 ore per i complessivi cinque anni. Tutte le 5280 ore del curricolo possono essere utilizzate nei quattro anni in base alla programmazione dell'istituto o devono essere equidistribuite per ogni anno di corso?** Non è assolutamente richiesto un adeguamento matematico nei quattro anni delle ore previste complessivamente nel corso quinquennale. Come indicato nell'Avviso di cui Decreto dipartimentale prot. 2608 del 7 dicembre 2023 all'articolo 3 comma 2 lettera b), le istituzioni scolastiche interessate alla sperimentazione devono indicare le modalità di "adeguamento e rimodulazione del calendario scolastico annuale e dell'orario settimanale delle lezioni, in relazione all'intero curricolo, ai sensi degli articoli 4 e 5 del decreto del Presidente della Repubblica n. 275/1999, anche al fine di compensare, **almeno in parte**, la riduzione di una annualità del percorso scolastico del ciclo secondario".

Progetto nazionale di sperimentazione
relativo all'istituzione della filiera formativa tecnologico-professionale

FAQ

17	**La riduzione di un anno del percorso comporterà nel tempo una riduzione di organico?** No, per le istituzioni scolastiche interessate ad aderire al piano sperimentale l'organico del personale continuerà ad essere calcolato sul quinquennio e non si avrà alcuna riduzione.
18	**In tema di riorganizzazione del curricolo si chiede come gestire l'orario nelle 4 annualità considerato che in molti contesti la popolazione studentesca è forte il fenomeno del pendolarismo che determina l'impossibilità di adeguate soluzioni per il ritorno a casa. Inoltre, sarà possibile inserire dei moduli on line in piattaforma o in alternativa svolgere delle lezioni on line?** Le modalità di rimodulazione del curricolo su base quadriennale sono lasciate alle istituzioni scolastiche e agli accordi all'interno della rete in funzione delle peculiari caratteristiche ed esigenze del contesto di riferimento. Attraverso la flessibilità didattica e organizzativa possono essere adottate metodologie differenziate quali il rafforzamento dell'utilizzo in rete di tutte le risorse professionali, strumentali e logistiche, ivi compresa la possibilità di prevedere parte dell'erogazione didattica in modalità FAD, la progettazione di esperienze PCTO anche durante i mesi estivi e/o il ricorso a metodologie innovative che garantiscano il raggiungimento dei risultati di apprendimento in esito al percorso.
19	**Il ricorso a figure di esperti esterni deve essere esplicitato già nel formulario di candidatura?** Sì, la necessità di ricorrere ad esperti esterni deve essere esplicitata già nel formulario di candidatura in quanto strettamente connessa alle caratteristiche della filiera e al progetto didattico-organizzativo presentato.
20	**È possibile inviare gli accordi di rete e le delibere richieste oltre i tempi indicati per la presentazione delle candidature?** Fermo restando l'invio della candidatura secondo le modalità e i tempi previsti nell'Avviso di cui Decreto dipartimentale prot. 2608 del 7 dicembre 2023, successivamente prorogati con Decreto dipartimentale 5299 del 28 dicembre 2023, in considerazione anche del concomitante periodo di festività, è possibile la sua successiva integrazione con l'invio degli allegati riguardanti le delibere richieste, la formale adesione al progetto da parte degli organi competenti per le altre istituzioni coinvolte e l'accordo di rete stipulato. In tal caso, nel formulario vanno espressamente indicati i documenti che saranno oggetto di invio successivo e, in caso di mancanza di formalizzazione dell'accordo di rete e degli accordi di partenariato previsti, è necessario allegare una dichiarazione di impegno a costituirsi in rete e ad attivare il partenariato. **La documentazione integrativa deve essere inviata all'indirizzo filiera@istruzione.it dallo stesso indirizzo di posta elettronica con cui è stata inviata la candidatura.**
21	**Nel caso in cui il rappresentante legale di un istituto paritario non possieda la firma digitale è possibile sottoscrivere la proposta progettuale con firma autografa?** Fermo restando che la proposta progettuale va inviata tramite PEC all'indirizzo dgosv@postacert.istruzione.it, la sottoscrizione può avvenire anche tramite firma autografa.
22	**Se in una rete ci sono più istituti professionali, questi devono preparare un unico allegato sottoscritto da ambo i dirigenti/legali rappresentanti oppure ognuno prepara ed invia la propria candidatura indicando nell'apposita tabella i dati dei partner e poi, in fase di costituzione di rete, si procede con la formalizzazione di un unico documento?** Le scuole costituite, o che si costituiranno, in rete devono presentare un'unica candidatura indicando per ciascuna istituzione scolastica partecipante l'indirizzo oggetto della sperimentazione quadriennale e la rimodulazione del curricolo. Pertanto, il formulario di candidatura dovrà essere sottoscritto da tutti i dirigenti scolastici delle istituzioni scolastiche aderenti alla rete.
23	**Presso la nostra scuola è già stato attivato per l'anno 2023-2024 un percorso quadriennale per il professionale. Per far ripartire la classe prima per il medesimo percorso è necessario riproporre la candidatura della scuola oppure il percorso quadriennale parte in automatico?** Le scuole tecniche e professionali in cui siano già attivi percorsi quadriennali ai sensi del D.M. n. 344 del 3 dicembre 2021 possono attivare nuove classi prime in virtù delle precedenti autorizzazioni. Tuttavia,

Progetto nazionale di sperimentazione
relativo all'istituzione della filiera formativa tecnologico-professionale

FAQ

	laddove le scuole che già erogano percorsi quadriennali intendano allocare il medesimo percorso quadriennale all'interno della filiera tecnologico-professionale di cui al D.M. n. 240 del 7 dicembre 2023, dovranno presentare la propria candidatura alla sperimentazione della filiera formativa integrata ai sensi dell'Avviso prot. n. 2608 del 7 dicembre 2023 e della Nota prot. n. 5299 del 28 dicembre 2023. Si rimanda a tale proposito alla FAQ n. 5.
24	**È possibile per il medesimo istituto tecnico con indirizzi diversi presentare due diverse candidature con filiere diverse e in accordo con due diversi ITS del territorio?** Sì, è possibile. Un istituto tecnico con più indirizzi di studio può presentare due distinte candidature, afferenti a filiere diverse, con ITS del territorio appartenenti ad aree tecnologiche/ambiti differenti.
25	**Se un collegio dei docenti facendo prevalere timori e posizioni marcatamente avverse alla sperimentazione, non approva la proposta seppur di misura, è possibile procedere ugualmente a sottoporre con riserva la candidatura supportata dalla delibera favorevole del Consiglio di Istituto?** La presentazione della candidatura richiede le delibere favorevoli di entrambi gli organi collegiali grazie alle quali l'istituzione scolastica proponente potrà procedere nella realizzazione del percorso sperimentale con la piena e documentata adesione di tutte le componenti della comunità educante. Pertanto, è importante far comprendere che la sperimentazione rappresenta una opportunità di crescita per il territorio, ma soprattutto un arricchimento per la formazione degli alunni.
26	**Un Istituto Tecnico Economico e Tecnologico (ITET) con indirizzi del settore economico e tecnologico può progettare una sperimentazione quadriennale ad indirizzo alberghiero?** No, la sperimentazione può essere attivata facendo riferimento esclusivamente agli indirizzi di studio già attivi nell'istituzione scolastica e rientranti nell'offerta formativa regionale (si veda anche FAQ n. 1).
27	**È possibile prevedere ore di compresenza nel quadro orario nelle discipline laboratoriali (ad es., classe di concorso B19)?** La sperimentazione richiede la rimodulazione del curricolo su quattro anni anziché su cinque. A tal fine, facendo ricorso alla flessibilità didattica e organizzativa, le istituzioni scolastiche possono adottare schemi organizzativi e metodologie differenziate, ferma restando l'invarianza di organico. Ciò importa che è possibile rimodulare il quadro orario, ma con riferimento alle risorse di organico già utilizzate nel quinquennio per l'indirizzo di studio oggetto di sperimentazione.
28	**È possibile e corretto inviare la candidatura con un unico progetto condiviso dalla rete in fase di costituzione, che vedrà la scuola come capofila e oltre al CFP, gli ITS, le aziende e altri 4 istituti statali che al momento si aggregherebbero all'unico progetto a maglie larghe tramite una manifestazione di interesse?** La candidatura alla sperimentazione va presentata come unico progetto, tenuto conto di quanto richiesto in materia di informazioni nel formulario che prevede l'indicazione di tutti i soggetti aderenti alla rete (istituzioni scolastiche, ITS, CFP, imprese ecc.). È opportuno rappresentare, in ogni caso, che **la candidatura non prevede una scuola capofila,** in quanto ciascun soggetto partecipa in funzione del proprio ruolo e alle condizioni previste dalla proposta progettuale. Per ciò che concerne la tipologia di documentazione da allegare alla candidatura da parte delle istituzioni scolastiche, si rinvia ai chiarimenti forniti con la FAQ n. 20.
29	**È stato predisposto un modello nazionale di accordo di rete o di partenariato da poter utilizzare per la presentazione della candidatura?** No, non è stato predisposto alcun modello nazionale di accordo di rete o di partenariato. Il progetto nazionale di sperimentazione relativo all'istituzione della filiera formativa tecnologico-professionale richiede una sinergia che coinvolge in maniera attiva parti diverse e, per questa ragione, offre un'ampia possibilità di adesione ad una pluralità di soggetti. Pertanto, considerata la variabilità delle possibili composizioni delle reti, è stato ritenuto più opportuno che ciascuna di esse potesse elaborare un proprio autonomo modello di accordo o di partenariato che ne mettesse in luce le specifiche caratteristiche.

Progetto nazionale di sperimentazione
relativo all'istituzione della filiera formativa tecnologico-professionale

FAQ

30	**Al momento non sono presenti percorsi professionali attinenti alla filiera o IeFP attivi nel territorio di riferimento dell'istituzione scolastica. È necessario procedere comunque alla costituzione di filiera?** Sì, la filiera può essere comunque costituita. L'assenza sul territorio di una offerta formativa di IeFP che consenta la costituzione di una filiera ampia ed articolata non è motivo di preclusione alla presentazione della candidatura da parte delle istituzioni scolastiche. I soggetti aderenti alla rete, tuttavia, dovranno in questo caso motivarne le ragioni, utilizzando l'apposito spazio nel formulario di candidatura.
31	**Non è chiaro come vada compilata la tabella 2 dell'allegato 1: chi bisogna inserire? Nel caso in cui vi siano solo convenzioni con istituzioni formative accreditate dalla Regione bisogna inserirle? Le istituzioni formative sono una *conditio sine qua non* per la presentazione della candidatura?** Nella Tabella 2 del formulario va inserita la tipologia, la denominazione e la sede degli ulteriori soggetti facenti parte della rete, di cui all'articolo 1, comma 3, dell'Avviso. Non è possibile che nella Tabella 2 siano indicate solo istituzioni formative accreditate dalla Regione in quanto la proposta sperimentale deve contenere obbligatoriamente un percorso biennale di *ITS Academy*, di area tecnologica coerente con l'indirizzo ordinamentale di riferimento, e l'attivazione di un partenariato con almeno un'impresa (si veda anche FAQ n. 2).
32	**Nelle *slide* pubblicate (n.15) si fa riferimento ad una dichiarazione di impegno a costituire la rete; tuttavia, tale documentazione non viene menzionata nelle modalità di candidatura. Si chiede, pertanto, se si debba integrare la documentazione richiesta con tale dichiarazione.** Fra i requisiti di ammissione alla sperimentazione di filiera vi è la dichiarazione d'impegno per la costituzione della rete ai sensi del D.M. n. 240/2023, art. 5, comma 2. Resta fermo, ad ogni modo, quanto indicato nella FAQ n. 20, nonché nella Nota prot. n. 5299 del 28 dicembre 2023, ovvero che la domanda di candidatura inviata nei termini indicati può essere integrata successivamente con l'invio degli allegati riguardanti le delibere richieste, la formale adesione al progetto da parte degli organi competenti per le altre istituzioni coinvolte e l'accordo di rete stipulato.
33	**In merito al punto del formulario Modalità di adeguamento e rimodulazione del calendario scolastico annuale e dell'orario settimanale delle lezioni, ai sensi degli articoli 4 e 5 del decreto del Presidente della Repubblica n. 275/1999, anche al fine di compensare, almeno in parte, la riduzione di una annualità del percorso scolastico del ciclo secondario, si chiedono chiarimenti su:** **1. monte ore: per attivare un percorso quadriennale relativo all'indirizzo professionale Servizi commerciali, il monte ore è pari a 1056; pertanto per compensare il quinto anno, ogni settimana del percorso quadriennale deve avere un monte ore pari a 40 oppure è possibile che il numero di ore può essere in totale inferiore alle 1056 ore? Alla FAQ n. 16 è scritto "anche al fine di compensare, almeno in parte, la riduzione di una annualità del percorso scolastico del ciclo secondario";** **2. compresenza: è possibile realizzarla tra tutte le discipline?** Si rimanda alle FAQ n. 16, n. 18, n. 27.
34	**Ci sono limiti per accedere all'Esame di Stato con i 4 anni?** No, non esistono preclusioni in merito. Gli studenti che abbiano terminato con successo il percorso scolastico quadriennale sperimentale possono accedere all'Esame di Stato conclusivo del secondo ciclo di istruzione cui accedono gli studenti dei rispettivi percorsi ordinamentali quinquennali.

ISTITUTI TECNOLOGICI SUPERIORI – ITS ACADEMY

La legge 15 luglio 2022, n. 99, recante "Istituzione del Sistema terziario di istruzione tecnologica superiore", composta di 16 articoli, introduce nell'ordinamento una normativa organica di rango legislativo per gli Istituti tecnici superiori (ITS), finora disciplinati principalmente da una fonte di rango secondario, il DPCM del 25 gennaio 2008 recante "Linee guida per la riorganizzazione del Sistema di istruzione e formazione tecnica superiore e la costituzione degli Istituti tecnici superiori".

Rispetto alla disciplina vigente, la Legge n.99/2022 presenta sia elementi di continuità, sia aspetti innovativi. Fra le novità più significative abbiamo:

- la modifica della denominazione degli Istituti Tecnici Superiori (ITS) in Istituti Tecnologici Superiori (ITS Academy);
- l'introduzione di nuove aree tecnologiche rispetto a quelle che caratterizzano gli ITS, si passa da 6 a 10 aree;
- la suddivisione dei percorsi ITS in due livelli, a seconda del quadro europeo delle qualifiche (European Qualification Framework - EQF): quelli di quinto livello EQF di durata biennale e quelli di sesto livello EQF di durata triennale.

Sviluppo storico del Sistema di Istruzione e Formazione Tecnica Superiore

In attuazione del Patto per il Lavoro del 1996 è stata emanata la legge n.196 del 1997, che ha avviato un profondo processo di rinnovamento e riqualificazione del sistema di formazione professionale. Questo processo è confluito, in seguito, nella Riforma del titolo V della Costituzione del 2001, che ha conferito alle Regioni potestà legislativa esclusiva in materia di formazione professionale.

Nell'ottica della riprogettazione dell'offerta formativa, l'art.69 della legge 17 maggio 1999, n.144 ha istituito il Sistema di Istruzione e Formazione Tecnica Superiore, volto all'ampliamento dell'offerta formativa destinata ai giovani e agli adulti, occupati e non occupati. Il Sistema di Istruzione e Formazione Tecnica Superiore viene istituito con l'intenzione di realizzare percorsi di specializzazione, annuali e biennali, per preparare i tecnici superiori richiesti dal mondo del lavoro, pubblico e privato, con particolare riferimento alle piccole e medie imprese.

Fu il *Ministro Berlinguer* a definire le strategie politiche per collegare insieme Scuole superiori, Università, Centri di formazione professionale e Imprese, ma sarà il *Ministro De Mauro*, nel 2000, di concerto con i Colleghi dei Ministeri del Lavoro e dell'Università a disciplinare gli Ordinamenti del Sistema di Istruzione e Formazione Tecnica Superiore.

Successivamente il *Ministro Moratti* collega tale Sistema con la riforma del secondo ciclo del sistema educativo di istruzione e formazione.

Istruzione e Formazione Tecnica Superiore (IFTS)

I percorsi IFTS, sono programmati dalle Regioni nell'ambito delle loro competenze esclusive in materia di programmazione dell'offerta formativa e sono progettati e gestiti da Istituti di istruzione secondaria superiore, Enti di formazione professionale accreditati dalle Regioni, Università e Imprese, associati tra loro per rispondere a fabbisogni formativi riferiti ai settori produttivi individuati, per ogni triennio, con accordo in sede di Conferenza Unificata a norma del Decreto legislativo 28 agosto 1997, n. 281.

I percorsi IFTS formano tecnici specializzati capaci di presidiare e gestire i processi organizzativi e produttivi di impresa anche connessi alle innovazioni tecnologiche e all'internazionalizzazione dei mercati. L'elemento innovativo dei percorsi IFTS è la possibilità del riconoscimento a livello europeo delle competenze acquisite, ai fini della mobilità lavorativa e di ulteriori esperienze formative. Si tratta di un sistema integrato di certificazione, valido sia per la prosecuzione dell'iter formativo nelle Università, grazie al riconoscimento dei crediti formativi da parte dell'Università, sia per il riconoscimento di qualifiche professionali da parte delle Regioni, utili per l'inserimento nel mondo del lavoro. Articolati in due semestri, i percorsi IFTS hanno, di regola, una durata complessiva di 800/1000 ore e sono finalizzati al conseguimento di un *Certificato di specializzazione tecnica superiore*, corrispondente al IV livello europeo delle competenze (IV livello EQF – European Qualification Frameworks).

I percorsi IFTS si rivolgono a giovani e adulti che intendono acquisire una certificazione di specializzazione da utilizzare nel mercato del lavoro o, comunque, che intendono reinserirsi con l'acquisizione di nuove competenze. Per accedere ai percorsi IFTS occorre, di norma, essere in possesso di un diploma di istruzione secondaria superiore o un diploma IeFP (4 anni o 3+1), in questo specifico caso, il Certificato di specializzazione tecnica superiore permette anche di accedere ai percorsi biennali o triennali degli ITS Academy (istruzione terziaria non accademica).

Il *Certificato di specializzazione tecnica superiore* può essere conseguito dai giovani, anche in apprendistato, un istituto consistente in un contratto di lavoro, dalla durata che va da sei mesi ad un anno, finalizzato al conseguimento del suddetto certificato, a condizioni che siano in possesso di uno dei seguenti requisiti:

- diploma professionale di tecnico conseguito nei percorsi di IeFP (4 anni o 3+1);
- diploma di istruzione secondaria superiore;

L'accesso ai percorsi IFTS è consentito anche a coloro che sono in possesso dell'ammissione al quinto anno dei percorsi liceali, nonché a coloro che non sono in possesso del diploma di istruzione secondaria superiore, previo accreditamento delle competenze acquisite in precedenti percorsi di istruzione, formazione e lavoro successivi all'assolvimento dell'obbligo di istruzione.

L'orario dei corsi IFTS è solitamente molto flessibile per essere in sintonia con le esigenze dei corsisti. Buona parte dei docenti dei percorsi IFTS provengono dal mondo del lavoro e hanno un'esperienza importante nel settore industriale di riferimento per il corrispondente percorso IFTS. La formazione d'aula e di laboratorio è accompagnata da periodi di stage per consentire ai partecipanti di sperimentare in campo le competenze acquisite, di conoscere gli ambienti lavorativi e comprenderne le dinamiche relazionali.

Istituti Tecnici Superiori (ITS)

Nel 2008, il *Ministro Fioroni*, per dar seguito alla Legge n. 296/2006, che all'art.1, c. 631 prevede la riorganizzazione del sistema degli IFTS, e alla Legge n.40/2007 che all'art. 13, c.2 prevede la configurazione degli Istituti Tecnici Superiori nell'ambito della predetta riorganizzazione, col DPCM 25/01/2008 emana le "*Linee Guida per la riorganizzazione del Sistema IFTS e la costituzione degli Istituti Tecnici Superiori (ITS)*", attuando per questi una strategia che integra risorse pubbliche e private attraverso la costituzione di Fondazioni di partecipazione che ne costituiscono "*le strutture portanti*", pertanto, ai fini di determinare gli elementi essenziali per la riconoscibilità degli ITS su tutto il territorio nazionale e con l'obiettivo di consolidare ed ampliare l'associazione tra i soggetti pubblici e privati, nonché l'integrazione tra risorse pubbliche e private, la denominazione di "*Istituto Tecnico Superiore*", con l'indicazione del settore di riferimento (es. ITS Meccatronico ….), è attribuita soltanto alle strutture configurate secondo lo standard organizzativo della fondazione di partecipazione con riferimento agli articoli 14 e seguenti del Codice Civile.

Le Fondazioni ITS come previste dal DPCM 25/01/2008, sono costituite da Scuole, Enti di formazione, Università e Imprese, tra loro associati, che collaborano alla progettazione e realizzazione dei percorsi formativi finalizzati a formare Tecnici superiori che siano in grado di inserirsi nei settori strategici del sistema economico-produttivo, portando nelle imprese competenze altamente specialistiche e capacità d'innovazione.

Le aree tecnologiche, considerate prioritarie per lo sviluppo economico e la competitività del Paese, nel cui ambito gli ITS offrono percorsi formativi, sono sei (poi portate a 10 – vedi infra):

1. Efficienza energetica
2. Mobilità sostenibile
3. Nuove tecnologie della vita
4. Nuove tecnologie per il Made in Italy (Sistema agro-alimentare - Sistema casa - Sistema meccanica - Sistema moda - Servizi alle imprese)
5. Tecnologie innovative per i beni e le attività culturali – Turismo
6. Tecnologie della informazione e della comunicazione.

Tra i docenti dei vari insegnamenti vi è una presenza significativa di professionisti, per non meno del 50%, provenienti dal mondo del lavoro, con una specifica esperienza professionale maturata nel settore di competenza per almeno cinque anni.

I percorsi durano 2 anni e si articolano in 4 semestri, per una durata complessiva di 1.800/2.000 ore. Ciascun semestre comprende ore di attività teorica, pratica e di laboratorio. Gli stage aziendali e i tirocini formativi, obbligatori almeno per il 30% della durata del monte ore complessivo, possono essere svolti anche all'estero.

Accedono ai corsi ITS, a seguito di selezione, tramite prova di accesso, i giovani e gli adulti in possesso di un diploma di Scuola Secondaria di secondo grado o di un Diploma quadriennale di Istruzione e Formazione Professionale (IeFP), unitamente a un certificato di specializzazione dei corsi di Istruzione e Formazione Tecnica Superiore (IFTS) di almeno 800 ore.

La partecipazione è totalmente gratuita, in quanto gli ITS sono finanziati con fondi pubblici, sia nazionali che regionali. A conclusione del percorso, a seguito di una verifica finale, si consegue il *Diploma di Tecnico Superiore* valido a livello nazionale, con l'indicazione dell'area tecnologica e della figura nazionale di riferimento, che consente l'accesso ai concorsi pubblici e il riconoscimento di crediti formativi universitari (ancora in fase di consolidamento). Il *Diploma di Tecnico superiore* corrisponde al quinto livello del quadro europeo delle qualifiche per l'apprendimento permanente (European Qualification Framework - EQF).

Il Ministro Gelmini nel processo di riordinamento con la Riforma del 2010 rafforza e valorizza l'Istruzione Tecnica sino a livello superiore e configura gli ITS, negli ordinamenti dei relativi percorsi, come "*Scuole Speciali di Tecnologia*", connesse con gli Istituti Tecnici e Professionali, che ne diventano gli "*Enti di riferimento*". Con l'occasione della riorganizzazione delle università, prevede un riconoscimento dei crediti acquisiti dai tecnici superiori ai fini della prosecuzione degli studi universitari, dando così concrete opportunità di soluzione ad un aspetto problematico, rimasto irrisolto nelle legislature precedenti nei rapporti tra percorsi di specializzazione tecnica superiore e percorsi universitari.

Istituti Tecnologici Superiori (ITS Academy)

Nell'anno 2022, col *Ministro Bianchi*, il testo unificato delle proposte di legge C. 544 e abbinate (sei in tutto a partire dal 2018 con la n.544 d'iniziativa delle deputate Gelmini, Aprea), recante disposizioni per la riorganizzazione del sistema di istruzione e formazione tecnica superiore in attuazione del Piano Nazionale di Ripresa e Resilienza (PNRR), diventa legge (in Senato il testo unificato è stato approvato il 25 maggio 2022).

Il 26.07.2022, viene pubblicata in GU n.173 la Legge 15 luglio 2022, n. 99 "Istituzione del Sistema terziario di istruzione tecnologica superiore", la quale entra in vigore il giorno successivo, ovvero il 27/07/2022.

Nella Riforma collegata al PNRR resta ferma la disciplina del sistema di Istruzione e Formazione Tecnica Superiore (IFTS) istituito dall'articolo 69 della legge 17 maggio 1999, n. 144, mentre viene ridisegnata in modo organico la disciplina degli ITS, fino a quel momento normati da una fonte di rango secondario (*il DPCM 25 gennaio 2008*), con lo scopo di innovare e rilanciare le competenze tecniche nel Paese, attraverso il potenziamento delle Aree Tecnologiche (da definire tramite decreti attuativi del Ministro dell'Istruzione entro novanta giorni dalla data di entrata in vigore della legge – vedi infra), tenendo conto delle principali sfide attuali e delle linee di sviluppo economico, con particolare attenzione a quelle riguardanti: la transizione ecologica, compresi i trasporti, la mobilità e la logistica; la transizione digitale; le nuove tecnologie per il made in Italy, compreso l'alto artigianato artistico; le nuove tecnologie della vita; i servizi alle imprese e agli enti senza fine di lucro; le tecnologie per i beni e le attività artistiche e culturali e per il turismo; le tecnologie dell'informazione, della comunicazione e dei dati; l'edilizia.

Nel nuovo dispositivo normativo, collegato al PNRR, al fine di promuovere l'occupazione, in particolar modo quella giovanile, e di rafforzare le condizioni per lo sviluppo di un'economia ad alta intensità di conoscenza, in coerenza con i parametri europei, viene istituito il *Sistema Terziario di Istruzione Tecnologica Superiore*, di cui sono parte integrante gli Istituti Tecnici Superiori (ITS) che assumono la denominazione di *Istituti Tecnologici Superiori (ITS Academy)*. I requisiti e gli standard minimi per il riconoscimento e l'accreditamento degli ITS Academy sono stabiliti a livello nazionale da appositi decreti ministeriali (vedi infra - decreto ministeriale n. 191 del 4 ottobre 2023).

Le Regioni, nell'ambito dei rispettivi sistemi di accreditamento e programmazione, recepiscono i requisiti e gli standard minimi nazionali, stabilendo eventuali criteri aggiuntivi, e definiscono le procedure per il riconoscimento e l'accreditamento degli ITS Academy.

Per dodici mesi (modificato a diciassette mesi il 22 aprile 2023), a decorrere dalla data di entrata in vigore della nuova legge, si intendono temporaneamente accreditate al nuovo regime le fondazioni ITS già esistenti, operanti o in procinto di operare in quanto accreditati prima dell'entrata in vigore della nuova legge.

Gli ITS Academy, in fase di accreditamento, devono fare riferimento a un'area tecnologica (con opportuna deroga c'è la possibilità di scegliere anche più di un'area) tra quelle che saranno definite dal Ministro dell'Istruzione, con apposito decreto attuativo a condizione che, nella medesima provincia, non siano già presenti ITS Academy operanti nella medesima area (*vedi infra - decreto ministeriale n. 203 del 20 ottobre 2023*).

Nel quadro del nuovo Sistema Terziario di Istruzione Tecnologica Superiore, agli ITS Academy è affidato il compito di potenziare e ampliare la formazione professionalizzante di tecnici superiori con elevate competenze tecnologiche e tecnico-professionali, nonché promuovere la diffusione della cultura scientifica e tecnologica, l'orientamento permanente dei giovani verso le professioni, l'aggiornamento e la formazione in servizio dei docenti di discipline scientifiche, tecnologiche e tecnico-professionali della scuola e della formazione professionale.

Ai percorsi di istruzione offerti dagli ITS Academy, sulla base della programmazione regionale, possono accedere i giovani e gli adulti in possesso di un diploma di Scuola Secondaria di secondo grado o di un diploma quadriennale di Istruzione e Formazione Professionale (IeFP), unitamente a un *Certificato di Specializzazione Tecnica Superiore* conseguito all'esito dei corsi di Istruzione e Formazione Tecnica Superiore (IFTS).

I percorsi formativi degli ITS Academy si articolano in semestri e sono strutturati in:

a) percorsi formativi biennali, che hanno la durata di quattro semestri, con almeno 1.800 ore di formazione, corrispondenti al quinto livello EQF del Quadro europeo delle qualifiche per l'apprendimento permanente;

b) percorsi formativi triennali, che hanno la durata di sei semestri, con almeno 3.000 ore di formazione, corrispondenti al sesto livello EQF del Quadro europeo delle qualifiche per l'apprendimento permanente corrispondente a quello delle lauree triennali.

Ciascun semestre comprende ore di attività teorica, pratica e di laboratorio. L'attività formativa è svolta per almeno il 60% del monte orario complessivo da docenti, ricercatori ed esperti provenienti dal mondo del lavoro il cui numero non potrà essere inferiore al 50% dell'organico totale. Gli stage aziendali e i tirocini formativi, obbligatori almeno per il 35% della durata del monte orario complessivo, possono essere svolti anche all'estero e sono adeguatamente sostenuti da borse di studio.

I curricoli dei percorsi formativi fanno riferimento a competenze generali, linguistiche, scientifiche e tecnologiche, giuridiche ed economiche, organizzative, comunicative e relazionali di differente livello, nonché a competenze tecnico-professionali riguardanti la specifica figura di tecnico superiore, determinati in relazione agli indicatori dell'Unione europea relativi ai titoli e alle qualifiche. La conduzione scientifica di ciascun percorso formativo è affidata a un Coordinatore tecnico-scientifico o a un Comitato di Progetto, i quali devono essere in possesso di un curriculum coerente con il percorso di competenza.

A tal proposito, nella sezione informativa dell'Europass Diploma Supplement, viene riportato che *i percorsi realizzati dagli ITS Academy sono correlati ad una gamma definita di aree produttive ad alta tecnologia, articolate in ambiti settoriali. Gli ITS Academy costituiscono il segmento di formazione terziaria professionalizzante che risponde alla domanda delle imprese di tecnici con nuove ed elevate competenze tecnologiche per promuovere processi di innovazione e capaci di presidiare e gestire processi organizzativi e produttivi. I percorsi sono basati su standard nazionali di competenze riferiti a:*

- *Competenze linguistiche, comunicative e relazionali, scientifiche, giuridiche ed economiche, organizzative e gestionali, comuni a tutte le figure nazionali di riferimento di tecnico superiore.*

- *Competenze tecnico professionali specifiche per ciascuna figura nazionale di tecnico superiore.*

A conclusione dei percorsi formativi biennali o triennali, coloro che li hanno seguiti con profitto conseguono, previa verifica e valutazione finali condotte da apposite Commissioni di esame, rispettivamente, il Diploma di Specializzazione per le Tecnologie Applicate e il Diploma di Specializzazione Superiore per le Tecnologie Applicate (vedi infra - <u>Decreto Ministeriale n. 88 del 17 maggio 2023</u>).

Le Commissioni di esame sono costituite da rappresentanti della scuola, dell'Università, delle Istituzioni dell'Alta formazione artistica, musicale e coreutica e della ricerca scientifica e tecnologica, nonché da esperti del mondo del lavoro. I diplomi sono validi su tutto il territorio nazionale e costituiscono titolo valido per l'accesso ai pubblici concorsi, nonché titolo per l'accesso ai concorsi per insegnante tecnico-pratico delle scuole secondarie di secondo grado.

Gli anni di studio dei percorsi formativi, biennali o triennali, possono essere riscattati ai fini pensionistici, come pure valgono, per i due percorsi, le agevolazioni fiscali in materia di deducibilità delle rette versate e dei contributi erogati.

Il nuovo dispositivo normativo prevede, con appositi patti federativi tra le parti, raccordi tra il sistema universitario, gli ITS Academy e l'AFAM. Con apposito decreto del MIM di concerto con il Ministro dell'Università e della Ricerca, previa intesa in sede di Conferenza Permanente, saranno definiti i criteri generali e le modalità per i passaggi tra i percorsi formativi degli ITS Academy e i percorsi di laurea a orientamento professionale, e viceversa, con il relativo reciproco riconoscimento dei percorsi formativi e dei crediti universitari formativi, nonché i criteri generali per il riconoscimento dei crediti formativi validi ai fini del tirocinio professionale per l'accesso all'esame di Stato per le professioni di agrotecnico, geometra, perito agrario e perito industriale.

Per far conoscere ai giovani i percorsi degli ITS Academy, sono previste campagne informative, attività di orientamento a partire dalla scuola secondaria di primo grado, anche con l'obiettivo di favorire l'equilibrio di genere nelle iscrizioni a questi percorsi.

Possono, inoltre, essere costituite "*reti di coordinamento di settore e territoriali*", per condividere laboratori e favorire gemellaggi tra fondazioni di Regioni diverse.

Dal punto di vista giuridico, gli ITS Academy, costituiti come Fondazioni (ex art. 14 c.c.), secondo il modello della fondazione di partecipazione, acquistano personalità giuridica (art.1 DPR n.361/2000) mediante iscrizione nel registro delle persone giuridiche istituito presso la prefettura-ufficio territoriale del Governo della provincia nella quale hanno sede. Ciascuna fondazione ITS Academy è amministrata e svolge la propria attività in conformità a quanto previsto nel proprio Statuto e il loro controllo è esercitato dal Prefetto con i poteri previsti dal capo II del titolo II del libro I del Codice civile.

Lo standard organizzativo minimo, per poter costituire una fondazione è il seguente:

a) almeno un istituto di scuola secondaria di secondo grado, statale o paritaria, ubicato nella provincia presso la quale ha sede la fondazione, la cui offerta formativa sia coerente con l'area tecnologica di riferimento dell'ITS Academy;
b) una struttura formativa accreditata dalla Regione, situata anche in una provincia diversa da quella ove ha sede la fondazione;
c) una o più imprese, gruppi, consorzi e reti di imprese del settore produttivo che utilizzano in modo prevalente le tecnologie che caratterizzano l'ITS Academy in relazione alle aree tecnologiche;
d) una Università, o AFAM, o altro Organismo appartenente al sistema universitario operante nell'area tecnologica di riferimento dell'ITS Academy.

Gli organi minimi necessari della Fondazione ITS Academy sono:

a) il Presidente, che ne è il legale rappresentante e che è, di norma, espressione delle imprese fondatrici e partecipanti aderenti alla fondazione;
b) il Consiglio di amministrazione, costituito da un numero minimo di cinque membri, compreso il presidente;
c) l'assemblea dei partecipanti;
d) il comitato tecnico-scientifico, con compiti di consulenza per la programmazione, la realizzazione, il monitoraggio, la valutazione e il periodico aggiornamento dell'offerta formativa e per le altre attività realizzate dall'ITS Academy;
e) il revisore dei conti.

Tutti i soggetti fondatori contribuiscono alla costituzione del patrimonio della fondazione ITS Academy, anche attraverso risorse strutturali e strumentali. Il patrimonio della fondazione ITS Academy è composto:

- dal fondo di dotazione costituito dai conferimenti effettuati dai fondatori;
- dai beni mobili e immobili che pervengono a qualsiasi titolo alla fondazione;

- dalle elargizioni disposte da enti o da privati (donazioni, lasciti, legati, ecc.);
- da contributi attribuiti al patrimonio dall'UE, dallo Stato, da Enti territoriali e da altri Enti pubblici.

Per finanziare la realizzazione dei percorsi formativi, il potenziamento dei laboratori e delle infrastrutture tecnologicamente avanzate, nonché le borse di studio e l'orientamento dei giovani e delle loro famiglie, è stato istituito, presso il Ministero dell'Istruzione, un apposito Fondo stabile, la cui dotazione è di 48.355.436 euro annui a decorrere dal 2022.

Al fine di potenziare il patrimonio delle Fondazione ITS Academy, si applicano le stesse disposizioni vigenti in materia di erogazioni liberali in favore delle scuole del sistema nazionale di istruzione. Per le erogazioni liberali in denaro effettuate in favore delle fondazioni ITS Academy spetta un credito d'imposta nella misura del 30% delle erogazioni effettuate. Qualora l'erogazione sia effettuata in favore di fondazioni ITS Academy operanti nelle provincie in cui il tasso di disoccupazione è superiore a quello medio nazionale, il credito d'imposta è pari al 60% delle erogazioni effettuate.

Presso il Ministero dell'istruzione è istituito il *Comitato nazionale ITS Academy per l'istruzione tecnologica superiore* con compiti di consulenza e proposta, nonché di consultazione delle associazioni di rappresentanza delle imprese, delle organizzazioni datoriali e sindacali, degli studenti e delle fondazioni ITS Academy, al fine di raccogliere elementi sui nuovi fabbisogni di figure professionali di tecnici superiori nel mercato del lavoro. Il Comitato è composto da 12 membri indicati da altrettanti ministeri/dipartimenti ed è presieduto dal membro proposto dal Ministero dell'Istruzione.

In attuazione della legge n. 99/2022, sono stati adottati diversi provvedimenti. Nel capitolo seguente *"Decreti attuativi della Legge n.99/2022"* vengono trattati quelli più significativi per questo percorso di studi.

DECRETI ATTUATIVI DELLA LEGGE CHE ISTITUISCE GLI ITS ACADEMY (L.99/2022)

Fase transitoria

A garanzia del corretto e regolare funzionamento del Sistema terziario di istruzione tecnologica superiore e al fine di orientare e agevolare una corretta e regolare transizione e attuazione delle modifiche apportate in sede di normazione primaria e secondaria, il Consiglio dei ministri, nella riunione del 28 dicembre 2023, avvalendosi dell'art. 3, c.3, del D.Lgs 28 agosto 1997, n. 281, il quale dispone che se un'intesa, espressamente prevista dalla legge non è raggiunta entro trenta giorni dalla prima seduta della Conferenza Stato - Regioni in cui l'oggetto è posto all'ordine del giorno, delibera l'autorizzazione all'adozione del decreto del Ministro dell'Istruzione e del Merito, recante: *Disposizioni in merito alla fase transitoria, della durata di tre anni, dalla data di entrata in vigore della legge 15 luglio 2022, n. 99 - PNRR-M4C1, Riforma 1.2 "Riforma del sistema di formazione terziaria (ITS)"*.

Il decreto del Ministro disciplina la fase transitoria della durata di tre anni a decorrere dal 27 luglio 2022, data di entrata in vigore della sopracitata legge n. 99/2022 e prevede che per l'entrata in vigore dei decreti ministeriali emanati e da emanare, in attuazione della legge n. 99/2022, fatte salve eventuali, differenti, specifiche previsioni ivi contenute, la fase di integrazione dell'efficacia si ritiene compiuta con la relativa pubblicazione integrale sul sito istituzionale del Ministero dell'Istruzione e del Merito.

Decreto Ministeriale n. 87 del 17 maggio 2023

Il decreto ministeriale n. 87 del 17 maggio 2023 disciplina le modalità per la costituzione e il funzionamento del Comitato nazionale ITS Academy (ai sensi dell'art. 10, c. 8 della L. n. 99 del 2022).

Il Comitato nazionale ITS Academy è istituito presso il Ministero dell'istruzione e del merito ed è composto da dodici membri, uno indicato dal Ministero dell'istruzione e del merito, con funzioni di presidente, e gli altri undici da altrettanti ministeri. Altresì, sono membri del Comitato, a tutti gli effetti, tre rappresentanti delle regioni, designati dalla Conferenza delle regioni e delle province autonome assicurando, secondo un principio di rotazione, la rappresentanza delle tre macroaree territoriali del Paese (Nord, Centro, Sud).

L'incarico dei membri del Comitato, compresi i tre rappresentanti delle regioni, ha durata triennale e può essere rinnovato per una permanenza massima non superiore a sei anni.

Il Comitato svolge compiti di consulenza e proposta, nonché di consultazione delle associazioni di rappresentanza delle imprese, delle organizzazioni datoriali e sindacali degli studenti e delle Fondazioni ITS Academy, al fine di raccogliere elementi sui nuovi fabbisogni di figure professionali di tecnici superiori nel mercato del lavoro.

Nell'ambito delle sue funzioni, il Comitato propone:

- le linee generali di indirizzo dei piani triennali di programmazione delle attività formative adottati dalle regioni;

- le direttrici per il consolidamento, il potenziamento e lo sviluppo dell'offerta formativa e del Sistema terziario di istruzione tecnologica superiore;

- aggiorna, con cadenza almeno triennale, le aree tecnologiche e le figure professionali nazionali di riferimento;

- promuove percorsi formativi degli ITS Academy in specifici ambiti territoriali o in ulteriori ambiti tecnologici e strategici;

- stabilisce criteri e modalità per la costituzione di reti di coordinamento di settore e territoriali per lo scambio di buone pratiche, la condivisione di laboratori e la promozione di gemellaggi tra Fondazioni ITS Academy di regioni diverse;

- promuove programmi per la costituzione e lo sviluppo, d'intesa con le regioni interessate, di campus multiregionali, in relazione a ciascuna area tecnologica, e multisettoriali tra ITS Academy di aree tecnologiche e ambiti diversi al fine di migliorare la diffusione della cultura tecnico-scientifica, l'inclusione di genere e l'equilibrio territoriale dell'offerta formativa.

Al fine di promuovere la continuità tra i percorsi di istruzione tecnica e professionale e i percorsi formativi offerti dagli ITS Academy, il Comitato opera in raccordo con l'Osservatorio nazionale per l'istruzione tecnica e professionale. Tale raccordo assume una valenza rilevante nel progetto nazionale di sperimentazione relativo all'istituzione della filiera formativa tecnologico-professionale, in quanto al termine del primo ciclo sperimentale, che include sia il percorso di istruzione e formazione secondaria sia quello terziario negli ITS Academy, la sperimentazione 4+2 è sottoposta a valutazione, anche ai fini del possibile rinnovo del ciclo sperimentale.

Decreto Ministeriale n. 88 del 17 maggio 2023

Il decreto del Ministro dell'istruzione e del merito 17 maggio 2023, n. 88, definisce:

- i criteri e le modalità per la costituzione delle commissioni delle prove di verifica finale delle competenze acquisite da parte di coloro che hanno seguito con profitto i percorsi formativi degli ITS Academy, nonché i compensi spettanti al presidente e ai componenti delle commissioni;

- le indicazioni generali per la verifica finale delle competenze acquisite e per la relativa certificazione, conformata in modo da facilitare la riconoscibilità, in ambito nazionale e dell'Unione europea, dei titoli conseguiti a conclusione dei medesimi percorsi formativi;

- i modelli di diploma di specializzazione per le tecnologie applicate e il diploma di specializzazione superiore per le tecnologie applicate.

Le disposizioni del DM n.88/2023 trovano applicazione per le prove di verifica finale dei percorsi formativi attivati a partire dall'anno formativo 2023/2024.

La commissione d'esame viene costituita con provvedimento del Dirigente dell'Istituto scolastico socio fondatore della Fondazione ITS Academy, ed è così costituita:

- un rappresentante dell'Università o delle istituzioni AFAM o di un ente di ricerca con funzioni di Presidente della commissione d'esame, designato dal Ministero dell'istruzione e del merito (componente esterno).

- un esperto della formazione professionale designato dalla regione nella quale opera l'ITS Academy (componente esterno);

- un rappresentante di un istituto di scuola secondaria di secondo grado, statale o paritario, designato dal dirigente scolastico dell'istituto socio fondatore della Fondazione, individuato tra i docenti di discipline tecnico-professionali in servizio (componente interno);

- due esperti del mondo del lavoro designati dal Comitato tecnico-scientifico dell'ITS Academy:
  - *il primo*, che abbia svolto funzioni di docenza/tutoraggio nel percorso della Fondazione, con almeno tre anni di esperienza nelle imprese dell'area tecnologica e dell'ambito ai quali si riferisce il percorso stesso (componente interno);
  - *il secondo*, individuato nell'ambito dell'area professionale o del settore imprenditoriale di riferimento dell'ITS Academy, che non sia stato coinvolto negli ultimi tre anni nella progettazione o realizzazione o docenza di alcun percorso della Fondazione (componente esterno).

Le prove di verifica finale delle competenze acquisite dalle allieve e dagli allievi a conclusione dei percorsi formativi degli ITS Academy comprendono:

- *una prova scritta*, (punteggio: massimo 30 - minimo 18 punti) volta a valutare conoscenze ed abilità nell'applicazione di principi e metodi scientifici nello specifico contesto tecnologico cui si riferiscono le competenze tecnologiche e tecnico-professionali del percorso dell'ITS Academy.
- *una prova teorico-pratica*, (punteggio: massimo 40 - minimo 24 punti) concernente la trattazione e la soluzione di un problema tecnico-scientifico e due quesiti a risposta sintetica strettamente correlati all'area tecnologica ed ambito di riferimento del percorso formativo.
- *una prova orale*, (punteggio: massimo 30 - minimo 18 punti) concernente la discussione di un progetto di lavoro (project work) sviluppato nel corso del tirocinio formativo e dello stage aziendale svolti all'interno dell'impresa.

La verifica delle competenze si intende positivamente superata quando l'allieva o l'allievo abbia ottenuto almeno il punteggio minimo in ciascuna delle tre prove. Le competenze in esito ai percorsi degli ITS Academy della durata di quattro semestri (2 anni) sono riferibili al V livello del Quadro europeo delle qualifiche per l'apprendimento permanente (EQF), mentre quelle in esito ai percorsi della durata di sei semestri (3 anni) sono riferibili al VI livello EQF.

Al fine di rimuovere le diseguaglianze connesse alla condizione sociale e personale che determinano disparità nell'accesso alla formazione terziaria professionalizzante, nella regolarità degli studi e nei tempi di conseguimento del titolo di studio, le Fondazioni ITS Academy promuovono azioni specifiche di supporto, recupero e inclusione, anche con riferimento alle allieve e agli allievi con disabilità certificata ai sensi della legge 5 febbraio 1992, n. 104, e con disturbi specifici dell'apprendimento certificati ai sensi della legge 8 ottobre 2010, n. 170.

La Fondazione, su richiesta degli allievi, rilascia la certificazione delle competenze complessive acquisite all'interno dei percorsi, ivi comprese quelle acquisite durante i tirocini formativi e l'attività lavorativa svolti al di fuori dei percorsi formativi anche in caso di mancato completamento del percorso formativo o di mancato superamento delle prove di verifica finale. Tali disposizioni trovano applicazione già a partire dalla data di entrata in vigore del decreto, coincidente con la data del 20 giugno 2023.

I diplomi di *specializzazione per le tecnologie applicate* (2 anni) e i diplomi di *specializzazione superiore per le tecnologie applicate* (3 anni) sono validi su tutto il territorio nazionale e costituiscono titolo valido per l'accesso ai pubblici concorsi, ove previsto dai rispettivi bandi, in particolar modo per l'accesso ai concorsi per insegnante teorico-pratico. Le disposizioni concernenti i nuovi modelli di diploma trovano applicazione a partire dall'entrata in vigore del decreto (dal 20.06. 2023).

Per favorire la riconoscibilità e la circolazione, in ambito nazionale e dell'Unione europea, dei titoli conseguiti a conclusione dei percorsi formativi degli ITS Academy, il diploma è corredato da un supplemento predisposto secondo il modello *Europass Diploma Supplement* (allegato n. 3 al DM n. 88/2023).

Qui di seguito, a titolo orientativo, vengono riportati i Modelli del *Diploma di specializzazione per le tecnologie applicate* (allegato n.1 al DM n. 88/2023) e del *Diploma di specializzazione superiore per le tecnologie applicate* (allegato n.2 al decreto 88/2023).

N. ...... del Registro dei diplomi ITS Academy

Ministero dell'Istruzione e del Merito

Istituto Tecnologico Superiore (ITS Academy)

Regione .... " .... " *di* ....

             denominazione ITS Academy   sede (comune e provincia)

Diploma di specializzazione per le tecnologie applicate

ai sensi dell'art. 5, comma 2, lettera a), della legge 15 luglio 2022, n. 99 – "Istituzione del Sistema terziario di istruzione tecnologica superiore"

Area: .... Ambito: ....

Figura: ....

Profilo : ....
(eventuale sintetica indicazione del profilo specifico risultante dalla declinazione della figura a livello territoriale, ai sensi di quanto previsto dal decreto attuativo di cui all'articolo 3, commi 1 e 2, della legge 15 luglio 2022, n. 99)

Livello E.Q.F. Quinto

conferito

a ....

nat... a .... (Prov. ......) il ....

con la seguente votazione complessiva: .... centesimi
                                           (in lettere)
                                    addì ....

Timbro dell'Istituzione scolastica

Il Presidente della Fondazione ITS *Academy*   Il Dirigente Scolastico
                                                                 dell'Istituto scolastico socio fondatore della Fondazione I.T.S.

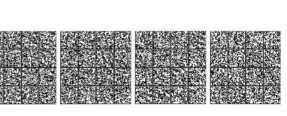

Allegato 2

N. ...... del Registro dei diplomi ITS Academy

Ministero dell'Istruzione e del Merito

Istituto Tecnologico Superiore (ITS Academy)

Regione .... *" di* .... sede (comune e provincia)

" .... "
denominazione ITS Academy

Diploma di specializzazione superiore per le tecnologie applicate

ai sensi dell'art. 5, comma 2, lettera b), della legge 15 luglio 2022, n. 99 – "Istituzione del Sistema terziario di istruzione tecnologica superiore"

Area: .... Ambito: ....

Figura: ....

Profilo: ....
(eventuale sintetica indicazione del profilo specifico risultante dalla declinazione della figura a livello territoriale ai sensi di quanto previsto dal decreto attuativo di cui all'articolo 3, commi 1 e 2, della legge 15 luglio 2022, n. 99)

conferito

a ....

nat... a .... (Prov. ......) il ....

con la seguente votazione complessiva: .... centesimi
(in lettere)
addì ....

Livello E.Q.F. Sesto

Timbro dell'Istituzione scolastica

Il Presidente della Fondazione ITS Academy

Il Dirigente Scolastico
dell'Istituto scolastico socio fondatore della Fondazione I.T.S.

Decreto Ministeriale n. 89 del 17 maggio 2023

Il decreto ministeriale n.89/2023 reca lo schema definito a livello nazionale dello Statuto delle Fondazioni ITS Academy (ai sensi dell'art. 4, comma 3 della L. n. 99 del 2022).
La conformità dello Statuto di ciascuna Fondazione allo schema definito dal decreto ministeriale n.89/2023 costituisce *standard minimo di organizzazione* per assicurare il funzionamento degli ITS Academy in tutto il territorio nazionale secondo criteri generali che rispondono alle norme vigenti e agli obiettivi della legge n. 99/2022.

I *soggetti fondatori* delle Fondazioni ITS Academy, quale standard organizzativo minimo, sono i seguenti:

- almeno un istituto di scuola secondaria di secondo grado, statale o paritaria, ubicato nella provincia presso la quale ha sede la Fondazione, la cui offerta formativa sia coerente con l'area tecnologica di riferimento dell'ITS Academy;

- una struttura formativa accreditata dalla regione, situata anche in una provincia diversa da quella ove ha sede la fondazione;

- una o più imprese, gruppi, consorzi e reti di imprese del settore produttivo che utilizzano in modo prevalente le tecnologie che caratterizzano l'ITS Academy;

- una Università, o una istituzione AFAM, o un dipartimento universitario o un altro organismo appartenente al sistema universitario della ricerca scientifica e tecnologica, ovvero un ente di ricerca, pubblico o privato, o un istituto di ricovero e cura a carattere scientifico.

Ciascuna Fondazione ITS Academy stabilisce nel proprio **Statuto** i requisiti di partecipazione, le modalità di verifica dei medesimi requisiti, la procedura di ammissione, i limiti e la natura dei rapporti tra i partecipanti nonché i diritti e gli obblighi ad essi connessi e le eventuali incompatibilità.

Gli organi minimi necessari della Fondazione ITS Academy sono:
- il Presidente che ne è il legale rappresentante e che è, di norma, espressione delle imprese fondatrici e partecipanti aderenti alla Fondazione;

- il Consiglio di amministrazione, costituito da un numero minimo di cinque membri, compreso il presidente;

- l'assemblea dei partecipanti;

- il comitato tecnico-scientifico, con compiti di consulenza per la programmazione, la realizzazione, il monitoraggio, la valutazione e il periodico aggiornamento dell'offerta formativa e per le altre attività realizzate dall'ITS Academy;

- il revisore dei conti.

Il ruolo di presidente della Fondazione e di dirigente scolastico dell'istituto di scuola secondaria di secondo grado, statale o paritaria, socio fondatore della Fondazione, sono tra loro incompatibili.

Le disposizioni del suddetto decreto e del relativo allegato trovano immediata applicazione a partire dalla sua entrata in vigore, ovvero a partire dal 10 luglio 2023, pertanto, tutte le Fondazioni ITS Academy che si costituiranno dopo tale data dovranno rispettare quanto previsto nel sopracitato decreto.

Le Fondazioni costituite prima del 10 luglio 2023 sono tenute a rivedere e adeguare i propri Statuti, in conformità alle disposizioni del nuovo decreto e del suo allegato, entro 12 mesi, ovvero entro il 10 luglio 2024. L'aggiornamento statutario assicura il rispetto delle normative vigenti e la regolarità operativa. Nel frattempo, al fine di garantire una transizione ordinata e senza interruzioni nella gestione e nel governo delle Fondazioni, le Giunte esecutive possono prorogare la durata degli organi previgenti fino alla nomina e al pieno funzionamento dei nuovi organi.

Decreto Ministeriale n. 191 del 4 ottobre 2023

Il decreto ministeriale n. 191 del 4 ottobre 2023 definisce i requisiti e gli standard minimi per il riconoscimento e l'accreditamento degli Istituti Tecnologici Superiori (ITS Academy), nonché dei presupposti e delle modalità per la sospensione e la revoca dell'accreditamento (ai sensi dell'art. 7, commi 1 e 2, e dell'art. 14, commi 1, 2 e 6 della L. n. 99 del 2022).

Le disposizioni del decreto n.191/2023 si applicano a partire dalla sua entrata in vigore, ovvero, a decorrere dal 19 ottobre 2023 e a partire da tale data, per un periodo transitorio pari a tre anni, si intendono temporaneamente accreditate:

a) le fondazioni ITS Academy già accreditate entro il 31 dicembre 2019;

b) le fondazioni ITS Academy accreditate tra il 31 dicembre 2019 e il 27/07/2022 che abbiano almeno un percorso attivo con un numero di iscritti non inferiore al 50% della media nazionale degli iscritti ai medesimi percorsi e che dispongano di sedi e laboratori anche in via non esclusiva;

c) le fondazioni ITS Academy per le quali sia intervenuta almeno l'iscrizione nel registro delle persone giuridiche entro il 30 giugno 2023.

Le fondazioni ITS Academy di cui alle lettere a) e b), che alla data di entrata in vigore della legge 15 luglio 2022, n. 99 fanno già riferimento a più di un'area tecnologica, sono temporaneamente autorizzate a continuare a far riferimento a tali aree per diciassette mesi a decorrere da tale data, ovvero a partire dal 27/07/2022.

Le Fondazioni ITS Academy non rientranti nelle tre lettere a), b), c), ai fini dell'accreditamento, dovranno rispettare tutti i requisiti e le procedure previste dal decreto n.191/2023.

A tal proposito, le Regioni, entro 90 giorni dall'entrata in vigore del decreto ministeriale n. 191 del 4 ottobre 2023, ovvero entro 90 giorni a partire dal 19 ottobre 2023:

- recepiscono, i requisiti e gli standard minimi di accreditamento degli ITS Academy, definiti dal suddetto decreto, stabilendo eventuali criteri aggiuntivi;
- definiscono le procedure per il riconoscimento, l'accreditamento e per la sua eventuale sospensione e/o revoca;
- nell'esercizio della propria competenza esclusiva in materia di programmazione dell'offerta formativa, prevedono, nell'ambito di piani territoriali triennali di intervento, la costituzione degli ITS Academy con riferimento alle aree tecnologiche stabilite a livello nazionale e ai rispettivi ambiti di articolazione.
- in risposta alla programmazione triennale finanziata sia con risorse regionali che ministeriali, predispongono avvisi, secondo le procedure e i criteri da esse definiti, ai quali i soggetti che vogliono costituire l'ITS Academy, c.d. soggetti fondatori, rispondono presentando una proposta progettuale triennale relativa a uno o più percorsi formativi di istruzione tecnologica superiore.

- procedono alla selezione delle candidature secondo le procedure e i criteri da esse definiti.

Costituiscono standard minimi di accreditamento i seguenti requisiti:
- requisiti di solidità finanziaria ed organizzativa;
- requisiti di onorabilità e affidabilità del soggetto giuridico;
- requisiti relativi alle risorse infrastrutturali, logistiche e strumentali;
- requisiti relativi alle risorse umane e professionali.

A seguito dell'approvazione della candidatura progettuale, i soggetti fondatori avviano l'iter per la costituzione della Fondazione attraverso un atto pubblico notarile, di cui lo statuto, redatto sulla base dello schema definito a livello nazionale (vedi il paragrafo Decreto ministeriale n. 89 del 17 maggio 2023), costituisce parte integrante.

Il riconoscimento delle Fondazioni, presupposto ai fini dell'accreditamento quale ITS Academy avviene, in forza della conclusione del suddetto iter costitutivo e con l'acquisizione della personalità giuridica mediante iscrizione nel registro delle persone giuridiche istituito presso la prefettura-ufficio territoriale del Governo della provincia nella quale si ha sede. Da quel momento le fondazioni accedono al Sistema terziario di istruzione tecnologica superiore e possono utilizzare la denominazione ITS Academy.

Le regioni verificano, con cadenza almeno triennale e secondo i criteri e le procedure da esse stabiliti, il mantenimento dei requisiti per l'accreditamento degli ITS Academy ad operare sulle aree tecnologiche di riferimento.

Le fondazioni ITS Academy accreditate sono sottoposte a sospensione dell'accreditamento nelle seguenti ipotesi:

a) mancata comunicazione di variazioni intervenute su proprie caratteristiche aventi effetto sui requisiti dell'accreditamento;
b) evidenze di irregolarità e/o non piena conformità rispetto ai requisiti minimi previsti dal presente decreto;
c) coinvolgimento della Fondazione in fatti che possono arrecare pregiudizio nei confronti dell'utenza e/o accertamento di inadempienze inerenti la corretta informazione degli utenti;
d) rischio fondato di un utilizzo non corretto delle risorse pubbliche ricevute.

In caso di sospensione, l'irregolarità riscontrata viene comunicata alla Fondazione ITS Academy e contestualmente al Ministero dell'istruzione e del Merito. Contestualmente, le regioni assegnano alla Fondazione un termine perentorio, compreso fra i trenta e i novanta giorni, per presentare osservazioni e sanare, ove possibile, la situazione di irregolarità.

La Fondazione ITS Academy è, comunque, tenuta alla prosecuzione delle attività formative in corso di svolgimento fino alla loro conclusione, a garanzia del completamento dei percorsi formativi già intrapresi.

Se la Fondazione ITS Academy non risolve le non conformità, le irregolarità e/o le inadempienze che hanno causato la sospensione entro il termine, essa incorre nella revoca dell'accreditamento.

Alla revoca consegue la perdita dell'abilitazione al rilascio dei diplomi e della possibilità di accedere al sistema di finanziamento, nonché la possibilità di utilizzare la denominazione «ITS Academy» e di attivare percorsi formativi rientranti nell'ambito del Sistema terziario di istruzione tecnologica superiore. A garanzia del completamento dei percorsi formativi da parte delle allieve e degli allievi cui manchino non più di due semestri alla conclusione del percorso, le attività formative proseguono sino alla loro conclusione, purché le difformità riscontrate e legittimanti il provvedimento di revoca non siano tali da compromettere il corretto svolgimento dell'attività formativa.

Nell'ipotesi di effettiva revoca dell'accreditamento, la Fondazione non può presentare una nuova domanda di accreditamento nei dodici mesi successivi al provvedimento di revoca.

Decreto Ministeriale n. 203 del 20 ottobre 2023

Ciascun ITS Academy si caratterizza per il riferimento a una specifica area tecnologica tra quelle individuate con decreto del Ministro dell'istruzione e del Merito. Fino all'adozione del suddetto decreto, ciascun ITS Academy è caratterizzato dal riferimento a una delle 6 aree tecnologiche di cui al DPCM 25 gennaio 2008.

Nella fattispecie, il *decreto 20 ottobre 2023, n. 203,* nel rispetto delle competenze esclusive delle Regioni in materia di programmazione triennale dell'offerta formativa e delle priorità definite nei rispettivi documenti di programmazione economica, individua, in relazione ai percorsi formativi di ciascun ITS Academy:

- le aree tecnologiche di riferimento;
- le figure professionali nazionali di riferimento, in relazione a ciascuna area tecnologica e agli eventuali ambiti in cui essa si articola a livello nazionale;
- gli standard minimi delle competenze tecnologiche e tecnico-professionali in relazione a ciascuna figura professionale e agli eventuali profili in cui essa si articola, classificati in termini di macro-competenze in esito;
- i diplomi rilasciati a conclusione dei percorsi formativi.

Fatto salvo il completamento dei percorsi formativi già avviati, le disposizioni del suddetto decreto si applicano a partire dall'anno formativo 2024-2025.

Nelle more del recepimento, da parte delle regioni, di quanto disposto nel sopracitato decreto n. 203/2023, nei propri piani territoriali, le Fondazioni ITS Academy confluiscono nelle nuove aree tecnologiche e nei rispettivi ambiti di articolazione secondo quanto previsto nella tabella di confluenza (allegato 3 del decreto n. 203/2023)

Gli ITS Academy, al fine di rispondere alle principali sfide nel campo delle politiche di sviluppo industriale e tecnologico e della riconversione ecologica, nonché per soddisfare i bisogni formativi, scientifici, tecnologici e tecnico-professionali richiesti dal mondo del lavoro, possono realizzare i propri percorsi formativi facendo riferimento alle seguenti aree tecnologiche:

1) Energia;
2) Mobilità sostenibile e logistica;
3) Chimica e nuove tecnologie della vita;
4) Sistema agroalimentare;
5) Sistema casa e ambiente costruito;
6) Meccatronica;
7) Sistema moda;
8) Servizi alle imprese e agli enti senza fini di lucro;
9) Tecnologie per i beni e le attività artistiche e culturali e per il turismo;
10) Tecnologia dell'informazione, della comunicazione e dei dati.

Le 10 aree tecnologiche rappresentano settori chiave per una formazione che mira a preparare gli studenti a entrare efficacemente nel mercato del lavoro moderno, dotandoli delle competenze e delle conoscenze necessarie per rispondere alle esigenze attuali e future del mondo produttivo permeato sempre di più dalle nuove tecnologie.

Gli studenti che intraprendono percorsi formativi negli ITS Academy sono incoraggiati a "*dominare*" la tecnologia, nel senso di acquisire una profonda comprensione e padronanza delle competenze tecniche e tecnologiche. Questo approccio mira a far sì che essi diventino attori proattivi e competenti nel campo tecnologico, piuttosto che semplici utilizzatori passivi o soggetti alla rapida evoluzione tecnologica. Essenzialmente, l'obiettivo è di formare individui capaci non solo di utilizzare la tecnologia in modo efficace, ma anche di innovare, contribuire allo sviluppo tecnologico e adattarsi ai cambiamenti in un mondo in continua evoluzione.

A partire dall'anno formativo 2024-2025, gli ITS Academy possono fare riferimento alle 10 aree tecnologiche e ai rispettivi ambiti di articolazione. Ciascun ITS Academy si caratterizza per il riferimento a una specifica area tecnologica, a condizione che, nella medesima provincia, o nella medesima città metropolitana, non siano già presenti ITS Academy operanti nella medesima area, altresì potrà fare riferimento a più di un'area tecnologica, a condizione che nelle medesime aree non operino altri ITS Academy situati nella medesima regione. In entrambi i casi, eventuali deroghe possono essere, comunque, stabilite d'intesa fra il Ministero dell'Istruzione e del Merito e la Regione interessata, sulla base dei criteri che sono stati definiti nel decreto ministeriale n. 217 del 15 novembre 2023.

Nella tabella sono riportate le 10 aree tecnologiche con i rispettivi ambiti di articolazione:

Area tecnologica	Ambito di articolazione
1. Energia	1.1 Approvvigionamento e generazione di energia sostenibile
	1.2 Efficienza energetica nei processi, negli impianti e nelle costruzioni
	1.3 Sostenibilità energetica nell'ambiente e nell'economia circolare
2. Mobilità Sostenibile e logistica	2.1 Mobilità delle persone e delle merci
	2.2 Efficientamento, produzione e manutenzione di mezzi di trasporto e/o relative infrastrutture
	2.3. Gestione infomobilità e infrastrutture logistiche
3. Chimica e nuove tecnologie della vita	3.1 Biotecnologie industriali e ambientali
	3.2 Produzione di apparecchi, dispositivi diagnostici e biomedicali
4. Sistema Agroalimentare	4.1 Agroalimentare
5. Sistema Casa e ambiente costruito	5.1 Sistema Casa
6. Meccatronica	6.1 Sviluppo e innovazione del processo e del prodotto
	6.2 Automazione e integrazione della produzione industriale e dei sistemi meccatronici
	6.3 Customizzazione del prodotto e gestione tecnica delle commesse
7. Sistema Moda	7.1 Moda
8. Servizi alle imprese e agli enti senza fine di lucro	8.1 Servizi alle imprese
9. Tecnologie per i beni e le attività artistiche e culturali e per il turismo	9.1 Turismo e attività culturali
	9.2 Beni culturali e artistici
10. Tecnologie dell'informazione, della comunicazione e dei dati	10.1 Architetture software e Data Management
	10.2 Architetture e Sistemi
	10.3 Trasformazione digitale
	10.4 Contenuti digitali e creativi

Decreto ministeriale n. 217 del 15 novembre 2023

Il decreto ministeriale n. 217 del 15 novembre 2023 definisce i criteri:

1. per autorizzare un ITS Academy ad operare in un'area tecnologica, tra quelle individuate a livello nazionale, anche se, nella medesima provincia o nella medesima città metropolitana, siano presenti ITS Academy operanti nella medesima area;

2. per autorizzare un ITS Academy ad operare su più di un'area tecnologica anche se nella medesima regione siano presenti altri ITS Academy che operano nella medesima area.

L'autorizzazione relativa al punto 1 si ha in presenza delle seguenti condizioni concomitanti:

a) popolazione residente nel territorio provinciale o della città metropolitana non inferiore a ottocentomila abitanti;

b) precise e documentate esigenze della filiera produttiva di riferimento dell'ITS Academy, emerse in sede di istruttoria regionale.

L'autorizzazione relativa al punto 2 si ha in presenza delle seguenti condizioni concomitanti:

a) elevato fabbisogno occupazionale di determinate figure di tecnici superiori che emerga dalle principali indagini ufficiali relative al mercato del lavoro;

b) precise e documentate esigenze della filiera produttiva di riferimento dell'ITS Academy, emerse in sede di istruttoria regionale;

c) impegno a incrementare prima dell'accreditamento la consistenza patrimoniale della Fondazione ITS Academy per ogni area tecnologica ulteriore rispetto a quella primaria di riferimento

Decreto ministeriale n. 227 del 30 novembre 2023

Il Decreto ministeriale n. 227 del 30 novembre 2023 definisce i criteri e le modalità relativi alla costituzione dell'Anagrafe nazionale dell'istruzione riguardante gli studenti iscritti ai percorsi degli ITS Academy, prevedendo, altresì, l'inserimento dei corrispondenti dati nell'ambito di una apposita sezione dell'Anagrafe Nazionale dell'Istruzione.

> L'Anagrafe Nazionale dell'Istruzione (ANIST) istituita dall'articolo 62-quater del Codice dell'Amministrazione Digitale (D. Lgs, n. 82/2005), subentra, per tutte le finalità previste dalla normativa vigente, alle anagrafi e alle banche di dati degli studenti, dei docenti, del personale ATA, delle istituzioni scolastiche e degli edifici scolastici, anche istituite a livello regionale, provinciale e locale per le medesime finalità, che mantengono la titolarità dei dati di propria competenza e ne assicurano l'aggiornamento).
>
> L'ANIST è costantemente allineata con Anagrafe Nazionale della Popolazione Residente (ANPR) per quanto riguarda i dati degli studenti e delle loro famiglie, dei docenti e del personale ATA, ed è costantemente alimentata con i dati relativi al rendimento scolastico degli studenti attraverso l'interoperabilità con i registri scolastici.

Nel decreto ministeriale in esame sono indicate inoltre le finalità della Sezione ITS Academy dell'ANIST e la tipologia dei dati in essa contenuti, le banche dati di interesse nazionale con cui i dati contenuti nella Sezione ITS Academy di ANIST si allineano o con le quali la medesima anagrafe interagisce, le modalità di alimentazione, i soggetti che potranno accedervi, i ruoli ai fini del trattamento dei dati personali e le principali garanzie e misure di sicurezza.

Con la costituzione della Sezione ITS Academy dell'ANIST, ai soggetti che potranno accedervi, si intende garantire:

a) la disponibilità dei dati al singolo ITS Academy per lo svolgimento delle funzioni di propria competenza, con particolare riferimento alla finalità di certificazione;

b) l'automazione delle procedure di iscrizione on-line agli ITS;

c) il riconoscimento nell'Unione europea e all'estero dei titoli di studio, attraverso tecnologie idonee a garantire l'autenticità dei titoli medesimi;

d) lo svolgimento delle funzioni di propria competenza del Ministero dell'Istruzione e del Merito (tra cui la realizzazione delle attività di valutazione e monitoraggio; il sostegno alla qualificazione del Sistema terziario di istruzione tecnologica superiore, anche al fine di prevenire e contrastare la dispersione formativa e agevolare l'inserimento nel mondo del lavoro; la rilevazione degli esiti occupazionali degli studenti avvalendosi dei dati aggregati comunicati dal Sistema informativo statistico-SISCO del Ministero del lavoro e delle politiche sociali)

e) la quantificazione delle risorse finanziarie da destinare alla realizzazione dei percorsi formativi degli ITS Academy, mediante l'utilizzo, da parte delle Regioni, di dati previamente aggregati dal Ministero.

Nella Sezione ITS Academy di ANIST sono contenuti:

a) dati anagrafici relativi al nome, al cognome, al codice fiscale dello studente e, ove attribuito ai sensi di legge, all'ID ANPR (Identificativo Unico Nazionale attribuito ad ogni cittadino italiano all'atto della sua iscrizione in anagrafe e conseguente registrazione nell'ANPR);

b) dati relativi al percorso di studi e ai punteggi complessivi delle prove anche conclusive degli studenti;

c) dati relativi all'ITS di appartenenza degli studenti, ivi comprese le informazioni relative al codice meccanografico e alla sede;

d) dati relativi ai titoli conseguiti dagli studenti;

e) dati relativi agli esiti occupazionali degli studenti iscritti e dei diplomati, derivanti dalle Comunicazioni Obbligatorie - SISCO - del Ministero del lavoro e delle politiche sociali;

L'alimentazione della Sezione ITS Academy di ANIST sarà effettuata dai singoli ITS Academy con le stesse modalità e procedure previste per l'Anagrafe Nazionale dell'Istruzione.

Il trattamento dei dati personali sarà conforme alla disciplina vigente in materia di protezione dei dati personali e, in particolare, ai principi di liceità, correttezza, trasparenza, limitazione delle finalità, limitazione della conservazione e minimizzazione, come previsto dal GDPR.

I relativi requisiti di sicurezza che saranno implementati dovranno garantire:

a) l'integrità e la riservatezza dei dati;
b) la sicurezza del sistema e degli accessi;
c) il tracciamento delle operazioni effettuate.

Inoltre, i dati personali oggetto di trattamento non saranno in alcun caso trasferiti fuori dallo Spazio economico europeo, se non nelle forme e secondo le modalità previste dal GDPR.

Banca dati nazionale

Le funzioni e i compiti della Banca dati nazionale, di cui all'art. 13 del DPCM 25 gennaio 2008, sono adeguati, come previsto dall'art. 12 della Legge n.99/2022, con decreto del Ministro: nella fattispecie con il Decreto ministeriale in esame (DM n. 227 del 30 novembre 2023). Pertanto, fatti i dovuti adeguamenti, introdotti ai fini di un raccordo funzionale con la Sezione ITS Academy dell'ANIST, la Banca dati nazionale contiene:

- i dati generali relativi alle Fondazioni ITS Academy (dati identificativi, contatti, area tecnologica e documentazione);

- i dati quantitativi e qualitativi relativi ai percorsi formativi e alle attività realizzate dalle Fondazioni ITS Academy (dati generali, struttura del percorso, costi, utenze del percorso, approcci metodologici, modalità e strumenti di verifica delle competenze, customer);

- i dati generali relativi al perimetro di competenza delle Fondazioni ITS Academy ed alla Rete di partenariato (ragione sociale/denominazione ente, ruolo e tipologia degli istituti di istruzione superiore, archivio documentale, risorse umane).

Tali dati, contenuti nella Banca dati nazionale, sono funzionali allo svolgimento dell'attività di monitoraggio e di valutazione da parte del Ministero dell'Istruzione e del Merito, con il supporto di INDIRE. Le attività includeranno l'utilizzo dei dati provenienti dalla Sezione ITS Academy di ANIST, garantendo così una gestione e analisi dettagliate ed efficaci delle informazioni riguardanti gli studenti iscritti ai percorsi degli ITS Academy.

PCTO (EX ALTERNANZA SCUOLA LAVORO)

Dall'ASL ai PCTO: sviluppo storico

L'Alternanza Scuola Lavoro (ASL) venne introdotta dal Ministro Moratti nel 2003 (Legge 53/2003). Essa non costituisce un rapporto individuale di lavoro (art. 4 c.1 lettera a), è infatti un'attività formativa, dove l'esperienza lavorativa è oggetto di riflessione critica per lo studente, un modo per trasformare in competenze le conoscenze e le abilità previste dal proprio indirizzo di studi, qualunque esso, sia tecnico o professionale o liceale. Il successivo Decreto legislativo n. 77/2005 definisce l'ASL come metodologia didattica volta a consentire agli studenti di realizzare l'intera formazione dai 15 ai 18 anni, o parte di essa, attraverso l'alternanza di periodi di studio e di lavoro, sotto la responsabilità dell'istituzione scolastica o formativa (è in questo decreto la vera essenza, lo spirito dell'ASL).

Nel 2010, la "Riforma Gelmini" con i DPR 87-88, relativi rispettivamente ai Professionali e ai Tecnici, dà un ulteriore impulso all'Alternanza Scuola Lavoro evidenziandone la valenza laboratoriale, formativa e orientativa. In particolare, la metodologia dell'ASL viene indicata come strumento didattico per il conseguimento di apprendimenti utili per la realizzazione dei percorsi di studio e per l'inserimento nel mondo del lavoro.

Nel 2013, il Decreto Legge n.104/2013, implementa l'istituto dell'Alternanza, attraverso l'adozione di un Regolamento ministeriale (ai sensi dell'articolo 17, comma 2, della legge 23 agosto 1988, n. 400, e successive modificazioni), concernente la definizione dei diritti e dei doveri degli studenti dell'ultimo biennio della scuola secondaria di secondo grado impegnati nei percorsi di formazione (di cui all'articolo 4 della legge 28 marzo 2003, n. 53, come definiti dal decreto legislativo 15 aprile 2005, n. 77). Sarà il Decreto Ministeriale n. 195/2017 a definire la Carta dei diritti e dei doveri degli studenti coinvolti nei percorsi di Alternanza Scuola Lavoro (di cui al d.lgs. 77/2005) e le modalità di applicazione delle disposizioni in materia di tutela della salute e della sicurezza nei luoghi di lavoro (di cui al d.lgs. 9 aprile 2008, n. 81, e successive modificazioni).

A partire dall'A.S. 2015/16, la Legge 107/2015 cd "La Buona Scuola", al fine di incrementare le opportunità di lavoro e le capacità di orientamento degli studenti, ha reso obbligatori i percorsi di ASL, quantificando il minimo numero di ore per ogni tipo di scuola. Nei Tecnici e nei Professionali, erano previste 400 ore corrispondenti a 10 settimane mentre nei Licei 200 ore corrispondenti a 5 settimane. Tale attività doveva essere distribuita nell'arco dell'ultimo triennio (secondo biennio e quinto anno) e diventava requisito necessario per l'ammissione agli esami di Stato.

Il testo normativo, facente riferimento ai percorsi di cui al citato D.lgs. 77/2005, prevedeva, inoltre:

- l'ampliamento delle tipologie di strutture ospitanti;
- la possibilità di svolgimento dei percorsi durante la sospensione delle attività didattiche, con la modalità dell'impresa formativa simulata, o anche all'estero;
- lo stanziamento di apposite risorse da destinare alle istituzioni scolastiche per la realizzazione dei percorsi;
- la formazione, a cura delle scuole, degli studenti in materia di tutela della salute e della sicurezza nei luoghi di lavoro.

A decorrere dall'anno scolastico 2015/2016, la legge 107/2015 ha istituito presso le Camere di Commercio, Industria, Artigianato e Agricoltura, il *Registro nazionale per l'alternanza scuola-lavoro*. Il registro consta di due componenti:

- un'area liberamente consultabile in cui c'è l'elenco delle imprese e degli enti pubblici e privati disponibili a svolgere i PCTO.
- una sezione speciale del registro che include le informazioni dettagliate sulle imprese che aderiscono all'iniziativa.

Le due componenti del registro nazionale dei PCTO si presentano con una struttura chiara e organizzata per le scuole, consentendo loro di individuare facilmente le imprese e gli enti disponibili a ospitare gli studenti per i PCTO. L'area consultabile fornisce informazioni essenziali come il numero massimo di studenti ammissibili e i periodi in cui è possibile svolgere i PCTO, semplificando il processo di ricerca e selezione delle opportunità per gli studenti.

La sezione speciale del registro, che include le informazioni dettagliate sulle imprese che aderiscono all'iniziativa, è particolarmente utile per le scuole nell'individuare le aziende che meglio si adattano alle esigenze formative degli studenti. Le informazioni fornite, come le capacità strutturali, tecnologiche e organizzative dell'impresa, l'esperienza pregressa nei PCTO ed eventuali collaborazioni con altre entità coinvolte nei PCTO, aiutano le scuole a fare scelte informate e a garantire un'esperienza significativa e formativa per gli studenti.

Nel 2016, il D.lgs. n. 219/2016 ha definito in maniera chiara i compiti delle Camere di commercio, con l'obiettivo di focalizzarne l'attività sui servizi alle imprese. Tra le altre, la tenuta e gestione del Registro delle imprese, l'orientamento al lavoro e alle professioni e alternanza scuola-lavoro, nonché le attività oggetto di convenzione con soggetti pubblici e privati.

Nel 2017, il D.Lgs n.62/2017, in attuazione delle deleghe della L. 107/2015, stabilisce che:
- l'ammissione all'esame di Stato è disposta, in sede di scrutinio finale, dal Consiglio di classe, che ammette il *candidato interno* in possesso, tra gli altri, del requisito dello svolgimento dell'attività di Alternanza Scuola Lavoro secondo quanto previsto dall'indirizzo di studio (come detto sopra, 200 ore per i licei, 400 ore per gi istituti tecnici e per i professionali);

- per i *candidati esterni* l'ammissione all'esame di Stato è subordinata allo svolgimento di attività assimilabili all'Alternanza Scuola Lavoro;

L'art. 17 del decreto 62/2017 prevede che nell'ambito del colloquio il candidato esponga, mediante una breve relazione e/o un elaborato multimediale, l'esperienza ASL svolta nel percorso di studi. Al fine di agevolare il lavoro delle commissioni d'esame, il Consiglio di classe, nella redazione del documento finale del 15 maggio ("*Documento del Consiglio di Classe*") illustra e descrive le attività svolte nell'ambito dell'ASL, allegando eventuali atti e certificazioni relative a tali percorsi. Le commissioni, pertanto, terranno conto dei contenuti del documento finale, sia nella conduzione del colloquio, sia, per gli indirizzi dell'istruzione professionale, nella predisposizione della seconda parte della seconda prova scritta.

Nel 2018, la Legge n. 145/2018 (Legge di Bilancio 2019) ha cambiato il nome dell'Alternanza Scuola Lavoro (ASL) in *Percorsi per le Competenze Trasversali e per l'Orientamento (PCTO)* e, a decorrere dall'anno scolastico 2018/2019, con effetti dall'esercizio finanziario 2019, ha ridotto il numero delle ore obbligatorie da sostenere nell'arco di un triennio (secondo biennio e quinto anno):

- non inferiore a 210 ore nel triennio terminale del percorso di studi degli istituti professionali;
- non inferiore a 150 ore nel secondo biennio e nell'ultimo anno del percorso di studi degli istituti tecnici;
- non inferiore a 90 ore nel secondo biennio e nel quinto anno dei licei.

Le istituzioni scolastiche, nell'ambito della propria autonomia, in ragione della programmazione attuata, possono adottare un numero di ore superiore a detti limiti.

Il Decreto Milleproroghe 2018, nello specifico il Decreto Legge n.91/2018, convertito con modificazioni dalla Legge 108/2018, ha decretato che l'ASL non è requisito di ammissione agli esami di Stato per l'anno scolastico 2018/19 (Ministro Bussetti). L'obbligo viene prorogato all'a.s. 2019/2020, in attesa di nuove disposizioni. A tal proposito, la nota MIUR n.2197 del 25 novembre 2019, relativamente ai requisiti di ammissione dei candidati interni previsti dall'art. 13, comma 2, del d.lgs. n° 62/2017 precisa che, non essendo intervenuto un ulteriore differimento annuale (così come era stato disposto per l'a.s. 2018/2019), tutti i requisiti ivi previsti trovano piena applicazione per l'a.s. 2019/20 (Ministro Fioramonti). Pertanto, dovrà essere verificato, ai fini dell'ammissione dei candidati interni all'esame di Stato 2020, oltre al requisito della frequenza scolastica e del profitto scolastico, anche il requisito dello svolgimento delle attività programmate nell'ambito dei Percorsi per le Competenze Trasversali e l'Orientamento, secondo il monte ore previsto dall'indirizzo di studi. (La stessa nota ricorda l'obbligo della partecipazione, durante l'ultimo anno di corso, alle prove a carattere nazionale predisposte dall'INVALSI, anch'esse prorogate all'a. s. 2019/2020).

La pandemia ha reso molto complicato il regolare svolgimento dei Percorsi per le Competenze Trasversali e per l'Orientamento (PCTO), per i quali le norme vigenti stabiliscono un monte ore complessivo non inferiore a 210 ore negli istituti professionali, a 150 ore negli istituti tecnici, a 90 ore nei licei.

Conseguenzialmente allo stato emergenziale dovuto alla pandemia da Covid-19, il Decreto Legge 8 aprile 2020, n.22 dispone che per l'a.s. 2019/20 lo svolgimento dei Percorsi per le Competenze Trasversali e per l'Orientamento non è un requisito determinante per l'ammissione, fermo restando che nell'ambito del colloquio il candidato possa esporre, mediante una breve relazione e/o un elaborato multimediale, l'esperienza PCTO svolta nel percorso di studi sulla base del percorso personale.

Negli anni scolastici 2022/2023 e 2023/2024, specifici emendamenti ai decreti Milleproroghe hanno disposto che lo svolgimento dei PCTO non è requisito per l'ammissione agli Esami di Stato.

Probabilmente la stessa disposizione sarà replicata anche per gli anni successivi, fin tanto che non sarà modificato l'art. 13, c.2, lett. c, del D.Lgs n.62/2017 che disciplina l'ammissione dei candidati interni agli Esami di Stato.

Nel nuovo contesto normativo, oltre al nome, da ASL a PCTO, cambia anche la sostanza; infatti, si evidenzia una forte rilevanza delle finalità *orientative* dei percorsi e l'obiettivo di far acquisire ai giovani in via prioritaria le *competenze trasversali* utili alla loro futura occupabilità. A fronte di tali elementi di forte innovazione, rimangono immutati alcuni punti chiave finalizzati a instaurare e rafforzare il collegamento tra scuola e mondo del lavoro, in quanto:

- la Legge di Bilancio 2019, pur ri-denominando i percorsi di alternanza in "PCTO", fa riferimento ai principi fondamentali del D.Lgs. 77/2005;

- è confermata la possibilità di realizzare i percorsi anche durante il periodo di sospensione dell'attività didattica, in impresa formativa simulata e all'estero, disposizioni introdotte dalla Legge 107/2015;

- Rimangono in vigore la "*Carta dei diritti e dei doveri degli studenti*" e il *Registro Nazionale* previsti dalla legge 107/2015, compresi i meccanismi di individuazione delle strutture ospitanti da parte dei dirigenti scolastici;

Sin dall'inizio, dal D.Lgs 77/2005, la sfida dell'Alternanza Scuola Lavoro è stata quella di intendere il mondo del lavoro come un vero ambiente di apprendimento ed è bene precisare che l'alternanza non è una pratica finalizzata all'addestramento del ragazzo o alla semplice "*messa in pratica*" di nozioni già apprese, essa si caratterizza per "*l'equivalenza formativa*".

Lo scopo dell'ASL prima, e dei PCTO oggi, è quello di promuovere apprendimenti e sviluppare competenze trasversali in un ambiente di apprendimento diverso da quello dell'aula, caratterizzato dalla concretezza delle situazioni di apprendimento, dalla forte motivazione richiesta al ragazzo e da una dimensione relazionale molto spinta e imprevedibile.

Il nuovo istituto formativo (ma anche la vecchia ASL), pur riconoscendo la centralità della scuola nella progettazione formativa, presuppone una collaborazione stretta tra la scuola e il mondo del lavoro proprio nella costruzione di *percorsi* significativi.

Questo tipo di approccio richiede alla struttura ospitante un investimento maggiore di quello necessario per effettuare un semplice *Stage*. Spesso le strutture ospitanti si rendono disponibili per attività di mero addestramento, ma non sono in grado di condividere un progetto formativo in linea con i percorsi previsti in fase di programmazione. Per questo motivo ai Consigli di Classe, e in particolar modo ai referenti PCTO di classe e ai tutor che seguiranno gli studenti, viene richiesto un impegnativo lavoro di sensibilizzazione nei confronti delle strutture ospitanti.

Linee Guida dei PCTO

Con riferimento alle modifiche legislative introdotte, il MIUR, nel mese di ottobre 2019, ha pubblicato, con Decreto ministeriale 774 del 4 settembre 2019 (Decreto firmato dal Ministro Bussetti l'ultimo giorno del suo mandato), le Linee Guida PCTO. Esse traggono origine dalla legge di Bilancio 2019 (L. n.145/2018), che all'articolo 1, comma 785, ne dispongono l'adozione con decreto del Ministro del MIUR.

Le Linee Guida si rendono applicabili alle istituzioni scolastiche di istruzione secondaria di secondo grado statali e paritarie a partire dall'anno scolastico 2019/2020 e sono destinate a tutti coloro che vivono nel mondo della scuola o hanno modo di interagire e/o collaborare con lo stesso, siano essi gli studenti coinvolti nei percorsi o i loro genitori, il personale scolastico o le strutture che ospitano gli studenti nei percorsi o, infine, chiunque sia interessato ai processi di apprendimento e alle nuove sfide nel campo della formazione.

La dimensione orientativa dei percorsi

Per capire lo spirito delle Linee Guida facciamo un passo indietro e partiamo dalla "*Strategia di Lisbona*" del 2000 focalizzando l'attenzione sull'orientamento (vedi anche il capitolo "Orientamento e didattica orientativa").

Nel mondo in rapida evoluzione, del quale fa parte la società europea, l'istruzione e la formazione sono chiamate a svolgere un ruolo chiave per l'acquisizione di capacità e competenze utili a cogliere le opportunità che si presentano in previsione dei cambiamenti della società e del mondo del lavoro di domani. In questo contesto sociale, economico e culturale, l'orientamento svolge un ruolo chiave nelle politiche europee sull'istruzione e la formazione. Nel panorama italiano il processo di orientamento diventa parte integrante del percorso educativo già a partire dalla Scuola dell'Infanzia e si configura come diritto permanente finalizzato a promuovere l'occupazione attiva, la crescita economica e l'inclusione sociale.

Di fatto, dalle Linee Guida emerge che i Percorsi (PCTO) che le istituzioni scolastiche promuovono per sviluppare le competenze trasversali, devono contribuire ad esaltare la valenza formativa dell'orientamento in itinere, laddove pongono gli studenti nella condizione di maturare un atteggiamento di graduale e sempre maggiore consapevolezza delle proprie vocazioni, in funzione del contesto di riferimento e della realizzazione del proprio progetto personale e sociale, in una logica centrata sull'auto-orientamento.

A seconda degli indirizzi di studio, dei bisogni formativi dell'utenza e delle caratteristiche del contesto socio-economico di riferimento, le scelte progettuali potranno essere diverse da scuola a scuola, da classe a classe, nonché da studente a studente, in quanto all'interno di uno stesso gruppo classe possono essere attivati vari percorsi formativi rispondenti alle realtà personali degli studenti, nell'ottica della personalizzazione dei percorsi formativi. In sostanza in una stessa scuola possono coesistere varie forme organizzative deliberate dal Collegio dei Docenti e dal Consiglio di Classe.

Se una istituzione scolastica, dopo aver analizzato il proprio contesto e i bisogni formativi dei propri studenti, ritiene che le sfide dei cambiamenti della società e del mondo del lavoro possano essere intercettate nella tappa formativa successiva, investirà nel rafforzamento della dimensione formativa dell'orientamento. In altri contesti, invece, può diventare più significativa l'esplorazione del raccordo tra competenze trasversali e competenze tecnico-professionali, potendo offrire agli studenti la possibilità di sperimentare attività di inserimento in contesti extrascolastici e professionali.

Ovviamente, per restare sempre nello spirito originario dell'Alternanza Scuola Lavoro, ciò non deve intendersi come un addestramento a profili professionali rigidi e duraturi, ma come un approccio riflessivo al mondo del lavoro e alle professionalità entro una prospettiva a lungo termine.

La scuola, nel progettare l'offerta formativa, deve farsi promotrice di un raccordo integrato nel territorio, attraverso il coinvolgimento attivo di molteplici soggetti, a vario titolo interessati e impegnati nella promozione della funzione orientativa della formazione, al fine di costruire una "*comunità orientativa educante*". In questo processo formativo, un ruolo importante deve essere ricoperto dalle famiglie degli studenti la cui funzione di corresponsabilità educativa è di fondamentale importanza nell'azione di supporto e nell'accompagnamento delle scelte degli studenti.

È importante sottolineare che la predisposizione, la realizzazione e il miglioramento continuo di un processo di sviluppo delle competenze trasversali e di azioni di orientamento deve essere validato da un sistema di garanzia della qualità, attraverso attività di documentazione, monitoraggio, valutazione e archiviazione dell'intero percorso formativo realizzato, ai fini anche della diffusione di buone pratiche. A tal proposito la scuola nel predisporre il monitoraggio del percorso formativo, deve utilizzare idonei strumenti atti a rilevare non solo i traguardi definiti, ma anche il grado di consapevolezza personale attivato dallo studente, per rendere efficace il processo di apprendimento.

Al fine di osservare, rilevare e valutare la progressione del processo formativo potrebbero essere privilegiati *colloqui* sia individuali che di gruppo, *simulazioni*, *project work* e *role-playing*, sulla base di appositi strumenti quali griglie e rubriche, curate dal Consiglio di classe o dai dipartimenti disciplinari. Tali strumenti consentono, di sicuro, una raccolta di elementi utili per la predisposizione del Curriculum dello studente, nel quale devono trovare spazio anche le attività realizzate da ciascuno di essi.

La progettazione dei PCTO

I percorsi di PCTO devono essere progettati secondo criteri di gradualità e progressività che rispettino lo sviluppo personale, culturale e professionale degli allievi in relazione alla loro età e devono essere dimensionati tenendo conto degli obiettivi formativi dei diversi percorsi di studio.

Le attività previste dal percorso, in aula e nelle eventuali strutture esterne o ospitanti, devono essere condivise non solo con i docenti della scuola (e dai responsabili degli eventuali enti ospitanti), ma anche con lo studente, che assume così una consapevolezza e una responsabilità diretta nei confronti del proprio apprendimento.

Proprio per questo, il punto di partenza della progettazione di un percorso (PCTO) è un'analisi preliminare cd "bilancio delle competenze", un metodo di autovalutazione che porta lo studente, guidato dall'insegnante, a comprendere meglio le sue competenze di partenza all'inizio del percorso e quelle da sviluppare in seguito all'esperienza.

> Nello studio preliminare ricordarsi che alcune competenze trasversali, quali autonomia, creatività, innovazione nel gestire il compito assegnato, capacità di risolvere i problemi (*problem solving*), comprensione della complessità dei vari linguaggi, comunicazione, organizzazione, capacità di lavorare e saper interagire in un gruppo (*team-working*), flessibilità e adattabilità, precisione e resistenza allo stress, sono oggi quelle più richieste ai giovani in ambito lavorativo.

Da tale analisi è possibile elaborare un percorso, ovvero un progetto formativo, nel quale l'attività didattica, integrata o meno con l'esperienza presso strutture ospitanti, secondo gradi di complessità crescente, deve condurre alla realizzazione di un compito reale che vede la partecipazione attiva dello studente.

Per essere efficaci i percorsi devono essere progettati:

- in una prospettiva coerente con quanto previsto nel *PTOF* dell'istituzione scolastica e nel *Patto educativo di corresponsabilità*, sottoscritto dallo studente e dalla famiglia all'atto dell'iscrizione (il Patto definisce i diritti e i doveri degli studenti e dei soggetti con responsabilità genitoriale nel rapporto con l'istituzione scolastica e nella realizzazione dell'offerta formativa). Per quanto riguarda le attività svolte presso strutture ospitanti, la progettazione segue gli orientamenti della *Carta dei diritti e dei doveri degli studenti* impegnati nei percorsi;

- in maniera tale da permettere allo studente di acquisire o potenziare le competenze tipiche dell'indirizzo di studi prescelto e le competenze trasversali, per un consapevole orientamento al mondo del lavoro e/o alla prosecuzione degli studi nella formazione superiore, anche non accademica. Le attività dei percorsi, siano esse condotte in contesti organizzativi e professionali (aziende, studi professionali, musei, ...), in aula, in laboratorio, o in forme simulate, devono essere finalizzate principalmente a questo scopo, in particolare, la scelta della forma organizzativa di questi percorsi deve essere legata all'indirizzo di studi e alla realtà territoriale in cui si colloca l'Istituto.

In questo contesto progettuale i percorsi possono prevedere una pluralità di tipologie di collaborazione con enti pubblici e privati, anche del terzo settore, nonché con il mondo del lavoro (stage presso strutture ospitanti, incontri con esperti, visite aziendali, ricerca sul campo, simulazione di impresa, project-work in e con l'impresa, progetti di imprenditorialità, ecc.) in contesti organizzativi diversi, anche all'estero (vedi per esempio esperienze rientranti nei progetti Erasmus+ o Move).

A seconda dell'indirizzo di studi, i PCTO attivati si arricchiscono di attività finalizzate anche all'approfondimento di aspetti di carattere normativo (sicurezza sul lavoro, diritto del lavoro, sicurezza ambientale, ecc.), organizzativo (organizzazione aziendale, gestione della qualità) e sociale (capacità di lavorare in gruppo, gestione delle relazioni, partecipazione, ecc.).

Quale tipo di rapporto Scuola-Lavoro?

Se si offre agli studenti la possibilità di sperimentare attività di inserimento in contesti extrascolastici e professionali, è importante, ai fini della progettazione dei percorsi, avere ben chiaro il tipo di rapporto che si instaura tra Scuola e Azienda per non incorrere nell'errore di circoscrivere l'attività ad un semplice Stage aziendale, isolato dal contesto scolastico.

Diventa quindi necessario chiarire il concetto di Stage e il ruolo che esso svolge all'interno di un progetto finalizzato ai PCTO e avere inoltre una visione chiara delle diverse prospettive che intervengono all'intero processo formativo.

Lo Stage aziendale, isolato dal contesto scolastico ovvero inteso alla vecchia maniera, è stato e per certi versi continua ad essere un ottimo strumento, molto diffuso nell'istruzione superiore. Permette allo studente di osservare i processi lavorativi reali, anche con un certo grado di partecipazione attiva e permette di far conoscere la realtà aziendale.

C'è da dire però che in esso manca la continuità tra quanto viene realizzato in azienda e ciò che successivamente viene affrontato in aula, in quanto l'esperienza di lavoro, il più delle volte, è casuale e non concordata tra i due soggetti contraenti (scuola-azienda) e dipende dai processi produttivi in corso d'opera.

In questo contesto formativo lo studente cerca di coniugare il sapere con il fare, entra a contatto con la realtà aziendale, osserva i processi di produzione e le tecnologie che entrano in gioco, si orienta sulle scelte professionali future che lo investono in prima persona accrescendo la consapevolezza del proprio *"essere"*.

In sostanza, questo tipo di attività, nonostante i ritorni formativi significativi appena menzionati, non richiede necessariamente, nel suo svolgimento, i contenuti delle unità formative del percorso di studi curricolare ed inoltre, viste le svariate tipologie di attività, si può facilmente capire perché l'attività non abbia un seguito in aula e di norma ci si limiti ad una valutazione solo ai fini dei crediti formativi. La criticità di questo tipo di attività sta nel fatto che i due mondi non si incontrano mai, in quanto viaggiano su binari paralleli, caratterizzati prevalentemente uno dall'aspetto pratico e l'altro dall'aspetto teorico.

Diversa è la natura dello Stage inserito all'interno di un progetto di Alternanza Formativa (art. 4 Legge 53/2003) e di riflesso nella filosofia dei nuovi PCTO. In questo caso, lo Stage in azienda rappresenta solo una fase dell'intero processo formativo, infatti l'Alternanza Formativa si svolge secondo fasi e modalità legate al curriculum, aumenta la partecipazione attiva dello studente in azienda in quanto le mansioni vengono concordate tra i due soggetti contraenti e i contenuti teorici propedeutici all'attività in azienda vengono affrontati preliminarmente in aula, in una fase precedente, con tutta la classe, con i docenti interni o con esperti esterni ed inoltre l'esperienza della *"attività lavorativa"* assume una valenza formativa e valutativa, come previsto dalla citata norma di riferimento.

La dimensione culturale

Il PCTO finalizzato ad attività di inserimento in contesti extrascolastici e professionali è progettato, attuato, verificato e valutato dal Consiglio di Classe, sotto la responsabilità del Dirigente scolastico, legale rappresentante dell'Istituzione scolastica, sulla base di apposite convenzioni con le aziende. Ovviamente, per una scelta consapevole e proficua, prima di stipulare la convenzione con l'azienda e sottoscrivere successivamente il patto formativo con l'allievo e i suoi genitori, viene valutata la forma che meglio si presta al tipo di collaborazione offerta.

Le aziende, che per la scuola costituiscono un giacimento culturale, permettono di far apprendere i meccanismi del mondo del lavoro, le relazioni, i temi della sicurezza come diritto del lavoratore, ma anche offrono la possibilità di verificare in situazione le capacità spesso implicite di interazione con gli altri, di diagnosi e soluzione dei problemi, aspetti culturali difficilmente trasmissibili dal sistema scolastico e di straordinaria importanza per formare cittadini consapevoli e lavoratori in grado di pilotare le proprie scelte orientative in modo autonomo.

Nel progettare un PCTO è importante verificare quindi che ci siano le condizioni culturali per l'accesso ai saperi (conoscenze e abilità) che permettano lo sviluppo di competenze trasversali spendibili nel mercato del lavoro. Questo principio, ancora oggi validissimo, risale alle origini dell'alternanza scuola lavoro *"oltre alle conoscenze di base, l'acquisizione di competenze spendibili nel mercato del lavoro"* (art. 4 c. 1, L 53/2003 e art. 1 DL 77/2005).

Pertanto, al fine di assicurare il successo dell'esperienza formativa è opportuno che l'istituzione scolastica verifichi preliminarmente che la struttura ospitante eventualmente individuata offra un contesto adatto ad ospitare gli studenti e presenti idonee capacità strutturali, tecnologiche e organizzative, tali da garantire soprattutto la salvaguardia della salute e della sicurezza degli studenti partecipanti alle iniziative in programma.

A tal proposito diventa conveniente verificare l'esistenza, presso le strutture ospitanti, dei documenti previsti dalla legge come, ad esempio, il Documento di Valutazione dei Rischi nonché evidenze documentali da cui risultino i dati e le informazioni relativi all'attività del soggetto ospitante. Risulta di significativa importanza anche la realizzazione dei percorsi PCTO in collaborazione con i soggetti operanti nel Terzo Settore, quali enti, associazioni e organizzazioni di volontariato, che rappresentano una realtà sociale, economica e culturale in continua evoluzione.

La dimensione pedagogica

In generale, l'accesso ai saperi è reso possibile e facilitato da atteggiamenti positivi verso l'apprendimento. La motivazione, la curiosità, l'attitudine alla collaborazione sono gli aspetti comportamentali che integrano le conoscenze, valorizzano gli stili cognitivi individuali per la piena realizzazione della persona, facilitano la possibilità di conoscere le proprie attitudini e potenzialità anche in funzione orientativa.

A tal riguardo i PCTO devono essere progettati in maniera tale da innescare tali comportamenti, in modo da configurarsi quale ulteriore metodologia di acquisizione dei saperi e delle competenze previste dai percorsi di istruzione e formazione, non andando a costituire un canale formativo, a rimorchio del mondo produttivo.

I saperi (articolati in conoscenze e abilità/capacità) e le competenze secondo il Quadro europeo delle Qualifiche e dei Titoli (EQF), assumono le seguenti definizioni:

- Conoscenze: *Indicano il risultato dell'assimilazione di informazioni attraverso l'apprendimento. Le conoscenze sono l'insieme dei fatti, principi, teorie e pratiche, relative a un settore di studio o di lavoro; le conoscenze sono descritte come teoriche e/o pratiche.*
- Abilità: *Indicano le capacità di applicare conoscenze e di usare know-how per portare a termine compiti e risolvere problemi; le abilità sono descritte come cognitive (uso del pensiero logico, intuitivo e creativo) e pratiche (che implicano l'abilità manuale e l'uso di metodi, materiali, strumenti).*
- Competenze: *Indicano la comprovata capacità di usare conoscenze, abilità e capacità personali sociali e/o metodologiche, in situazioni di lavoro o di studio e nello sviluppo professionale e/o personale; le competenze sono descritte in termini di responsabilità e autonomia.*

Le competenze trasversali, punto focale dei PCTO, sono allo stato oggetto di ampia discussione in ambito internazionale e di vasta trattazione da parte di diversi autori e organismi di ricerca, con differenti proposte di classificazioni, basate su presupposti talvolta profondamente diversi.

Con la Raccomandazione del 22 maggio 2018, il Consiglio Europeo ha avuto modo di riassumere in un unico documento la vasta letteratura prodotta nell'ambito delle "*competenze chiave per l'apprendimento permanente*", disegnando un quadro di riferimento che delinea in particolare 8 competenze chiave, tutte di pari importanza per lo sviluppo personale del cittadino (vedi capitolo I SISTEMI EDUCATIVI EUROPEI - paragrafo "La Raccomandazione sulle competenze chiave del 2018"). Tra esse, si individuano le seguenti competenze trasversali che, declinate dalla raccomandazione in una serie di elementi di competenza specifici, hanno il pregio di riassumere in una unica matrice le varie competenze fornite dalle classificazioni sviluppate nella letteratura sino ad oggi prodotta:

- *competenza personale, sociale e capacità di imparare a imparare;*
- *competenza in materia di cittadinanza;*
- *competenza imprenditoriale;*
- *competenza in materia di consapevolezza ed espressione culturali.*

Tali competenze consentono al cittadino di distinguersi dagli altri, di influenzare il proprio modo di agire e di attivare strategie per affrontare le sfide di modelli organizzativi evoluti in contesti sempre più interconnessi e digitalizzati (rif. Raccomandazione del Consiglio del 22 maggio 2018).

La citata Raccomandazione declina ciascuna competenza in termini di capacità. La tabella seguente rappresenta in un quadro sinottico la descrizione delle competenze individuate, come elaborata dal documento europeo:

Tabella riassuntiva	
Competenza personale, sociale e capacità di imparare a imparare	<ul><li>Capacità di riflettere su se stessi e individuare le proprie attitudini</li><li>Capacità di gestire efficacemente il tempo e le informazioni</li><li>Capacità di imparare e di lavorare sia in modalità collaborativa sia in maniera autonoma</li><li>Capacità di lavorare con gli altri in maniera costruttiva</li><li>Capacità di comunicare costruttivamente in ambienti diversi</li><li>Capacità di creare fiducia e provare empatia</li><li>Capacità di esprimere e comprendere punti di vista diversi</li><li>Capacità di negoziare</li><li>Capacità di concentrarsi, di riflettere criticamente e di prendere decisioni</li><li>Capacità di gestire il proprio apprendimento e la propria carriera</li><li>Capacità di gestire l'incertezza, la complessità e lo stress</li><li>Capacità di mantenersi resilienti</li><li>Capacità di favorire il proprio benessere fisico ed emotivo</li></ul>
Competenze in materia di cittadinanza	<ul><li>Capacità di impegnarsi efficacemente con gli altri per un interesse comune o Pubblico</li><li>Capacità di pensiero critico e abilità integrate nella soluzione dei problemi</li></ul>
Competenza imprenditoriale	<ul><li>Creatività e immaginazione</li><li>Capacità di pensiero strategico e risoluzione dei problemi</li><li>Capacità di trasformare le idee in azioni</li><li>Capacità di riflessione critica e costruttiva</li><li>Capacità di assumere l'iniziativa</li><li>Capacità di lavorare sia in modalità collaborativa in gruppo sia in maniera autonoma</li><li>Capacità di mantenere il ritmo dell'attività</li><li>Capacità di comunicare e negoziare efficacemente con gli altri</li><li>Capacità di gestire l'incertezza, l'ambiguità e il rischio</li><li>Capacità di possedere spirito di iniziativa e autoconsapevolezza</li><li>Capacità di essere proattivi e lungimiranti</li><li>Capacità di coraggio e perseveranza nel raggiungimento degli obiettivi</li><li>Capacità di motivare gli altri e valorizzare le loro idee, di provare empatia</li><li>Capacità di accettare la responsabilità</li></ul>
Competenza in materia di consapevolezza ed espressione culturali	<ul><li>Capacità di esprimere esperienze ed emozioni con empatia</li><li>Capacità di riconoscere e realizzare le opportunità di valorizzazione personale, sociale o commerciale mediante le arti e le atre forme culturali</li><li>Capacità di impegnarsi in processi creativi sia individualmente che collettivamente</li><li>Curiosità nei confronti del mondo, apertura per immaginare nuove possibilità</li></ul>

La dimensione gestionale amministrativa

Lo sviluppo dell'attività dei PCTO richiede varie fasi gestionali ed amministrative:

- la definizione dei tempi
- l'individuazione delle classi coinvolte nel progetto
- l'individuazione dei docenti coinvolti e la definizione del loro ruolo all'interno del progetto
- l'analisi dei bisogni formativi degli studenti e la definizione di obiettivi e contenuti del progetto
- la stima dell'impegno economico richiesto per la realizzazione del progetto
- la predisposizione della documentazione necessaria nelle varie fasi di realizzazione del progetto (griglie di valutazione in ingresso, in itinere e finali, modelli di certificazione delle competenze, etc.)
- la presentazione del progetto agli studenti e ai loro genitori
- la realizzazione del progetto
- la valutazione finale (sommativi e formativa)
- la disseminazione dei risultati all'interno e all'esterno dell'Istituto.

La valutazione degli apprendimenti nei PCTO

La valutazione finale degli apprendimenti, a conclusione del percorso, viene attuata dai docenti del Consiglio di classe, tenuto conto delle attività di osservazione in itinere svolte dal tutor interno (nonché da quello esterno, se previsto), sulla base degli strumenti predisposti in fase di progettazione (ad esempio *rubriche, schede di osservazione, diari di bordo, portfolio digitale, ...*)

Sulla base delle suddette attività di osservazione e dell'accertamento delle competenze raggiunte dagli studenti, il Consiglio di classe procede alla valutazione degli esiti delle attività dei PCTO e della loro ricaduta sugli apprendimenti disciplinari e sulla valutazione del comportamento. Le proposte di voto dei docenti del Consiglio di classe tengono esplicitamente conto dei suddetti esiti, secondo i criteri deliberati dal Collegio dei docenti ed esplicitati nel PTOF dell'istituzione scolastica.

I risultati finali della valutazione vengono sintetizzati nella *certificazione finale: un documento* rappresentato dal *curriculum* dello studente, allegato al *diploma* finale rilasciato in esito al superamento dell'esame di Stato. Nel *curriculum* vengono riportate anche le attività relative ai PCTO.

> Il *diploma* attesta:
> - l'indirizzo
> - la durata del corso di studi
> - il punteggio ottenuto.
>
> Il *curriculum* riporta:
> - le discipline ricomprese nel piano degli studi con l'indicazione del monte ore complessivo destinato a ciascuna di esse;

Nella definizione della programmazione disciplinare, ciascun docente deve individuare le competenze da promuovere negli studenti attraverso i PCTO coerenti con il proprio insegnamento e con le scelte del Consiglio di classe.

In sede di scrutinio, ciascun docente, nell'esprimere la valutazione relativa ai traguardi formativi raggiunti dagli studenti, deve tener conto anche del livello di possesso delle competenze acquisite attraverso i PCTO e ricollegate alla propria disciplina di insegnamento in fase di programmazione individuale, formulando una proposta di voto di profitto per la propria disciplina (come da DPR 122/2009) e fornendo elementi per l'espressione collegiale del voto di comportamento.
Sotto il profilo operativo è necessario:

- individuare le competenze trasversali e/o professionali da sviluppare, in termini funzionali a favorire l'auto-orientamento dello studente, operando una scelta all'interno di un ampio repertorio di competenze a disposizione, in coerenza con gli obiettivi generali del processo educativo delineati nel PTOF d'Istituto e con gli obiettivi specifici di apprendimento delle discipline coinvolte;
- individuare il Referente PCTO di classe e i Tutor interni che accompagneranno gli studenti nei percorsi e definire i ruoli e i compiti dei protagonisti coinvolti nell'attività dei percorsi;
- promuovere la riflessione degli studenti sulle loro preferenze, attitudini e attese relative all'esperienza da realizzare;
- progettare l'attività dei PCTO con il coinvolgimento degli studenti e delle organizzazioni ospitanti con la collaborazione del tutor formativo esterno;
- provvedere alla stesura del patto formativo da sottoporre agli studenti e alle rispettive famiglie;
- provvedere alla redazione della convenzione con l'azienda;
- accompagnare gli studenti nell'osservazione e nella riflessione sui percorsi attivati, ivi comprese le dinamiche organizzative e i rapporti tra soggetti nell'organizzazione ospitante;
- documentare l'esperienza realizzata in un diario di bordo, anche attraverso l'utilizzo degli strumenti digitali (per esempio piattaforme condivise con i tutor interno ed esterno);
- condividere e rielaborare criticamente in aula quanto sperimentato dagli studenti fuori dall'aula;
- strutturare delle schede chiare e oggettive da sottoporre ai tutor che hanno accompagnato gli studenti nei percorsi progettati
- esaminare la relazione finale dello studente e valutare con delle verifiche strutturate le conoscenze e le competenze trasversali acquisite nell'attività svolta;
- disseminare e condividere i risultati dell'esperienza inserendola anche in un archivio di buone pratiche.

Il Referente PCTO di classe o docente coordinatore di progettazione

Il Referente PCTO di classe, o docente coordinatore di progettazione, come definito dagli ultimi interventi normativi, è un docente del Consiglio di classe che assume il ruolo di coordinatore del progetto. Esso è designato dal Consiglio di Classe e svolge le seguenti funzioni:

- si occupa dell'organizzazione e gestisce la comunicazione tra le parti (scuola-azienda);
- mantiene aggiornato il portfolio dello studente e collabora con il Referente PCTO d'Istituto;
- informa gli organi scolastici preposti sullo svolgimento dei percorsi (Dirigente Scolastico, Referente PCTO d'Istituto, Dipartimenti, Collegio dei docenti, Comitato Tecnico Scientifico/Comitato Scientifico);
- assiste il Dirigente Scolastico, insieme al Referente PCTO d'Istituto, nella redazione della scheda di valutazione sulle strutture con le quali sono state stipulate le convenzioni per le attività relative ai percorsi, evidenziandone il potenziale formativo e le eventuali difficoltà incontrate nella collaborazione.

Il Tutor interno

Il Tutor interno è un docente del Consiglio di classe che segue alcuni studenti nel percorso e collabora con il Referente PCTO di classe e il Tutor formativo esterno.
Esso è designato dal Consiglio di Classe e svolge le seguenti funzioni:

- Coordinandosi con il Referente PCTO di classe, elabora insieme al tutor esterno, il percorso formativo personalizzato che è sottoscritto dalle parti coinvolte (scuola, struttura ospitante, studente/soggetti esercenti la potestà genitoriale);

- assiste e guida lo studente nei percorsi e ne verifica, in collaborazione con il tutor esterno, il corretto svolgimento;

- gestisce le relazioni con il contesto in cui si sviluppa l'esperienza di apprendimento, rapportandosi con il tutor esterno;

- monitora le attività e affronta le eventuali criticità che dovessero emergere dalle stesse;

- osserva, comunica e valorizza gli obiettivi raggiunti e le competenze progressivamente sviluppate dallo studente;

- promuove l'attività di valutazione sull'efficacia e la coerenza del percorso da parte dello studente coinvolto;

- aggiorna il Referente PCTO di classe ed il Consiglio di classe sullo svolgimento dei percorsi, anche ai fini dell'eventuale riallineamento della classe;

Il Tutor formativo esterno

Il Tutor formativo esterno è selezionato dalla struttura ospitante ed assicura il raccordo tra questa e l'istituzione scolastica. Rappresenta la figura di riferimento dello studente all'interno della struttura ospitante e svolge le seguenti funzioni:

- collabora con il tutor interno alla progettazione, organizzazione e osservazione dell'esperienza dei percorsi;
- favorisce l'inserimento dello studente nel contesto operativo, lo affianca e lo assiste nel percorso;
- garantisce l'informazione/formazione dello/degli studente/i sui rischi specifici aziendali, nel rispetto delle procedure interne;
- pianifica ed organizza le attività in base al progetto formativo, coordinandosi anche con altre figure professionali presenti nella struttura ospitante;
- coinvolge lo studente nel processo di valutazione dell'esperienza;
- fornisce all'istituzione scolastica gli elementi concordati per monitorare le attività dello studente e l'efficacia del processo formativo.

Interazione Tutor interno – Tutor esterno

Ai fini della riuscita dei percorsi, tra il tutor interno e il tutor esterno è necessario sviluppare un rapporto di forte interazione finalizzato a:

a) definire le condizioni organizzative e didattiche favorevoli all'apprendimento sia in termini di orientamento che di competenze;

b) garantire il monitoraggio dello stato di avanzamento del percorso, in itinere e nella fase conclusiva, al fine di intervenire tempestivamente su eventuali criticità;

c) verificare il processo di accertamento dell'attività svolta e delle competenze acquisite dallo studente;

d) raccogliere elementi che consentano la riproducibilità delle esperienze e la loro capitalizzazione.

Ogni esperienza, deve concludersi con l'osservazione congiunta dell'attività svolta dallo studente da parte del tutor interno e dal tutor esterno.

Il tutor interno e quello esterno, per la loro funzione, devono possedere esperienze, competenze professionali e didattiche adeguate per garantire il raggiungimento degli obiettivi previsti dal percorso formativo. È opportuno che tali figure siano formate sugli aspetti metodologici, didattici, procedurali e contenutistici dell'attività dei percorsi, prevedendo un rapporto numerico fra tutor esterno e allievi adeguato a garantire un efficace supporto ai giovani nello svolgimento delle attività di apprendimento, oltre che un accettabile livello di salute e sicurezza per gli studenti.

Referenti PCTO d'Istituto

Docenti dell'Istituto (il numero può variare in funzione degli indirizzi presenti nella scuola) che, in stretta collaborazione con i Referenti PCTO di classe, si occupano dei PCTO sul piano didattico, gestionale e logistico:

- si rapportano con le aziende del territorio, con esperti esterni, con gli enti territoriali che possono aderire in forme di partenariato con patrocini e/o finanziamenti o con risorse in genere, e con eventuali reti di scopo;
- partecipano ai corsi di formazione a alle conferenze di servizi relativi ai PCTO;
- monitorano la formazione degli studenti sulla sicurezza nei luoghi di lavoro;
- assistono il Dirigente Scolastico, insieme al Referente PCTO di classe, nella redazione della scheda di valutazione sulle strutture con le quali sono state stipulate le convenzioni per le attività relative ai percorsi, evidenziandone il potenziale formativo e le eventuali difficoltà incontrate nella collaborazione;
- mantengono i rapporti con il Dirigente Scolastico aggiornandolo continuamente sullo stato di avanzamento dei lavori e definiscono i costi e un piano di spesa da sottoporre al DSGA per la realizzazione del progetto;
- provvedono al monitoraggio, conservazione e archiviazione della documentazione cartacea e digitale delle attività svolte.

Gli Studenti

- collaborano con il Referente PCTO di classe e con il tutor interno nella fase di progettazione del percorso, mettendo in evidenza le proprie preferenze, attitudini e attese relative all'esperienza da realizzare;
- compilano quotidianamente il diario di bordo, annotando tutte le attività lavorative svolte;
- raccolgono tutto il materiale da loro predisposto durante l'attività lavorativa (report, disegni, progetti, ...) utili per valutare le competenze trasversali acquisite;
- presentano un report finale di valutazione dell'esperienza.

Il Collegio Docenti e il Consiglio d'Istituto

Si occupano della valutazione finale del progetto, ciascuno per la propria competenza, sulla base di una relazione dei Referenti PCTO d'Istituto in conformità a quanto previsto nel PTOF.

Carta dei diritti e doveri degli studenti in PCTO (ex ASL)

Il MIUR, di concerto con il Ministero del Lavoro e delle Politiche Sociali ed il Ministero per la Semplificazione e la Pubblica Amministrazione, ha pubblicato, nella Gazzetta Ufficiale n. 297 del 21 dicembre 2017, il Regolamento recante la *Carta dei diritti e dei doveri degli studenti in alternanza scuola-lavoro e le modalità di applicazione della normativa per la tutela della salute e della sicurezza nei luoghi di lavoro agli studenti in regime di alternanza scuola-lavoro* (Decreto n.195/2017 - si applica agli studenti impegnati nei percorsi di Alternanza Scuola Lavoro di cui al d.lgs. 77/2005, ridenominati PCTO dall'articolo 1, comma 784 della legge 145/2018).

La *Carta* si pone la finalità di *dare agli studenti l'opportunità di conoscere ambiti professionali, contesti lavorativi e della ricerca, utili a conseguire e integrare le competenze curriculari, al fine di motivarli e orientarli a scelte consapevoli, nella prospettiva della prosecuzione degli studi o dell'ingresso nel mondo del lavoro (art. 1)*.

Il Regolamento, oltre a richiamare e disciplinare quanto già stabilito dalla normativa di riferimento per l'ASL, vedi D.Lgs. n. 77/2005 e successive modificazioni, nonché la Legge 107/2015, enuclea i *diritti* e i *doveri* degli studenti impegnati in PCTO.

Nel riquadro seguente vengono riportati alcuni diritti e doveri previsti dal Regolamento della *Carta dei diritti e dei doveri degli studenti in alternanza scuola-lavoro*

Diritti degli studenti in PCTO

- Gli studenti hanno diritto ad un ambiente di apprendimento favorevole alla crescita della persona e ad una formazione qualificata, coerente con l'indirizzo di studio seguito;
- Gli studenti e i loro genitori hanno diritto ad una ampia e dettagliata informazione sul progetto e sulle sue finalità educative e formative;
- Per gli studenti con disabilità, i percorsi sono realizzati in modo da promuovere l'autonomia nell'inserimento nel mondo del lavoro;
- Gli studenti sono supportati nell'attività dei percorsi da un tutor scolastico e da un tutor aziendale e al termine delle attività, hanno diritto a prendere visione e sottoscrivere le relazioni predisposte dai tutor;
- Gli studenti, al termine del percorso PCTO, hanno diritto al riconoscimento dei risultati di apprendimento conseguiti, a tal fine i tutor forniscono al Consiglio di classe elementi utili alle valutazioni periodiche e finali dello studente e ai fini dell'ammissione agli esami di Stato.
- Gli studenti hanno diritto ad esprimere una valutazione sull'efficacia e sulla coerenza del percorso effettuato rispetto al proprio indirizzo di studio. A tal fine, l'istituzione scolastica dovrà predisporre appositi strumenti di rilevazione.

La Carta pone una norma di salvaguardia dei diritti degli studenti, prevedendo che i reclami relativi alle violazioni sulla gestione dei PCTO possono essere presentati ad apposita Commissione territoriale istituita presso l'Ufficio Scolastico Regionale competente la cui composizione, i compiti e le procedure di funzionamento sono disciplinati puntualmente dalla Carta.

Doveri degli studenti in PCTO

- Gli studenti, durante lo svolgimento dei percorsi, devono rispettare il regolamento della struttura ospitante nonché quello dell'istituzione scolastica di appartenenza.
- Gli studenti impegnati nei percorsi sono tenuti a garantire l'effettiva frequenza (almeno tre quarti del monte ore previsto dal progetto); a rispettare le norme in materia di igiene, salute e sicurezza sui luoghi di lavoro; a ottemperare agli obblighi di riservatezza per quanto attiene a dati, informazioni e conoscenze acquisiti durante lo svolgimento dell'esperienza in alternanza.
- Gli studenti, al termine dell'attività prevista nei percorsi, sono tenuti a relazionare in merito all'esperienza svolta, con le modalità individuate di concerto tra l'istituzione scolastica e la struttura ospitante.

Eventuali provvedimenti disciplinari conseguenti all'infrazione delle regole sono adottati dall'istituzione scolastica di appartenenza secondo le procedure previste dallo Statuto delle studentesse e degli studenti, nonché dal regolamento di istituto.

Le misure di tutela della salute e sicurezza degli studenti frequentanti i PCTO

Gli studenti che svolgono le loro esperienze in ambienti di apprendimento diversi dalle aule scolastiche, presso strutture ospitanti di varie tipologie con le quali la scuola progetta i percorsi e stipula apposite convenzioni, acquisiscono lo status di lavoratori e, quindi, sono soggetti, ai sensi dell'articolo 2, comma 1, lettera a), del d.lgs. 81/2008, agli adempimenti previsti in materia di tutela della salute e della sicurezza nei luoghi di lavoro, che si traducono, in sintesi, nelle seguenti previsioni:

- formazione alla tutela della salute e sicurezza nei luoghi di lavoro;
- sorveglianza sanitaria (nei casi previsti dalla normativa vigente);
- dotazione di dispositivi di protezione individuali.

Nello specifico, l'istituzione scolastica è tenuta a verificare le condizioni di sicurezza connesse all'organizzazione dei PCTO presso le strutture ospitanti e ad assicurare le relative misure di prevenzione e di gestione, garantendo i presupposti perché gli studenti siano il più possibile tutelati sul versante oggettivo, attraverso la selezione di strutture ospitanti *sicure*, e sul versante soggettivo, tramite la *formazione* e la *protezione* degli allievi dai rischi.

A tal proposito il Regolamento recante la Carta dei diritti e dei doveri degli studenti dispone che gli studenti impegnati nei PCTO dovranno avere una *formazione generale* in materia di tutela della salute e della sicurezza nei luoghi di lavoro come previsto dal D. Lgs n. 81/2008, e successive modificazioni non inferiore a 4 ore in tutto avendo come contenuto il concetto di rischio, danno, prevenzione, organizzazione della prevenzione aziendale, diritti, doveri e sanzioni per i vari soggetti aziendali, organi di vigilanza, controllo e assistenza.

Il Ministero dell'Istruzione e del Merito mette a disposizione degli studenti la piattaforma online dell'Alternanza Scuola Lavoro (mantiene ancora la vecchia denominazione) dove è possibile, dopo la registrazione, effettuare un corso di formazione di carattere generale, online, di 4 ore. *http://www.alternanza.miur.gov.it/inizia-subito.html*

La formazione generale è integrata dalla formazione specifica. La particolarità di tale tipo di formazione sta nel numero di ore, che varia in funzione del rischio a cui è sottoposta l'attività svolta dalla struttura ospitante e che l'Accordo Stato/Regioni n. 221/2011 definisce in una quantità non inferiore a:

- 4 ore per i settori della classe di rischio basso (es. attività immobiliari, attività editoriali, ecc.) la cui erogazione può avvenire in modalità e-learning;
- 8 ore per i settori della classe di rischio medio (es. pesca e acquacoltura, istruzione, ecc.), la cui erogazione può avvenire esclusivamente in presenza;
- 12 ore per i settori della classe di rischio alto (es. costruzioni di edifici, industrie tessili, metallurgia, ecc.), la cui erogazione può avvenire esclusivamente in presenza.

Se, ad esempio, i percorsi organizzati dall'istituzione scolastica prevedono la presenza degli studenti presso una struttura ospitante la cui attività rientri in un settore della classe di rischio medio, le ore di formazione sulla salute e sicurezza nei luoghi di lavoro devono essere pari ad minimo di 12 ore (4 di formazione generale e 8 di formazione specifica rischio medio).

È evidente che, nel caso in cui i PCTO non prevedano la presenza degli studenti presso le strutture ospitanti, la formazione finalizzata a tali percorsi si circoscrive a quella generale, con un numero di ore non inferiore a 4, ferma restando la formazione specifica che gli studenti dovranno avere per le attività svolte presso i laboratori della scuola (8 ore).

È competenza del Dirigente scolastico organizzare e certificare tale formazione che a sua volta sarà integrata con la formazione specifica che gli studenti riceveranno all'ingresso nella struttura ospitante. Il numero di studenti ammessi in una struttura ospitante, al fine di garantire la salute e la sicurezza, è determinato in funzione delle effettive capacità strutturali, tecnologiche ed organizzative della struttura ospitante, nonché in ragione della tipologia di rischio cui essa appartiene, in una proporzione numerica studenti/tutor non superiore al rapporto di 5 a 1 per attività a rischio alto, non superiore al rapporto di 8 a 1 per attività a rischio medio, non superiore al rapporto di 12 a 1 per attività a rischio basso. (Tali parametri sono da assumere come riferimento anche nel caso di visite aziendali riconducibili ad attività di PCTO).

Agli studenti in regime di PCTO è garantita la *sorveglianza sanitaria* di cui all'articolo 41 del D.Lgs. n. 81/2008, e successive modificazioni, nei casi previsti dalla normativa vigente. Tale sorveglianza viene posta, secondo il decreto interministeriale 195/2017, a cura delle aziende sanitarie locali, fatta salva la possibilità di regolare, nella convenzione tra queste ultime e l'istituzione scolastica, il soggetto a carico del quale gravano gli eventuali oneri ad essa conseguenti.

Gli studenti sono assicurati presso l'INAIL contro gli infortuni sul lavoro e le malattie professionali e coperti da una assicurazione per la responsabilità civile verso terzi, con relativi oneri a carico dell'istituzione scolastica. Le coperture assicurative devono riguardare anche attività eventualmente svolte dagli studenti al di fuori della sede operativa della struttura ospitante, purché ricomprese nel progetto formativo dei percorsi.

In certi ambiti lavorativi, inoltre, si può rendere necessaria l'adozione di *dispositivi di protezione individuale - DPI* (calzature da lavoro, elmetti, abbigliamento idoneo, ecc.) a cui deve provvedere la struttura ospitante. Tali dispositivi sono connotati come misure aggiuntive di tutela della salute e sicurezza nei luoghi di lavoro.

Interventi in materia di sicurezza ed efficacia sui PCTO

Negli ultimi anni i tragici incidenti che hanno coinvolto alcuni studenti durante l'attività di Stage aziendale hanno indotto il Ministro dell'Istruzione e del Merito Giuseppe Valditara a proporre al governo degli interventi aventi lo scopo di garantire una "maggiore sicurezza ed efficacia" dei Percorsi per le Competenze Trasversali e per l'Orientamento (PCTO).

A tal proposito, il Governo è intervenuto su due fronti: alcune misure urgenti sono state inserite nell'art. 17 del Decreto-legge 4 maggio 2023, n. 48 (convertito in legge con modificazioni dalla legge 3 luglio 2023, n.85), recante *Misure urgenti per l'inclusione sociale e l'accesso al mondo del lavoro* e sono entrate in vigore il 5 maggio 2023; altre misure sono state previste nell'art. 23 del Disegno di Legge in materia di lavoro (2023) ancora in fase di discussione.

Le misure riguardano modificazioni e integrazioni alla Legge 107/2015, che ha introdotto *l'obbligatorietà* dei PCTO e l'istituzione del *Registro nazionale per l'alternanza scuola-lavoro*, e alla legge 30 dicembre 2018 n. 145, che ha rinominato l'Alternanza Scuola Lavoro in *Percorsi per le Competenze Trasversali e per l'Orientamento (*PCTO). Tali misure incidono essenzialmente sulla *sicurezza e sull'efficacia* dei PCTO.
L'Art. 17 del Decreto-legge recante *misure per l'inclusione sociale e l'accesso al mondo del lavoro* istituisce un Fondo per i familiari degli studenti vittime di infortuni in occasione delle attività formative e attua interventi di revisione dei PCTO, come qui di seguito illustrato:

- Viene istituito un fondo con una dotazione finanziaria di 10 milioni di euro per l'anno 2023 e di 2 milioni di euro annui, a decorrere dal 2024, per i familiari degli studenti deceduti a seguito di infortuni occorsi, successivamente al 1° gennaio 2018, durante le attività formative di PCTO. Il sostegno potrà essere cumulabile con l'assegno una tantum corrisposto dall'INAIL. I requisiti e le modalità per l'accesso al Fondo sono stabiliti con decreto del Ministro del lavoro e delle politiche sociali, di concerto con il Ministro dell'istruzione e del merito e con il Ministro dell'università e della ricerca.

- All'articolo 1 della legge 30 dicembre 2018, n. 145, dopo il comma 784 sono aggiunti i seguenti commi:

    - 784-bis: nella disposizione viene puntualizzato che la progettazione dei PCTO deve essere coerente con il PTOF e con il PECUP in uscita dei singoli indirizzi di studio offerti dalle istituzioni scolastiche. A tal fine, le istituzioni scolastiche dovranno individuare, nell'ambito dell'organico dell'autonomia e avvalendosi delle risorse disponibili, il docente coordinatore di progettazione.

- 784-ter: viene disposto che le modalità per effettuare il monitoraggio qualitativo dei percorsi per le competenze trasversali e per l'orientamento saranno individuate con un decreto del Ministro dell'istruzione e del merito.

- 784-quater: le imprese impegnate nei PCTO dovranno integrare il proprio documento di valutazione dei rischi (DVR) con una sezione specifica dove vengono riportate le misure di prevenzione e i dispositivi di protezione individuale (DPI) degli studenti. L'inclusione di questa sezione nel documento di valutazione dei rischi permette alle imprese di identificare e mitigare i potenziali pericoli e rischi associati alle attività svolte dagli studenti durante il loro periodo di stage in azienda. L'integrazione del DVR sarà fornita alla scuola e allegata alla Convenzione tra l'istituto e l'impresa, garantendo così che entrambe le parti siano informate sulle misure di sicurezza e sulle responsabilità durante i PCTO

- Il provvedimento interviene anche in merito al Registro per l'alternanza scuola-lavoro, istituito presso le Camere di Commercio, con l'inserimento di ulteriori informazioni relative alle imprese ospitanti. All'articolo 1 della legge 107/2015 sono apportate le seguenti modificazioni:

    - al comma 41, lettera b) prevede che nella sezione speciale del registro delle imprese, devono essere riportate informazioni relative alle capacità strutturali, tecnologiche e organizzative dell'impresa, nonché all'esperienza maturata nei PCTO e all'eventuale partecipazione a forme di raccordo organizzativo con associazioni di categoria, reti di scuole, enti territoriali già impegnati nei predetti percorsi per le competenze trasversali e per l'orientamento.

    - dopo il comma 41, è aggiunto il comma 41-bis, il quale dispone che il registro nazionale per l'alternanza scuola-lavoro e la piattaforma per l'alternanza scuola lavoro, istituita presso il Ministero dell'Istruzione e del Merito, rinominata "Piattaforma per i PCTO", devono assicurare l'interazione e lo scambio di informazioni e di dati per la proficua progettazione dei PCTO.

Infine, l'art. 23 del Disegno di Legge in materia di lavoro, ancora in fase di discussione, detta disposizioni in materia di percorsi per le competenze trasversali e per l'orientamento. Gli interventi inseriti nel disegno di legge in materia di lavoro possono così sintetizzarsi:

- viene introdotta la formazione in materia di sicurezza sui luoghi di lavoro nell'ambito dell'insegnamento dell'Educazione civica;

- viene istituito l'Osservatorio nazionale per il sostegno alle attività di monitoraggio e di valutazione dei Percorsi. Composizione, funzionamento e durata dell'Osservatorio saranno definiti con decreto del Ministro;

- viene introdotto l'Albo delle buone pratiche dei PCTO, che raccoglierà le migliori azioni delle istituzioni scolastiche, per incentivare la diffusione e la condivisione delle esperienze d'eccellenza. L'albo è costituito presso il Ministero dell'Istruzione e del Merito.

APPRENDISTATO

L'apprendistato è un particolare contratto di lavoro subordinato a tempo indeterminato, finalizzato alla formazione e all'occupazione dei giovani, che mira a offrire percorsi formativi diversificati, capaci di rispondere sia alle esigenze del mercato del lavoro sia agli obiettivi personali di crescita e sviluppo delle competenze individuali.

Le tipologie dell'apprendistato

L'istituto dell'apprendistato, già regolato dal Testo unico (D.Lgs. n. 167/2011), è stato riformato dal D.Lgs. n. 81/2015, che ha riordinato la disciplina del contratto, definendo le seguenti tipologie:

- apprendistato per la qualifica e il diploma professionale (IeFP), il diploma d'istruzione secondaria superiore ("diploma di maturità") e il certificato di specializzazione tecnica superiore IFTS (primo livello);
- apprendistato professionalizzante (secondo livello);
- apprendistato di alta formazione e ricerca (terzo livello).

Il contratto di apprendistato è stipulato in forma scritta ed è corredato dal Piano Formativo Individuale (PFI), un documento che contiene i dati relativi all'azienda e all'apprendista, i dati contrattuali, i dati del tutor, la descrizione generale del percorso formativo che l'apprendista dovrà realizzare presso l'istituzione formativa e presso l'impresa dove lavorerà, nonché il profilo formativo di riferimento.

L'integrazione tra formazione e lavoro, caratteristica distintiva degli apprendistati di I e III livello, rappresenta il fulcro del c.d. *sistema duale*. Tale approccio non solo facilita l'inserimento dei giovani nel mondo del lavoro, ma assicura anche che la formazione ricevuta sia direttamente applicabile e altamente specifica alle esigenze del settore di riferimento, contribuendo così all'elevazione degli standard professionali e alla competitività dell'economia. Per queste due tipologie di apprendistato, il Piano Formativo Individuale (PFI) è predisposto dall'istituzione formativa con il coinvolgimento dell'impresa.

Il contratto di apprendistato, la cui durata minima è di sei mesi, è un istituto giuridico che tutela sia l'apprendista che il datore di lavoro, inserendosi nel contesto più ampio delle leggi sul lavoro: durante il periodo contrattuale le parti sono soggette alle normative generali sul licenziamento illegittimo, a conferma dell'impegno verso una relazione lavorativa equa e protetta. In particolare, nel contratto dell'apprendistato per la Qualifica e il Diploma professionale (IeFP), il Diploma di istruzione secondaria superiore (Esame di Stato) e il Certificato di specializzazione tecnica superiore (IFTS), il mancato raggiungimento degli obiettivi formativi, attestato dall'istituzione formativa, è considerato motivo valido per un eventuale licenziamento.

Questo meccanismo sottolinea l'importanza della valutazione continua dell'apprendista e pone l'accento sulla finalità formativa dell'apprendistato, evidenziando come l'obiettivo principale sia il successo educativo e professionale del giovane, oltre che il suo inserimento qualificato nel mondo del lavoro.

Al termine del periodo di apprendistato le parti possono recedere dal contratto, ai sensi dell'articolo 2118 del Codice civile, con preavviso decorrente dal medesimo termine. Questa disposizione assicura che entrambe le parti possano valutare l'esito dell'apprendistato e decidere consapevolmente se proseguire o meno la collaborazione. Durante il periodo di preavviso, tutte le norme e le condizioni previste dal contratto di apprendistato rimangono in vigore, mantenendo i diritti e i doveri inalterati fino alla conclusione effettiva del rapporto di lavoro.

Se al termine dell'apprendistato nessuna delle due parti esprime la volontà di recedere, il rapporto di lavoro si trasforma automaticamente in un contratto a tempo indeterminato. Questa transizione fluida riflette la finalità dell'apprendistato di fungere da trampolino di lancio verso un'occupazione stabile e a lungo termine, offrendo ai giovani una porta d'ingresso nel mondo del lavoro che non solo valorizza la loro formazione ma promuove anche la continuità occupazionale.

Principi fondamentali dell'apprendistato

La regolamentazione del contratto di apprendistato si inserisce all'interno di un quadro più ampio definito dai Contratti Collettivi Nazionali di Lavoro (CCNL), i quali stabiliscono norme specifiche e principi che devono essere rispettati. Tra i principi fondamentali a cui l'apprendistato deve aderire vi sono:

- Divieto di retribuzione a cottimo: Questo principio assicura che la retribuzione dell'apprendista non sia legata alla quantità di lavoro prodotto, ma sia piuttosto stabilita in base a criteri che riflettono il periodo di formazione e apprendimento, promuovendo un ambiente di lavoro orientato più alla qualità e all'apprendimento che alla produzione massiva.

- Classificazione del lavoratore: Gli apprendisti possono essere inquadrati fino a due livelli retributivi inferiori rispetto a quelli previsti per i lavoratori che svolgono mansioni equivalenti, purché queste corrispondano alle qualifiche che l'apprendista mira a conseguire. Questo sistema è pensato per riflettere il carattere formativo dell'apprendistato e il progressivo arricchimento delle competenze dell'apprendista.

- Presenza di un tutor o referente aziendale: Il tutor o referente aziendale, essenziale nel processo di apprendistato, svolge un ruolo fondamentale nel guidare, sostenere e supervisionare l'apprendista, garantendo che la sua esperienza lavorativa arricchisca in modo sostanziale il suo sviluppo formativo e professionale.

- Estensione del periodo di apprendistato: In caso di malattia, infortunio o altre cause di sospensione involontaria del lavoro per un periodo superiore a trenta giorni, è prevista la possibilità di estendere il periodo di apprendistato. Questa flessibilità garantisce che l'apprendista possa completare pienamente il suo percorso formativo nonostante eventuali interruzioni dovuti a giusta causa.

Questi principi sottolineano l'impegno nel bilanciare le esigenze formative dell'apprendista con quelle produttive dell'azienda, nel contesto di una relazione di lavoro che si propone di essere equa, formativa e produttiva.

Il limite massimo di apprendisti che un'azienda può assumere è vincolato a un rapporto di 3 a 2 rispetto alle maestranze specializzate e qualificate in servizio presso il medesimo datore di lavoro. Per le aziende con meno di dieci lavoratori, tale rapporto non può eccedere il 100%. Inoltre, si ribadisce che è categoricamente vietato impiegare apprendisti con contratti di somministrazione a tempo determinato.

Per gli apprendisti le norme sulla previdenza e assistenza sociale obbligatoria prevedono le seguenti tutele:

a) assicurazione contro gli infortuni sul lavoro e le malattie professionali;
b) assicurazione contro le malattie;
c) assicurazione contro l'invalidità e vecchiaia;
d) maternità;
e) assegno familiare;
f) assicurazione sociale per l'impiego.

Apprendistato di primo livello

L'apprendistato di primo livello è finalizzato al conseguimento di un titolo di studio ed è destinato ai giovani che hanno compiuto i 15 anni di età e fino al compimento del 25-esimo anno. La durata del contratto di apprendistato può variare da 1 a 4 anni, in base alla durata del corso di studi cui è iscritto il giovane. L'Apprendistato di primo livello può essere visto anche come uno strumento per assolvere l'obbligo scolastico e a tal proposito la competenza dell'accertamento è degli Enti di formazione professionale accreditate dalle Regioni per l'erogazione dei percorsi IeFP, nonché delle Scuole secondarie di secondo grado.

L'apprendistato per la Qualifica e il Diploma professionale IeFP e il Certificato di specializzazione tecnica superiore IFTS è strutturato in modo da coniugare la formazione effettuata in azienda con l'istruzione e la formazione professionale svolta dalle istituzioni formative che operano nell'ambito dei sistemi regionali di istruzione e formazione sulla base dei livelli essenziali delle prestazioni (LEP). La durata del contratto varia in considerazione della qualifica o del diploma da conseguire, con un limite massimo di tre anni, estendibile a quattro per i diplomi professionali quadriennali IeFP. Le Regioni e le Province autonome di Trento e Bolzano hanno la competenza di regolamentare questi contratti, ma in assenza di normative regionali, è il Ministero del lavoro e delle politiche sociali a stabilire le regole attraverso propri decreti.

I datori di lavoro possono estendere il contratto di apprendistato fino a un anno per i giovani che hanno completato con successo i percorsi di istruzione e formazione professionale (IeFP), ottenendo la qualifica o il diploma professionale. L'estensione del rapporto è finalizzato al consolidamento e all'acquisizione di competenze tecnico-professionale e specialistiche, utili anche ai fini dell'acquisizione del Certificato di specializzazione tecnica superiore (IFTS) o del Diploma di maturità professionale all'esito del corso annuale integrativo (gli studenti col Diploma professionale quadriennale possono iscriversi al quinto anno di un Istituto professionale per conseguire, tramite gli Esami di Stato, il Diploma di maturità professionale; questa opzione offre agli studenti dei percorsi regionali di istruzione e formazione professionale la possibilità di accedere all'istruzione terziaria accademica e non accademica).

Gli studenti delle Scuole secondarie di secondo grado, a partire dal secondo anno, hanno anche loro la possibilità di stipulare contratti di apprendistato di durata non superiore a quattro anni. Il contratto di apprendistato non solo punta al conseguimento del Diploma di istruzione secondaria superiore, attraverso l'esame di Stato, ma mira anche all'acquisizione di competenze tecnico-professionali aggiuntive rispetto a quelle già previste dai regolamenti scolastici esistenti, utili anche ai fini del conseguimento del Certificato di specializzazione tecnica superiore (IFTS) dopo l'esame di Stato.

Il datore di lavoro che intende stipulare il contratto di apprendistato per la Qualifica e il Diploma professionale IeFP, il Diploma di istruzione secondaria superiore e il Certificato di specializzazione tecnica superiore IFTS, sottoscrive un protocollo con l'istituzione formativa a cui lo studente è iscritto. Il documento stabilisce il contenuto e la durata degli obblighi formativi del datore di lavoro, i requisiti delle imprese nelle quali si svolge l'attività e il monte orario massimo del percorso scolastico che può essere svolto in apprendistato, nonché il numero di ore da effettuare in azienda. Questa procedura assicura che l'esperienza di apprendistato sia strutturata in modo tale da fornire sia una solida formazione teorica che pratica, nel rispetto delle esigenze formative dello studente e delle capacità di accoglienza dell'azienda.

Nell'apprendistato che si svolge nell'ambito del sistema regionale di istruzione e formazione professionale (IeFP), la formazione esterna all'azienda è impartita nell'istituzione formativa a cui lo studente è iscritto. Per garantire un bilanciamento tra teoria e pratica, la normativa stabilisce che la formazione esterna non può eccedere il 60% dell'orario totale previsto per il secondo anno di corso e il 50% per il terzo, quarto anno e l'eventuale anno aggiuntivo dedicato al conseguimento del Certificato di specializzazione tecnica IFTS. Per le ore di formazione svolte nella istituzione formativa il datore di lavoro è esonerato da ogni *obbligo* retributivo. Per le ore di formazione a carico del datore di lavoro è riconosciuta al lavoratore una retribuzione pari al 10% di quella che gli sarebbe dovuta, fatte salve le diverse previsioni dei contratti collettivi.

Successivamente al conseguimento della Qualifica o del Diploma professionale o del Diploma di istruzione secondaria superiore, l'apprendista ha l'opportunità di proseguire il proprio percorso professionale attraverso l'apprendistato professionalizzante, c.d. di II livello. Questa opportunità consente all'apprendista di acquisire una *qualificazione professionale* riconosciuta ai fini contrattuali, arricchendo ulteriormente le proprie competenze e facilitando l'ingresso nel mondo del lavoro con una preparazione più solida e specialistica.

Apprendistato di secondo livello

Apprendistato professionalizzante (c.d. anche contratto di mestiere), rivolto ai giovani dai 18 ai 29 anni compiuti, finalizzato a conseguire una qualificazione professionale svolgendo un'attività lavorativa, in accordo con le disposizioni dello specifico CCNL. Il contratto di apprendistato può essere stipulato anche a partire dal diciassettesimo anno di età del soggetto, a condizione che possieda già una qualifica professionale.

Pertanto, i contratti collettivi (CCNL) definiscono il monte ore e le modalità di erogazione della formazione con l'obiettivo del conseguimento della qualificazione in funzione del profilo professionale stabilito nei sistemi di classificazione e inquadramento del personale, nonché la durata del contratto, sempre entro i limiti imposti dalla normativa. La durata minima del contratto è di sei mesi e non può superare i 3 anni, ad eccezione di alcune professioni del settore artigianale, come ad esempio gli orafi o i falegnami, che può essere estesa fino a 5 anni.

L'attività formativa all'interno dell'azienda, nonché attraverso specifici corsi organizzati dalle Regioni per l'acquisizione di competenze professionali trasversali tecniche e specialistiche ha una durata massima nel triennio di 120 ore (40 ore per ciascun anno).

Questo tipo di apprendistato, oltre ad offrire l'opportunità ai giovani di inserirsi nel mondo del lavoro con una qualifica professionalizzate, si caratterizza per la sua capacità di adattarsi alle esigenze di formazione continua dei lavoratori, offrendo loro la possibilità di crescere professionalmente all'interno del proprio settore di interesse, garantendo al contempo alle aziende di formare personale altamente specializzato in linea con le proprie necessità operative e strategiche.

Apprendistato di terzo livello

L'apprendistato di alta formazione e ricerca, finalizzato al conseguimento di titoli di studio universitari e dell'alta formazione, compresi i dottorati di ricerca, i diplomi relativi ai percorsi degli istituti tecnologici superiori (ITS Academy), nonché per il praticantato per l'accesso alle professioni ordinistiche, rappresenta un percorso avanzato che si rivolge a individui, dai 18 ai 29 anni compiuti, che sono in possesso del Diploma di istruzione secondaria superiore o di un Diploma professionale conseguito nei percorsi di istruzione e formazione professionale (IeFP) integrato da un Certificato di specializzazione tecnica superiore (IFTS) o del diploma di maturità professionale all'esito del corso annuale integrativo.

Per avviare un apprendistato di alta formazione e ricerca, il datore di lavoro deve stipulare un protocollo di intesa con l'istituzione formativa presso cui lo studente è iscritto o con l'ente di ricerca. Il protocollo definisce la durata del percorso formativo, nonché le modalità, anche temporali, della formazione a carico del datore di lavoro.

Attraverso l'apprendistato di alta formazione e ricerca, gli apprendisti hanno l'opportunità di applicare direttamente le conoscenze acquisite nel corso degli studi in contesti di lavoro reali e progetti di ricerca innovativi, contribuendo al contempo allo sviluppo di nuove soluzioni e tecnologie. Questo percorso rappresenta un ponte strategico per l'ingresso dei giovani nel mondo del lavoro altamente qualificato, promuovendo la loro crescita professionale in settori all'avanguardia e aumentando le loro possibilità di impiego in ambiti specializzati e di ricerca.

La formazione esterna all'azienda, fondamentale nell'apprendistato, si realizza presso l'istituzione formativa dove lo studente è registrato o attraverso i percorsi offerti dalle ITS Academy, specializzate in istruzione Tecnologica Superiore. Questa componente formativa esterna è cruciale per garantire che l'apprendista acquisisca una solida base teorica e le competenze tecniche richieste dal mercato del lavoro. Di norma, la durata della formazione non dovrebbe superare il 60% dell'orario ordinamentale, per mantenere un equilibrio tra apprendimento teorico e esperienza pratica. Per le ore di formazione svolte nella istituzione formativa il datore di lavoro è esonerato da ogni obbligo retributivo, mentre per quelle a carico del datore di lavoro è riconosciuta all'apprendista una retribuzione pari al 10% di quella che gli sarebbe dovuta, fatte salve le diverse previsioni dei contratti collettivi.

La durata del contratto di apprendistato di alta formazione e ricerca varia sulla base del titolo di studio da conseguire. É regolamentata da accordi stipulati fra le Regioni (o Province Autonome), le associazioni territoriali datoriali, le università e gli istituti professionali. In assenza delle regolamentazioni regionali, l'attivazione dei percorsi di apprendistato è disciplinata dalle disposizioni del decreto del Ministro del lavoro e delle politiche sociali, di concerto con i Ministri dell'istruzione, dell'Università e dell'Economia e delle Finanze, previa intesa in sede di Conferenza permanente per i rapporti tra lo Stato, le Regioni e le Province autonome di Trento e Bolzano. Questo sistema di governance condivisa tra Stato e Regioni mira a garantire un elevato standard di formazione per gli apprendisti in tutta Italia, promuovendo al contempo la flessibilità e l'adattabilità dei percorsi formativi alle dinamiche economiche e sociali del territorio locale.

L'apprendistato nelle sue diverse forme: dati percentuali

La seguente tabella riporta la distribuzione del numero medio di rapporti di lavoro per tipologia contrattuale e ripartizione geografica, classe di età e genere, sulla base dei dati attualmente disponibili da Fonte INPS.

Numero medio di rapporti di lavoro in apprendistato per tipologia, ripartizione geografica, classe di età e genere: valori assoluti e % del prof. sul totale. Anni 2020-2021

	Valori assoluti (medie annuali) 2020				Valori assoluti (medie annuali) 2021*			
Ripartizione geografica	I Livello	II Livello	III Livello	Prof. su totale %	I Livello	II Livello	III Livello	Prof. su totale %
Nord	7.671	298.110	1.069	97,2%	7.498	301.015	901	97,3%
Nord-Ovest	*2.986*	*158.658*	*936*	*97,6%*	*2.905*	*159.817*	*764*	*97,8%*
Nord-Est	*4.685*	*139.452*	*133*	*96,7%*	*4.593*	*141.198*	*137*	*96,8%*
Centro	1.033	122.900	106	99,1%	895	127.228	162	99,2%
Mezzogiorno	2.001	98.667	105	97,9%	1.839	104.714	114	98,2%
Classe di età								
Minori	2.056	453	10	18,0%	2.309	696	9	23,1%
Da 18 a 24	6.891	239.047	280	97,1%	6.352	245.070	273	97,4%
Da 25 a 29	1.425	217.788	828	99,0%	1.277	220.308	752	99,1%
30 e oltre	333	62.388	163	99,2%	294	66.883	142	99,4%
Genere								
Maschi	7.524	307.539	873	97,3%	7.317	318.365	795	97,5%
Femmine	3.181	212.137	407	98,3%	2.915	214.592	381	98,5%
Totale	**10.705**	**519.677**	**1.280**	**97,7%**	**10.233**	**532.957**	**1.177**	**97,9%**

* Dato provvisorio.

Fonte: Inps - Archivi delle denunce retributive mensili (UniEmens)

Nella tabella viene enfatizzato il valore percentuale dell'apprendistato professionalizzante (secondo livello) rispetto al totale, per l'anno 2020 e 2021.

Dall'analisi dei dati si nota che l'apprendistato professionalizzante è di gran lunga la tipologia più utilizzata, con un peso pari al 97,7% dei casi nel 2020 e 97,9% nel 2021.

Con riferimento alla ripartizione geografica dell'anno 2021, il peso percentuale maggiore per l'apprendistato professionalizzante si registra al Centro (99,2%), mentre è più basso al Nord e nel Sud (rispettivamente 97,3% e 98,2%).

Con riferimento alla classe di età, per l'anno 2021, l'apprendistato professionalizzante per i minori scende al 23,1% in quanto in questa tipologia vi rientrano solo i diciassettenni in possesso di una qualifica. Il peso si riporta sopra il 97% a partire dal 18-esimo anno di età.

Per quanto riguarda l'apprendistato di *primo livello*, va rilevato che nel Nord-Est, sempre per il 2021, si registra un valore di 4593 su un totale nazionale di 10233 corrispondente ad un peso del 44,88%, mentre il valore più basso si registra al Centro Italia con un valore di 895/10233, corrispondente al peso di 8,74%. Il

Focalizzando l'attenzione sull'apprendistato di primo livello, per l'anno 2021 si evidenzia una concentrazione significativa di questo percorso nel Nord-Est Italia, dove si registra quasi la metà del totale nazionale (4593 su un totale nazionale di 10233 corrispondente ad un peso del 44,88%). Al contrario, il Centro Italia mostra il valore più basso con solamente l'8,74% del totale nazionale. Il Mezzogiorno registra 1839 contratti di apprendistato di primo livello su un totale di 10233, con un peso di 17,97%, e il Nord con 7498 contratti sul totale con un peso del 73,27%.

L'apprendistato di primo livello per combattere l'abbandono scolastico

L'apprendistato di primo livello rappresenta uno strumento strategico nella lotta contro l'abbandono scolastico, offrendo ai giovani un percorso formativo alternativo che combina l'istruzione con l'esperienza lavorativa diretta. Questo modello di apprendimento duale può rivolgersi in particolare a studenti che non si ritrovano nell'ambito dell'istruzione tradizionale o che sono a rischio di abbandono scolastico, fornendo loro motivazioni concrete per continuare a studiare e aprendo la strada a opportunità di carriera immediate e rilevanti.

La ripartizione geografica dei dati riportati nella tabella del paragrafo precedente suggerisce una disparità nell'adozione e nell'offerta di percorsi di apprendistato di primo livello, che potrebbe riflettere differenze regionali nelle politiche di formazione, nonché nelle strategie di contrasto all'abbandono scolastico.

L'attrattiva dell'apprendistato di primo livello sta nella sua capacità di offrire una formazione pratica e applicata, che permette agli studenti di vedere immediatamente l'utilità di ciò che apprendono e di come queste competenze si applichino nel mondo del lavoro. Inoltre, stabilendo un legame diretto tra scuola e impiego, l'apprendistato aiuta a ridurre il senso di distacco che alcuni giovani possono percepire rispetto al loro percorso educativo, mostrando loro una via tangibile per il successo professionale e personale.

Incorporando l'apprendimento in contesti reali di lavoro, l'apprendistato di primo livello non solo migliora l'engagement e la motivazione degli studenti, ma contribuisce anche a sviluppare competenze trasversali come il lavoro di squadra, la responsabilità e la risoluzione dei problemi, essenziali per il loro futuro sia lavorativo che personale.

Un approccio integrato può ridurre significativamente il tasso di abbandono scolastico, fornendo ai giovani percorsi formativi flessibili e allineati ai loro interessi e aspirazioni, nonché alle esigenze del mercato del lavoro.

Per massimizzare l'efficacia dell'apprendistato di primo livello nella prevenzione dell'abbandono scolastico, è fondamentale un impegno coordinato tra istituti di formazione, aziende e istituzioni, al fine di garantire una vasta offerta di percorsi di apprendistato di qualità, accessibili a tutti gli studenti che potrebbero beneficiarne.

Per affrontare efficacemente il problema dell'abbandono scolastico attraverso l'apprendistato di primo livello, sarebbe opportuno implementare strategie mirate all'incremento di questi percorsi in tutte le regioni, con particolare attenzione alle aree meno servite come Mezzogiorno e il Centro Italia. Un aumento dell'offerta di apprendistato può fornire ai giovani maggiori opportunità di formazione pratica e di inserimento nel mondo del lavoro con almeno una qualifica professionale triennale, contribuendo a ridurre il tasso di abbandono scolastico e a promuovere una maggiore equità nell'accesso all'istruzione professionale.

Strategie per promuovere l'incremento dell'apprendistato di primo livello potrebbero includere:

- Maggiore Collaborazione tra Stato e Regioni: Coordinare gli sforzi tra i vari livelli di governo per assicurare che le politiche di sostegno all'apprendistato siano implementate in modo uniforme su tutto il territorio nazionale.

- Incentivi per le Aziende: Proporre incentivi economici o fiscali alle aziende che offrono posti di apprendistato, specialmente nelle regioni con tassi più bassi di partecipazione.

- Campagne di Sensibilizzazione: Organizzare campagne informative per promuovere i benefici dell'apprendistato tra studenti, famiglie e aziende, evidenziando il ruolo di questa forma di formazione nel prevenire l'abbandono scolastico.

- Rafforzamento dei Percorsi di Orientamento: Migliorare i servizi di orientamento scolastico e professionale per guidare gli studenti verso percorsi di apprendistato che meglio si allineano ai loro interessi e alle loro aspirazioni.

- Investimenti in Formazione e Infrastrutture: Supportare le istituzioni formative nel potenziare la loro capacità di offrire percorsi di apprendistato di qualità, anche attraverso investimenti in tecnologie e infrastrutture didattiche.

Attraverso un impegno coordinato e mirato, è possibile superare le disparità regionali e incrementare l'offerta di apprendistato di primo livello, rendendolo uno strumento ancora più efficace nella lotta all'abbandono scolastico e nel supporto allo sviluppo professionale dei giovani in tutta Italia.

Conclusioni

Mentre ci avviciniamo alla conclusione di questa analisi sull'apprendistato, è fondamentale riflettere sull'ampiezza e sulla profondità dell'impatto che questo strumento ha non solo sui singoli individui ma anche sulle aziende, nonché sul tessuto economico e sociale nel suo complesso.

L'apprendistato, infatti, non rappresenta solamente una modalità di inserimento nel mondo del lavoro o un semplice percorso formativo; esso incarna un vero e proprio ponte tra generazioni, settori economici e visioni di futuro, capace di armonizzare le esigenze immediate delle aziende con le aspirazioni professionali dei giovani e le strategie di sviluppo a lungo termine del Paese.
I benefici specifici dell'apprendistato per i giovani, le aziende e il sistema economico nel suo complesso sono molteplici:

1. Per i Giovani:

    - Accesso al Mondo del Lavoro: L'apprendistato offre un percorso privilegiato per entrare nel mondo del lavoro, combinando formazione pratica e teorica. Questo permette ai giovani di acquisire esperienza lavorativa concreta mentre continuano a studiare, aumentando significativamente la loro occupabilità (employability).

    - Sviluppo di Competenze Specifiche: Attraverso l'apprendistato, i giovani hanno l'opportunità di sviluppare competenze tecniche e professionali altamente specializzate, richieste dal mercato del lavoro, aumentando così le loro prospettive di carriera.

    - Percorso Personalizzato: Il Piano Formativo Individuale (PFI) assicura che l'apprendistato sia personalizzato sulle esigenze e aspirazioni di ogni giovane, rendendo l'apprendimento più motivante e rilevante.

2. Per le Aziende:

    - Formazione di Talenti su Misura: Le aziende possono formare giovani talenti secondo specifiche necessità aziendali, assicurandosi così una forza lavoro altamente qualificata e in linea con gli obiettivi di sviluppo.

    - Riduzione dei Costi di Assunzione: L'apprendistato permette alle aziende di beneficiare di incentivi fiscali e contributivi, oltre a offrire la possibilità di valutare l'apprendista prima di un eventuale inserimento definitivo nell'organico.

    - Innovazione e Freschezza: I giovani apprendisti portano nelle aziende nuove idee, entusiasmo e conoscenze aggiornate, spesso traducendosi in innovazione e miglioramento dei processi.

3. Per il Sistema Economico:

    - Riduzione della Disoccupazione Giovanile: Integrando efficacemente istruzione e lavoro, l'apprendistato contribuisce a ridurre il tasso di disoccupazione giovanile, facilitando la transizione dalla scuola al lavoro.

- Sviluppo Economico: Formando una forza lavoro qualificata e competente, l'apprendistato stimola la competitività delle aziende sul mercato, favorendo la crescita economica complessiva.

- Adattabilità del Mercato del Lavoro: Attraverso l'apprendistato, il mercato del lavoro diventa più flessibile e capace di adattarsi rapidamente ai cambiamenti tecnologici e alle nuove esigenze produttive, garantendo al tempo stesso percorsi di carriera sostenibili per i giovani.

Di fronte all'evidente valore aggiunto dell'apprendistato, è imperativo che tutti gli attori coinvolti — governo, aziende e istituzioni formative — aumentino i loro sforzi per sostenere e potenziare questo strumento cruciale. Il governo deve continuare a sviluppare politiche favorevoli che incentivino l'adozione dell'apprendistato, garantendo al contempo che i percorsi formativi siano in linea con le esigenze in continua evoluzione del mercato del lavoro.

Le aziende, da parte loro, sono chiamate non solo a offrire opportunità di apprendistato, ma anche a impegnarsi attivamente nella formazione degli apprendisti, riconoscendo il valore a lungo termine che giovani ben formati e motivati possono portare. Le istituzioni formative, infine, devono assicurare che i contenuti dei programmi di apprendistato siano rilevanti, innovativi e strettamente collegati alle realtà lavorative.

Oltre ai benefici tangibili già menzionati, l'apprendistato emerge come un catalizzatore fondamentale di innovazione e adattamento alle nuove sfide del mercato. I giovani apprendisti, con la loro freschezza, entusiasmo e prospettive aggiornate, portano nelle aziende non solo nuove competenze, ma anche nuovi modi di pensare e risolvere i problemi. Questo flusso costante di idee e approcci innovativi è vitale per le aziende che cercano di rimanere competitive in un'economia globale in rapida evoluzione.

L'apprendistato, quindi, non solo prepara i giovani a entrare nel mondo del lavoro, ma agisce anche come leva per l'innovazione aziendale, stimolando le organizzazioni a reinventarsi e ad adattarsi continuamente. Promuovere l'apprendistato significa investire in una cultura del lavoro che valorizza il continuo apprendimento, la sperimentazione e l'adattabilità, elementi chiave per navigare con successo le incertezze del futuro.

Nonostante il panorama promettente delineato dai benefici dell'apprendistato, persistono delle sfide che richiedono attenzione e azione. La continua evoluzione del mercato del lavoro, accelerata dall'innovazione tecnologica e dai cambiamenti globali, pone la necessità di un aggiornamento costante dei percorsi di apprendistato per assicurare che le competenze sviluppate rimangano all'avanguardia e pertinenti. Inoltre, l'accessibilità e l'attrattiva dell'apprendistato per le piccole e medie imprese rimane una sfida, data la necessità di risorse e supporto per implementare efficacemente tali programmi.

Infine, è fondamentale garantire che l'apprendistato sia percepito non solo come un'alternativa all'istruzione tradizionale, ma come un percorso di pari dignità e valore, riconosciuto e valorizzato sia nel contesto sociale che in quello lavorativo.
Affrontare queste sfide richiederà un impegno condiviso tra tutti gli stakeholder: politiche governative innovative, strategie aziendali lungimiranti e pratiche educative flessibili.

Solo attraverso un dialogo aperto, un impegno al miglioramento continuo e la volontà di adattarsi alle esigenze emergenti, l'apprendistato potrà continuare a essere una forza motrice per lo sviluppo professionale dei giovani, per l'innovazione aziendale e per la crescita economica del Paese. Il percorso futuro dell'apprendistato è ricco di potenziali opportunità, ma richiede saggezza e determinazione per superare le sfide che via via si presentano.

DISPERSIONE SCOLASTICA

La dispersione scolastica è dovuta prevalentemente all'insuccesso scolastico, che si verifica quando gli studenti non riescono ad esprimere appieno il loro potenziale d'apprendimento; infatti, in molti casi il distacco dalla scuola si consuma lentamente negli anni con manifestazioni causati da situazioni problematiche di disagio: la disaffezione allo studio, il disinteresse, la demotivazione, la noia, i disturbi comportamentali.

Le molteplici cause di questo malessere sono riconducibili alle difficoltà d'apprendimento (soprattutto sul terreno linguistico espressivo, logico-matematico e del metodo di studio) e ad una carriera scolastica vissuta più come obbligo esterno (familiare, sociale) che interno (bisogno di affermazione, crescita, acquisizione di saperi, capacità, cittadinanza) per realizzarsi come persona.

Le manifestazioni più evidenti si esprimono con comportamenti di chiusura, di aggressività, di auto-svalutazione, con comportamenti trasgressivi agiti individualmente o in gruppo e talvolta anche con comportamenti autolesivi.

La dispersione scolastica non si identifica unicamente con l'abbandono, che tuttavia resta sempre il fenomeno più drammatico e culminante di un processo di rottura culturale, sociale, esistenziale col sistema scolastico, ma riunisce in sé un insieme di fenomeni quali irregolarità nelle frequenze, continui ritardi, mancate ammissioni agli anni successivi e ripetizioni che sommati portano a livelli di apprendimento inadeguati rispetto alle aspettative del corrispondente percorso scolastico.

Pertanto, l'abbandono, ovvero la dispersione scolastica esplicita, è solo uno degli indicatori possibili per valutare le criticità nella valorizzazione del capitale umano il quale si caratterizza anche per l'insieme di conoscenze, competenze, e abilità che un individuo può spendere nel mondo del lavoro. Un indicatore complementare alla dispersione scolastica esplicita può essere quello della dispersione scolastica implicita.

I due aspetti, sfaccettature della stessa medaglia, pur essendo distinti, sono intrinsecamente collegati al medesimo nucleo problematico.

La prima faccia della medaglia riguarda direttamente l'abbandono scolastico, un fenomeno facilmente quantificabile attraverso dati statistici. Gli studenti coinvolti in questo fenomeno interrompono il loro percorso educativo prima di completare gli studi, privandosi così dell'opportunità di ottenere un diploma o una qualifica professionale. Le cause alla base di questa decisione sono molteplici e spesso complesse, includendo difficoltà personali, socioeconomiche, disimpegno scolastico, o mancanza di supporto da parte delle istituzioni scolastiche. L'abbandono scolastico rappresenta un'espressione estrema di disconnessione e disillusione nei confronti del sistema educativo, segnalando un bisogno critico di interventi mirati a riconnettere questi giovani con le opportunità di apprendimento.

La seconda faccia della medaglia riflette una problematica altrettanto grave, ma meno evidente, più subdola: quella degli studenti che, nonostante conseguano il diploma, escono dal sistema educativo con competenze e conoscenze non all'altezza delle aspettative. Questa criticità indica che il processo di apprendimento, per questi studenti, non è stato pienamente efficace o adeguato, lasciandoli impreparati di fronte alle sfide del mondo del lavoro o a un ulteriore percorso formativo post diploma. La dispersione scolastica implicita svela carenze qualitative nell'istruzione, necessitando di un'analisi profonda delle metodologie didattiche, dei programmi di studio, e dell'ambiente educativo complessivo per garantire che tutti gli studenti possano beneficiare pienamente del loro percorso di studi.

Entrambe le sfaccettature pongono l'accento sulla necessità di un sistema educativo che non solo prevenga l'abbandono scolastico, ma che assicuri anche un apprendimento significativo e profondo per tutti gli studenti.

Affrontare queste sfide richiede un approccio multifaccettato che includa il supporto agli studenti a rischio, l'innovazione didattica, l'inclusione sociale ed economica, e la valutazione continua della qualità dell'istruzione offerta. Solo così sarà possibile garantire che ogni studente abbia la possibilità di sviluppare al meglio le proprie potenzialità, riducendo al minimo le disparità educative e promuovendo una società più equa e inclusiva.

Dispersione scolastica esplicita

In ambito europeo, il termine *abbandono scolastico* è utilizzato in relazione a coloro che interrompono un ciclo di istruzione e formazione, che possiedono soltanto un diploma d'istruzione secondaria inferiore o più basso e che non continuano gli studi né intraprendono alcun tipo di formazione.

L'abbandono scolastico precoce rappresenta una sfida significativa che va affrontata per garantire un futuro migliore ai giovani. Questo fenomeno, noto come "Early school leavers" o ELET (Early Leavers from Education and Training), indica quei giovani tra i 18 e i 24 anni che hanno lasciato prematuramente il sistema educativo senza conseguire un titolo di studio o completare l'istruzione obbligatoria.

Secondo la Costituzione italiana, l'istruzione è sia un diritto fondamentale che un dovere e a tal proposito la legislazione conseguente impone l'obbligo di istruzione per tutti i bambini e adolescenti dai 6 ai 16 anni. Nonostante ciò, una parte significativa di ragazzi e ragazze lascia la scuola prima del termine dell'obbligo di istruzione o, comunque, senza ottenere una qualifica professionale, nonché senza intraprendere il percorso dell'apprendistato di primo livello che possa avviarli al lavoro con un profilo qualificato.

Il fenomeno dell'abbandono scolastico precoce è problematico per diversi motivi. Per primo, limita le opportunità di lavoro e carriera per i giovani che lo subiscono, spingendoli spesso verso lavori meno qualificati e meno remunerativi. In secondo luogo, può portare a un maggiore rischio di emarginazione sociale ed economico. Infine, ha un impatto negativo sulla società nel suo insieme, in quanto una forza lavoro meno istruita e qualificata può influire sulla crescita economica e sullo sviluppo.

Di contro, la riduzione dell'abbandono scolastico contribuisce sia alla «*crescita intelligente*», migliorando i livelli di istruzione e formazione, sia alla «*crescita inclusiva*», agendo su uno dei principali fattori del rischio di disoccupazione, povertà ed esclusione sociale.

Per contrastare tale fenomeno, nel mese di marzo del 2000, i capi di Stato e di Governo dell'Unione Europea, riuniti a Lisbona, avevano lanciato l'obiettivo di fare dell'Europa, entro il 2010, *"l'economia basata sulla conoscenza più competitiva e dinamica del mondo in grado di realizzare una crescita economica sostenibile con nuovi e migliore posti di lavoro e una maggiore coesione sociale"*. Da allora, le diverse misure da mettere in atto per raggiungere questo obiettivo hanno preso il nome di *"Strategia di Lisbona"*.

I successivi Consigli europei hanno riconosciuto un ruolo centrale per *indicatori* e *benchmark* (livelli di riferimento della performance media europea) all'interno del *"Metodo aperto di coordinamento"*: metodo seguito per promuovere la convergenza degli Stati membri verso gli obiettivi principali dell'Unione economica e sociale.

In questo contesto, un atto molto significativo è stato l'adozione, da parte del Consiglio Istruzione, di 5 benchmark nel settore chiave dell'istruzione, ovvero cinque obiettivi quantitativi che l'Unione europea si prefiggeva di raggiungere entro il 2010. La riduzione della dispersione scolastica (*early school leavers*) sotto la soglia del 10% è uno dei cinque benchmark che i Paesi membri dell'UE avrebbero dovuto raggiungere entro il 2010.

Il target di riferimento sono i giovani di età compresa tra i 18 e i 24 anni che abbandonano precocemente la scuola ovvero quei giovani che hanno completato al massimo l'istruzione secondaria inferiore e che non hanno frequentato ulteriori corsi di istruzione o formazione nelle quattro settimane precedenti l'indagine sulle forze di lavoro (IFL). L'obiettivo è stato rimandato al 2020, in quanto non raggiunto. L'ultimo obiettivo fissato dall'UE prevede che la percentuale di abbandoni precoci dell'istruzione e della formazione debba essere inferiore al 9% entro il 2030.

Il grafico Early Leavers from Education and Training, 2022 (fonte Eurostat), riportato qui di seguito, rappresenta le statistiche sui giovani che abbandonano l'istruzione e la formazione nell'Unione europea (UE) e fa parte di una pubblicazione sull'istruzione e la formazione nell'UE. Nel 2022, nell'UE è stata registrata una media del 9,6% di abbandoni precoci di istruzione e formazione.

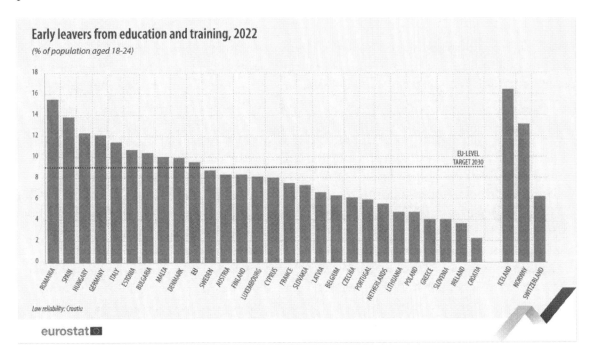

Tuttavia, come si può leggere nel grafico, si registrano differenze tra gli Stati membri, con diversi Paesi che hanno già raggiunto l'obiettivo a livello UE per il 2030. I risultati variano anche tra donne e uomini e tra i giovani che vivono in aree con diversi gradi di urbanizzazione, sia all'interno dei singoli Paesi che tra gli Stati membri dell'UE. L'UE ritiene che l'abbandono precoce degli studi, se non affrontato in maniera efficace, potrebbe avere conseguenze significative per l'individuo e per la società nel lungo periodo.

In Italia, come evidenziato nel rapporto Istat "Livelli di Istruzione e ritorni occupazionali, Anno 2022, la quota di 18-24enni con al più un titolo secondario inferiore e non più inseriti in un percorso di istruzione o formazione è pari all'11,5% e tra il 2021 e il 2022 è diminuita di oltre un punto. La diminuzione può essere interpretata come il risultato di politiche educative efficaci, di maggiori opportunità di istruzione e formazione per i giovani, o di una crescente consapevolezza dell'importanza di un'istruzione superiore per il successo personale e professionale. Tuttavia, nonostante questi progressi, il confronto con la media europea del 9,6% sottolinea che l'Italia deve ancora compiere sforzi significativi per colmare il divario con altri paesi dell'Unione Europea e per ridurre ulteriormente la percentuale di giovani che abbandonano prematuramente il percorso educativo. L'Italia, da terz'ultima nel 2021, diventa quint'ultima (dopo Romania, Spagna, Ungheria e Germania) nel 2022. Continuare a lavorare in questa direzione è fondamentale non solo per migliorare le prospettive future dei giovani italiani ma anche per sostenere lo sviluppo economico e sociale del Paese nel suo complesso, assicurando che tutti i giovani abbiano le competenze e le conoscenze necessarie per affrontare le sfide del mercato del lavoro moderno e contribuire attivamente alla società.

Sempre nel rapporto si legge che il fenomeno dell'abbandono scolastico è più frequente tra i ragazzi (13,6%) rispetto alle ragazze (9,1%). Le ragioni dietro questa disparità possono essere molteplici e complesse, spaziando da fattori socio-economici, aspettative culturali, fino a dinamiche familiari e personali. Ad esempio, i ragazzi potrebbero sentirsi spinti verso il lavoro precoce per conformarsi a determinati ruoli di genere o per rispondere a pressioni economiche, oppure potrebbero riscontrare minor successo o interesse nel percorso scolastico tradizionale rispetto alle ragazze. Questo squilibrio sottolinea la necessità di indirizzare specificamente le cause dell'abbandono scolastico maschile e di implementare strategie mirate per mantenere i ragazzi a scuola. È fondamentale promuovere un ambiente educativo inclusivo e supportivo, che valorizzi e risponda alle diverse esigenze e interessi di tutti gli studenti, indipendentemente dal loro genere, per ridurre la dispersione scolastica e garantire pari opportunità educative.

Nel rapporto Istat, anche i divari territoriali restano ampi: nel 2022, l'abbandono degli studi prima del completamento del percorso di istruzione e formazione secondario superiore, riguarda il 15,1% dei 18-24enni nel Mezzogiorno, il 9,9% al Nord e il 8,2% nel Centro. Le differenze territoriali possono essere attribuite a una varietà di fattori, inclusi la disponibilità e la qualità delle istituzioni educative, le condizioni economiche delle famiglie, e la percezione del valore dell'istruzione nelle diverse aree geografiche. Il Mezzogiorno di Italia, che registra il tasso più alto di abbandono, è storicamente la regione con maggiori sfide economiche, il che potrebbe influenzare la capacità delle famiglie di sostenere l'istruzione dei figli e la motivazione degli studenti a proseguire negli studi. Affrontare questi divari richiede un approccio olistico che non solo miri a migliorare l'accesso e la qualità dell'istruzione in tutte le regioni ma anche a combattere le disparità socio-economiche e a promuovere politiche di inclusione e supporto per gli studenti e le famiglie a rischio. La riduzione dell'abbandono scolastico e il miglioramento delle opportunità educative per tutti i giovani sono essenziali per garantire lo sviluppo equo e sostenibile del paese.

I dati Istat rivelano una sfida notevole nel sistema educativo italiano riguardo l'integrazione degli studenti stranieri, con un tasso di abbandono precoce degli studi significativamente più alto rispetto agli studenti italiani. Il fenomeno mostra un'incidenza tre volte maggiore tra i giovani stranieri (30,1%) rispetto agli italiani (9,8%), sottolineando come l'integrazione e l'adattamento al sistema scolastico possano essere particolarmente difficili per questi ragazzi. L'età di arrivo in Italia emerge come un fattore critico che influisce sul tasso di abbandono:

- I giovani che entrano in Italia durante l'adolescenza o all'inizio dell'età adulta (16-24 anni) sono i più vulnerabili, con una quota di abbandono che arriva al 49,6%. Questo può essere attribuito alle sfide di adattarsi a un nuovo sistema educativo, possibili barriere linguistiche, e la pressione di dover forse contribuire economicamente alla famiglia.

- Coloro che arrivano in Italia da bambini (10-15 anni) mostrano un miglioramento, con un tasso del 37,0%, ma rimangono comunque ben al di sopra della media nazionale.

- I ragazzi arrivati in età più precoce (entro i 9 anni) hanno un tasso di abbandono del 20,8%, che, pur essendo più basso rispetto agli altri gruppi di età di arrivo, rimane significativamente elevato.

Questi dati evidenziano l'importanza di fornire supporto mirato agli studenti stranieri, specialmente a quelli che arrivano in Italia in età più avanzata. Programmi di supporto linguistico, attività di integrazione sociale ed educativa e il sostegno psicologico possono giocare un ruolo cruciale nel ridurre il tasso di abbandono scolastico. È essenziale che le scuole, le comunità, gli enti locali e il governo collaborino per creare nel territorio un ambiente accogliente e inclusivo che faciliti l'integrazione degli studenti stranieri e li supporti nel loro percorso educativo e formativo.

Dispersione scolastica implicita

La dispersione scolastica implicita si concentra su una problematica differente, ma altrettanto grave. Questo fenomeno descrive la situazione di studenti che, nonostante abbiano completato il loro percorso di studi, dopo 13 anni di scuola (5 anni di Primaria, 3 anni di S.S. I grado, 5 anni di S.S. di II grado), e conseguito un diploma, presentano livelli di apprendimento inadeguati rispetto a quello che ci si aspetterebbe al termine del loro percorso educativo. Questi studenti hanno superato tutti gli anni di scuola richiesti e hanno ottenuto le qualifiche formali, ma le loro competenze reali, conoscenze e abilità sono molto più basse di quelle previste, a volte non superiori a quelle che dovrebbero essere acquisite alla fine della scuola secondaria di primo grado.

Questa forma di dispersione è particolarmente preoccupante perché non si manifesta attraverso l'abbandono scolastico, ma attraverso la qualità dell'istruzione e l'efficacia dell'apprendimento. Gli studenti affetti da dispersione scolastica implicita si trovano ad affrontare significative difficoltà nell'elaborazione delle informazioni, nella prosecuzione degli studi terziari o nell'inserimento nel mondo del lavoro, dove le competenze acquisite risultano inadeguate rispetto alle richieste.

Questi giovani, che incontrano difficoltà anche a elaborare le informazioni a loro disposizione, iniziano gli studi terziari o si affacciano al mercato del lavoro con competenze inadeguate.

La dispersione scolastica implicita pone l'accento sull'importanza di garantire non solo che gli studenti rimangano a scuola fino al completamento del loro percorso di studi, ma anche che ricevano un'istruzione di qualità che li prepari adeguatamente per le sfide future. La valutazione di questo fenomeno richiede strumenti di misurazione e analisi capaci di apprezzare la profondità e la qualità dell'apprendimento, oltre alla semplice consegna di titoli di studio.

Riconoscere e affrontare la dispersione scolastica implicita è fondamentale per migliorare l'efficacia del sistema educativo e per assicurare che tutti gli studenti, al termine del loro percorso di istruzione, siano effettivamente pronti a contribuire in modo produttivo alla società e a realizzare il loro potenziale nel mondo del lavoro.

Il seguente grafico (fonte: INVALSI da 2019 a 2023), riporta in forma percentuale gli studenti in condizione di dispersione implicita al termine del secondo ciclo d'istruzione, per regione.

Le differenze tra le regioni italiane sono ancora molto ampie. La fragilità scolastica in Campania è molto marcata e interessa quasi uno studente su cinque (19%). La Basilicata, Calabria, Sicilia e Sardegna, nell'anno 2023, registrano una quota di studenti in condizione di dispersione implicita maggiore al 10%, mentre Valle D'Aosta, Piemonte, Lombardia, Province autonome di Trento e Bolzano, Veneto, Friuli-Venezia Giulia ed Emilia-Romagna registrano una percentuale inferiore al 5%.

Figura 5.1.2.5 – Studenti in condizione di dispersione *implicita* al termine del secondo ciclo d'istruzione, per regione. Valori percentuali (fonte: INVALSI da 2019 a 2023)

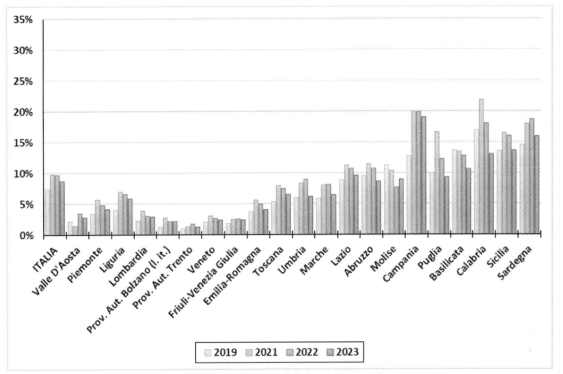

Il seguente grafico (fonte: INVALSI 2023) riporta in forma percentuale gli studenti in condizione di dispersione implicita al termine del secondo ciclo d'istruzione, per genere, percorso di studio, background migratorio e background sociale.

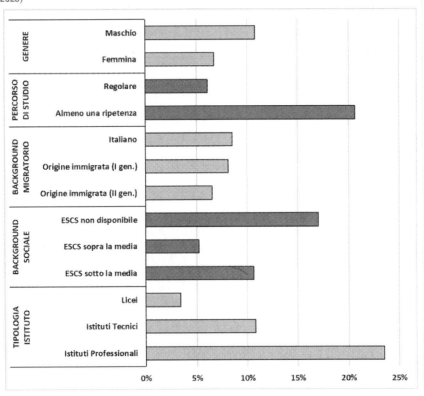

Figura 5.1.2.6 – Studenti in condizione di dispersione *implicita* al termine del secondo ciclo d'istruzione, per genere, percorso di studio, background migratorio e background sociale. Valori percentuali (fonte: INVALSI 2023)

Gli allievi in condizione di dispersione implicita sono presenti in percentuale maggiore tra i ragazzi. Coloro che hanno avuto almeno una ripetenza (20,6%) sono più del triplo dei loro coetanei con percorsi regolari. I Licei registrano una quota di dispersione implicita minore (3,4%) rispetto agli Istituti tecnici (10,8%) e agli istituti professionali (23,5%).

Per quanto riguarda gli studenti di origine immigrata, sia di prima generazione (8,1%) sia di seconda generazione (6,5%), le percentuali di dispersione scolastica implicita sono inferiori rispetto a quelle dei loro coetanei italiani (8,5%). La causa di questa discrepanza, se dovesse perdurare, è da ricercarsi probabilmente nei diversi tassi di abbandono e nella maggiore resilienza degli allievi di origine immigrata che riescono a raggiungere il termine del percorso di studi secondario di secondo grado.

Inoltre, gli studenti provenienti da famiglie svantaggiate sono a rischio maggiore, con una percentuale doppia di dispersione scolastica implicita rispetto agli studenti più avvantaggiati, e questa percentuale triplica per gli studenti di cui non si conoscono i dettagli sul background familiare.

Questi dati suggeriscono che il problema della dispersione scolastica implicita è complesso e varia in base a diversi fattori, come il genere, il tipo di istituzione scolastica frequentata, l'origine degli studenti e il loro contesto socio-economico. È evidente che per combattere efficacemente questo problema, è necessario considerare tutte queste variabili e lavorare per migliorare la qualità dell'istruzione e il supporto offerto agli studenti in situazioni svantaggiate.

Riorientamento

Per contrastare la dispersione scolastica, la scuola dovrebbe porre particolare attenzione nell'individuare i casi patologici, che, se presi in tempo possono essere curati. Una scuola che sottovaluta questi fenomeni si allinea al paradosso di don Milani dell'ospedale che cura i sani e caccia via i malati.

Per affrontare questo problema, è necessario un approccio olistico che includa politiche educative, supporto alle famiglie e ai giovani, incentivi per la permanenza a scuola, e sicuramente programmi di *ri-orientamento* e formazione professionale, senza sottovalutare l'istituto dell'apprendistato di primo livello (ancora poco utilizzato, vedi paragrafo corrispondente), che possano attrarre gli studenti al fine di fargli acquisire un titolo di studio qualificato per facilitare l'inserimento nel mondo del lavoro. Allo stesso tempo, è importante comprendere e affrontare le cause sottostanti dell'abbandono scolastico, che possono includere fattori economici, sociali e personali.

Un elemento chiave nella lotta contro l'abbandono scolastico e per il successo formativo degli studenti è rappresentato dalla *flessibilità dei percorsi educativi* nella scuola secondaria di secondo grado. In questo contesto, il *passaggio* a scuole con diverso percorso, indirizzo, articolazione o opzione diventa uno strumento fondamentale per il *riorientamento*.

La possibilità del *passaggio* offre agli studenti l'opportunità di riallineare le loro scelte educative con le proprie passioni, interessi e obiettivi professionali. Consente di superare il modello rigido che spesso conduce gli studenti a percorsi non in linea con le loro aspettative o capacità, alimentando il rischio di abbandono scolastico. Invece, la flessibilità di poter cambiare percorso, in tempo utile, incoraggia gli studenti a rimanere impegnati e motivati, poiché vedono la loro educazione come più rilevante e personalizzata.

Il successo formativo, in questo scenario, è visto non solo come il raggiungimento di una qualifica o di un diploma, ma come lo sviluppo di competenze, conoscenze e passioni che preparano gli studenti ad essere cittadini attivi e partecipativi nella società. La scuola, quindi, deve non solo fornire istruzione, ma anche orientare e supportare gli studenti nel trovare il loro percorso più adatto.

L'implementazione di tali politiche di *riorientamento* richiede un impegno condiviso da parte degli insegnanti, degli orientatori scolastici e delle famiglie, al fine di guidare gli studenti in scelte consapevoli e informate. Questo approccio olistico può fare una differenza significativa nella riduzione del tasso di dispersione scolastica e nell'incremento del successo formativo.

Per la disciplina dei passaggi tra i percorsi di Istruzione Professionale IP (di competenza statale) e i percorsi di Istruzione e Formazione Professionale IeFP (di competenza regionale) e viceversa è previsto un accordo in sede di Conferenza permanente per i rapporti tra lo Stato, le Regioni e le Province autonome di Trento e Bolzano, recepito da un decreto ministeriale. L'argomento è trattato nel capitolo *IeFP (Istruzione e Formazione Professionale)*.

BULLISMO E CYBERBULLISMO

Bullismo

Il termine *Bullying* fu coniato negli anni '70 dallo psicologo e docente svedese Dan Olweus per indicare un tipo di comportamento aggressivo e distruttivo, legato per lo più al mondo giovanile. Olweus è stato uno delle massime autorità a livello mondiale in materia di aggressività e bullismo e sono attribuiti a lui le prime indicazioni per individuare il problema e poterlo differenziare da altre forme, come scherzi o giochi pesanti tra pari o ragazzate, tipiche del processo di maturazione degli adolescenti.

Per Olweus si può a parlare di bullismo quando persistono delle azioni offensive nei confronti di un soggetto reiterate nel tempo *"uno studente è oggetto di azioni di bullismo, ovvero prevaricato o vittimizzato, quando viene esposto ripetutamente nel corso del tempo alle azioni offensive messe in atto da parte di uno o più compagni"*.

Appare evidente che il bullismo si verifica in un contesto di squilibrio di potere, dove la vittima risulta sempre in una posizione di svantaggio rispetto all'aggressore che può esercitare il potere attraverso la forza fisica, il vantaggio numerico o l'influenza sociale all'interno di un gruppo. Infatti, gli atti di bullismo si configurano sempre più come espressione di scarsa tolleranza e di non accettazione del diverso per etnia, per religione, per caratteristiche psico-fisiche, per identità di genere, per orientamento sessuale, ed altro ancora.

Tra gli altri, i ragazzi con disabilità appaiono come dei "diversi" di più facile preda, da irridere o da molestare in quanto incapaci di gestire la violenza, in quanto la loro condizione di disabilità li rende più suscettibili a subire abusi, poiché non sono in grado di gestire situazioni di conflitto. Questo tipo di esperienza negativa potrebbe avere gravi conseguenze sul loro benessere emotivo, causando crisi oppositive, depressione o autolesionismo.

Le azioni offensive nei confronti della vittima possono essere dirette se costituite da attacchi aperti, fisici o verbali e indirette o psicologiche se caratterizzate dalla emarginazione, dall'esclusione e dalla maldicenza.

- *il Bullismo fisico* si manifesta con comportamenti fisici diretti, come spinte, calci, pugni o altri atti di violenza fisica;

- *il Bullismo verbale* si manifesta attraverso l'uso diretto di parole offensive, insulti, minacce, derisione o diffamazione per danneggiare la vittima.

- *il Bullismo relazionale o sociale* si manifesta attraverso comportamenti indiretti che mirano a isolare o escludere la vittima da gruppi sociali o attività.

- *il Bullismo psicologico* si manifesta con comportamenti intenzionali per minare la fiducia o l'autostima della vittima, come l'umiliazione pubblica, la manipolazione emotiva o il ricatto.

Risulta evidente, su quanto premesso, che il fenomeno del bullismo è caratterizzato dall'intenzione di causare danno al più debole attraverso ripetuti e persistenti comportamenti negativi ed è riconosciuto, prevalentemente, come un fenomeno sociale, molto spesso legato a gruppi e a culture di riferimento, ragion per cui affrontare il bullismo significa lavorare sui gruppi, sulle culture e sui contesti in cui i singoli casi hanno avuto origine:

- Lavorare sui gruppi significa promuovere la consapevolezza e la responsabilità collettiva riguardo al bullismo, incoraggiando una cultura di rispetto reciproco e di sostegno tra i membri della comunità. Ciò richiede la creazione di programmi educativi che insegnino l'empatia, la comunicazione non violenta e le abilità di risoluzione dei conflitti.

- Affrontare le culture implica esaminare le consuetudini, i valori e le credenze che possano favorire o tollerare comportamenti aggressivi. Ciò può richiedere un cambiamento culturale che sfida le percezioni erronee riguardo alla forza, al potere e alla conformità sociale, promuovendo invece l'inclusione, la diversità e il rispetto per le differenze.

- Infine, intervenire sui contesti significa creare ambienti sicuri e inclusivi in cui i comportamenti di bullismo siano riconosciuti e affrontati in modo tempestivo ed efficace. Ciò richiede politiche anti-bullismo nelle scuole e sul posto di lavoro, così come la promozione di pratiche di leadership positive che favoriscano un clima di fiducia e di supporto tra i membri della comunità.

Riassumendo possiamo identificare gli elementi che qualificano l'azione del bullismo nei seguenti:

- *l'intenzionalità* (intenzione di arrecare un danno all'altro);
- *la persistenza* (carattere di continuità nel tempo);
- *il disequilibrio* (relazione di tipo asimmetrico tra le parti, la vittima è in una situazione di impotenza o di svantaggio numerico).

Nella sua generalità, il bullismo è un comportamento dannoso che può causare gravi conseguenze emotive, psicologiche e sociali alla vittima. Pertanto, è fondamentale riconoscere e affrontare il bullismo in modo tempestivo ed efficace, lavorando per creare ambienti sicuri e inclusivi in cui il rispetto reciproco e la diversità siano valorizzati.

Nel 2007, per contrastare i fenomeni di bullismo furono emanate le "*Linee di indirizzo generali ed azioni a livello nazionale per la prevenzione del bullismo*" (DM n.16/2007) e le "*Linee di indirizzo ed indicazioni in materia di utilizzo di telefoni cellulari e di altri dispositivi elettronici durante l'attività didattica, irrogazione di sanzioni disciplinari, dovere di vigilanza e di corresponsabilità dei genitori e dei docenti*" (DM n.30/2007).

Cyberbullismo

Con l'evolversi delle tecnologie, l'espansione della comunicazione digitale e online e la sua diffusione tra i pre-adolescenti e gli adolescenti, il bullismo ha assunto le forme subdole e pericolose del *cyberbullismo*, quest'ultimo inteso come estensione del comportamento perpetrato attraverso la rete, che richiedono la messa a punto di nuovi e più efficaci strumenti di contrasto in quanto la tecnologia consente ai bulli di infiltrarsi nelle case e nella vita delle vittime, di materializzarsi in ogni momento, perseguitandole con messaggi, immagini, video offensivi inviati tramite diversi *device*, o pubblicati online nei *siti web* dei social network.

Il cyberbullismo si manifesta online, attraverso la rete internet (e-mail; messaggistica istantanea; social network; etc.), in diverse forme e con conseguenze potenzialmente più gravi del bullismo. Si passa dalle forme più comuni come le *molestie* e le *denigrazioni* (harassment e denigration), fino a forme più particolari ed articolate come il *furto di identità* (impersonation) o il *revenge porn* consistente nell'invio, consegna, cessione, pubblicazione o diffusione, da parte di chi li ha realizzati o sottratti e senza il consenso della persona cui si riferiscono, di immagini o video a contenuto sessualmente esplicito.

Accanto al cyberbullismo, vanno considerati come fenomeni da contrastare anche il cyberstalking, il sexting e il grooming:

- il *cyberstalking*, ovvero la versione online del reato di stalking, con cui si indicano quei comportamenti molesti e persecutori posti in essere attraverso i nuovi mezzi di comunicazione. Il cyber stalker approfitta della cassa di risonanza della rete Internet, per tormentare e denigrare la vittima al fine di indurla in uno stato di costante ansia e paura dell'altro. Le offese, minacce, insulti, ricatti, etc., possono minare seriamente il benessere psicologico della vittima, anche qualora il cyber stalker esista "*solo*" nella realtà virtuale in quanto le ripercussioni sono reali.

- Il *sexting*, ovvero l'atto di inviare, ricevere o condividere messaggi, foto o video di natura sessuale tramite dispositivi elettronici, come smartphone, computer o tablet. Questo fenomeno può coinvolgere persone di tutte le età, ma è particolarmente diffuso tra gli adolescenti.

- il *grooming*, ovvero una pratica mediante la quale un individuo stabilisce un rapporto di fiducia e amicizia con un minore con lo scopo di ottenere la sua fiducia e indurlo a compiere attività sessuali o altri abusi. Spesso avviene attraverso Internet o altri mezzi digitali, dove il soggetto adulto si presenta come un coetaneo o una figura di fiducia per il minore. L'obiettivo finale del grooming può essere l'adescamento sessuale, lo sfruttamento sessuale, la tratta di esseri umani o altri tipi di abuso. La legge considera il grooming come un crimine, poiché costituisce un pericolo per la sicurezza dei minori e viola i loro diritti.

Generazioni Connesse - Safer Internet Centre (SIC)

A partire dal 2012, il Ministero dell'Istruzione, dell'Università e della Ricerca (oggi MIM) ha aderito al programma comunitario pluriennale *'Safer Internet Programme'*, istituito dal Parlamento Europeo e del Consiglio con Decisione 1351/2008/CE, per la protezione dei *bambini* che usano Internet e altre tecnologie di comunicazione. Il programma mira a promuovere un uso più sicuro delle tecnologie offerte dalla rete Internet, educando sotto questo aspetto gli utenti, in particolare i *bambini*, i genitori, gli assistenti, gli insegnanti e gli educatori, e lottare contro i contenuti illeciti e i comportamenti dannosi online. Ai fini della suddetta decisione UE, per *bambini* si intendono le persone di età inferiore ai diciotto anni.

Tra le linee di azione, il Programma prevede la creazione di punti di contatto ai quali i genitori e i bambini potranno rivolgersi per avere una risposta su come navigare in linea in sicurezza, comprese consulenze su come contrastare il *cyberbullismo*, e le sue correlazioni come *cyberstalking*, il *sexting* e il *grooming*.

A tal proposito, il programma *Safer Internet* ha generato in Europa una rete di Safer Internet Centre, alla quale partecipa anche l'Italia con il proprio SIC italiano. La rete europea si manifesta con il portale online "Better Internet for Kids", il quale fornisce informazioni, indicazioni e risorse per una rete Internet migliore e sicura. Il portale è gestito da European Schoolnet, in stretta collaborazione con INSAFE (network che raccoglie tutti i SIC europei) e INHOPE (network che raccoglie tutte le hotlines europee), oltre ad altri soggetti chiave.

L'azione del Safer Internet Centre italiano (SIC) si traduce attraverso il progetto *'Generazioni Connesse'*, il quale offre informazioni, consigli e supporto a bambini, ragazzi, genitori, docenti e educatori che hanno esperienze, anche problematiche, legate a Internet e agevola la segnalazione di materiale illegale online. Il progetto mira a promuovere un uso sicuro e positivo del web, soprattutto tra i giovani, e a contrastare il cyberstalking, il grooming e il cyberbullismo. Il progetto è coordinato dal Ministero dell'Istruzione e del Merito con il partenariato di alcune delle principali realtà italiane che si occupano di sicurezza in Rete, tra cui l'Autorità Garante per l'Infanzia e l'Adolescenza, la Polizia di Stato, gli Atenei di Firenze e 'La Sapienza' di Roma, Save the Children Italia, Telefono Azzurro, la cooperativa EDI onlus, Skuola net e l'Ente Autonomo Giffoni Experience.

Annualmente, nel mese di febbraio, INSAFE, il network che raccoglie tutti i SIC europei, organizza il *Safer Internet Day (SID)*, una manifestazione internazionale che si pone il fine di promuovere un utilizzo responsabile delle tecnologie legate a Internet, in particolar modo agli adolescenti. Nel corso degli anni, la manifestazione ha destato un grande interesse anche al di fuori dei confini UE e attualmente il SID si festeggia in diversi Paesi sparsi in ogni parte del mondo. Nella giornata dedicata alla sicurezza in rete, le scuole organizzano, in collaborazione con aziende dell'ICT, eventi e attività di formazione e informazione destinate agli studenti e alle famiglie, al fine di diffondere le buone pratiche per un uso sicuro della rete Internet.

Il 13 aprile 2015 sono state emanate le "*Linee di orientamento per azioni di prevenzione e di contrasto al bullismo e al cyberbullismo*". Il documento prevede la realizzazione di una serie di azioni atte a fornire al personale della scuola gli strumenti di tipo pedagogico e giuridico per riconoscere i segnali precursori dei comportamenti a rischio e per prevenire e contrastare le nuove forme di prevaricazione e di violenza giovanile. Le suddette linee di orientamento danno continuità e implementano le politiche scolastiche e gli strumenti già in uso.

Nello stesso anno, la Legge 107 del 13 luglio 2015 (c.d. La Buona Scuola) ha introdotto, tra gli obiettivi formativi prioritari, lo sviluppo di competenze digitali negli studenti per un uso critico e consapevole dei social network e dei media, in quanto le studentesse e gli studenti devono essere sensibilizzati a un uso responsabile della rete e resi capaci di gestire le relazioni digitali in contesti non protetti.

Prevenzione e contrasto del cyberbullismo (Legge 71/2017)

Nel mese di maggio 2017, al fine di contrastare il fenomeno del cyberbullismo in tutte le sue manifestazioni, con azioni a carattere preventivo e con una strategia di attenzione, tutela e educazione nei confronti dei minori coinvolti, sia nella posizione di vittime sia in quella di responsabili di illeciti, viene emanata la Legge 71/2017 *"Disposizioni a tutela dei minori per la prevenzione e il contrasto del fenomeno del cyberbullismo"*.

Attualmente, la legge è oggetto di revisione in seguito a tre proposte di legge unificate (C536, C891, C910), che contemplano disposizioni in materia di prevenzione e contrasto del bullismo e cyberbullismo, nonché misure rieducative dei minori. Poiché l'iter legislativo è ancora in corso nelle aule parlamentari, l'analisi, fatta in questo paragrafo, verterà sul testo originale della legge 71/2017. Nei paragrafi successivi, verranno presi in esame le modificazioni e le integrazioni previste dalla suddetta proposta di legge.

La Legge 71/2017, introduce la definizione di «cyberbullismo» inteso come *una qualunque forma di pressione, aggressione, molestia, ricatto, ingiuria, denigrazione, diffamazione, furto d'identità, alterazione, acquisizione illecita, manipolazione, trattamento illecito di dati personali in danno di minorenni, realizzata per via telematica, nonché la diffusione di contenuti on line aventi ad oggetto anche uno o più componenti della famiglia del minore il cui scopo intenzionale e predominante sia quello di isolare un minore o un gruppo di minori ponendo in atto un serio abuso, un attacco dannoso, o la loro messa in ridicolo.*

La Legge 71/2017 si distingue per il suo approccio inclusivo e orientato alla prevenzione e al contrasto del cyberbullismo, ponendo l'accento sull'intervento educativo anziché su misure punitive. In risposta a questa legge, il Ministero dell'Istruzione, dell'Università e della Ricerca ha avviato una ristrutturazione della sua struttura amministrativa sia a livello centrale che periferico, focalizzata sulla prevenzione del cyberbullismo. La riorganizzazione riflette la convinzione che il modo migliore per affrontare il problema del cyberbullismo sia attraverso l'istituzione di un sistema di governance efficace che coinvolga attivamente istituzioni, società civile, adulti e minori stessi.

Il nuovo sistema di *governance* parte con l'istituzione di un *Tavolo di lavoro*, presso la Presidenza del Consiglio dei ministri, coordinato dal MIUR, con il compito di redigere un *Piano di azione integrato* per il contrasto e la prevenzione del cyberbullismo, nonché la realizzazione di un sistema di raccolta dati finalizzato al monitoraggio dell'evoluzione dei fenomeni e, anche avvalendosi della collaborazione con la Polizia postale e delle comunicazioni e con altre Forze di polizia, al controllo dei contenuti per la tutela dei minori.

Il suddetto *Piano di azione* dovrà essere integrato con un codice di co-regolamentazione per la prevenzione e il contrasto del cyberbullismo, a cui devono attenersi gli operatori che forniscono servizi di social networking e gli altri operatori della rete internet.
Con lo stesso codice sarà istituito un comitato di monitoraggio con il compito di definire gli standard per l'istanza di oscuramento, rimozione o blocco di qualsiasi dato personale del minore, diffuso nella rete internet. L'istanza può essere presentata da ciascun minore ultraquattordicenne, che abbia subito atti rientranti nella sfera del cyberbullismo, al titolare del trattamento o al gestore del sito internet o del social media. L'istanza può essere inoltrata da ciascun genitore o soggetto esercente la responsabilità del minore.

Qualora, entro ventiquattro ore dal ricevimento dell'istanza, il soggetto responsabile non abbia comunicato di aver assunto l'incarico di provvedere all'oscuramento, alla rimozione o al blocco richiesto, oppure entro quarantotto ore non abbia provveduto a tali azioni, o nel caso in cui non sia possibile identificare il titolare del trattamento o il gestore del sito internet o del social media, l'interessato può rivolgere una richiesta simile al Garante per la protezione dei dati personali, il quale dovrà provvedere entro quarantotto ore dal ricevimento della richiesta.

Il *Piano di azione integrato* dovrà includere anche azioni di informazione e prevenzione del cyberbullismo rivolte ai cittadini, coinvolgendo i servizi socioeducativi territoriali e collaborando con le scuole.
Il ruolo centrale è comunque della Scuola in quanto la normativa le assegna compiti specifici come la formazione del personale, la presenza di un referente per ogni scuola, la promozione del coinvolgimento attivo degli studenti e degli ex studenti con esperienza di peer education, nonché l'implementazione di misure di sostegno e rieducazione per i minori coinvolti.

Nel mese di ottobre 2017, come previsto dalla Legge 71/2017, il MIUR (MIM) adotta le *Linee di orientamento per la prevenzione e il contrasto del cyberbullismo* nelle scuole, con la collaborazione della Polizia postale e delle comunicazioni, e provvede al loro aggiornamento con cadenza biennale.

Lo scopo delle *Linee di orientamento per la prevenzione e il contrasto del cyberbullismo* è quello di dare continuità a quelle emanate nell'aprile del 2015, apportando le integrazioni e le modifiche necessarie in linea con gli interventi normativi, con particolare riferimento alle innovazioni introdotte con l'emanazione della L. 71/2017.

Le linee di orientamento 2017, conformemente a quanto previsto dalla Legge 71/2015 in materia di *prevenzione e contrasto del cyberbullismo,* nonché dalla Legge n. 107/2015 (La Buona Scuola) in materia di prevenzione e contrasto della dispersione scolastica, di ogni forma di discriminazione e del bullismo, anche informatico, prevedono la formazione di un docente referente per il cyberbullismo per ogni autonomia scolastica; la promozione di un ruolo attivo degli studenti, nonché di ex studenti che abbiano già operato all'interno dell'istituto scolastico in attività di peer education, nella prevenzione e nel contrasto del cyberbullismo nelle scuole; la previsione di misure di sostegno e rieducazione dei minori coinvolti.

Le disposizioni delle Linee di orientamento assegnano un ruolo centrale:

- al docente referente, preferibilmente scelto tra coloro che hanno competenze specifiche e dimostrato interesse per una formazione sulla specifica materia;
- alle studentesse e agli studenti in quanto devono essere sensibilizzati ad un uso responsabile della Rete e resi capaci di gestire le relazioni digitali in ambienti non protetti; compito della Scuola è anche quello di favorire l'acquisizione delle competenze necessarie all'esercizio di una cittadinanza digitale consapevole;
- ai minori che sono stati vittime o autori di atti di bullismo o cyberbullismo, prevedendo misure orientate a fornire sostegno emotivo, psicologico e educativo; le misure adottate devono essere mirate a fornire ai minori il supporto necessario per superare il trauma, sviluppare competenze relazionali positive e prevenire futuri comportamenti dannosi.

Le suddette disposizioni assegnano ruoli cruciali e complementari nell'affrontare il problema del cyberbullismo e contribuiscono a creare un ambiente scolastico più sicuro e rispettoso, in cui gli studenti sono preparati ad affrontare le sfide del mondo digitale in modo responsabile e consapevole, e in cui viene garantito il supporto necessario a coloro che sono coinvolti in situazioni di cyberbullismo o di altre forme di violenza online ad esso collegato.

Per dare seguito a quanto disposto dalla Legge 71/2017 e dalle *Linee di Orientamento per la prevenzione e il contrasto del cyberbullismo*, il MIUR (MIM) ha implementato un *Piano Nazionale di Formazione* dei docenti referenti per contrastare il cyberbullismo. Tale iniziativa ha coinvolto gli istituti scolastici i quali sono stati invitati a designare un docente referente per il bullismo e il cyberbullismo tramite la piattaforma ELISA (E-Learning degli Insegnanti sulle Strategie Antibullismo - www.piattaformaelisa.it).

La piattaforma Elisa fornisce alle scuole e ai docenti strumenti utili per intervenire efficacemente sul tema del bullismo e del cyberbullismo. Per rispondere a tale obiettivo sono state predisposti corsi di formazione, in modalità e-learning, sulle strategie anti-bullismo rivolti ai docenti referenti, ai membri del Team Antibullismo e per l'Emergenza delle scuole e ai Dirigenti Scolastici e loro Collaboratori. Inoltre è stato implementato un sistema di monitoraggio online del bullismo e del cyberbullismo rivolto a tutte le istituzioni scolastiche.

Nel nuovo contesto, la figura del docente referente che la scuola individua assume un ruolo determinate nell'azione preventiva per contrastare il bullismo e il cyberbullismo. Il referente diventa, di fatto, l'interfaccia con le forze di Polizia, con i servizi minorili dell'amministrazione della Giustizia, le associazioni e i centri di aggregazione giovanile sul territorio, per il coordinamento delle iniziative di prevenzione e contrasto del cyberbullismo.

La L. 71/2017 prevede inoltre, conformemente a quanto previsto dalla L. n.107/2015 in materia di competenze digitali degli studenti, con particolare riguardo al pensiero computazionale, all'utilizzo critico e consapevole dei social network e dei media nonché alla produzione e ai legami con il mondo del lavoro, che le istituzioni scolastiche di ogni ordine e grado, nell'ambito della propria autonomia promuovano l'educazione all'uso consapevole della rete internet e ai diritti e doveri connessi all'utilizzo delle tecnologie informatiche.

Tra le molteplici attività volte a contrastare i fenomeni del bullismo e del cyberbullismo e a promuovere un utilizzo corretto della rete Internet, è importante ricordare che il progetto italiano SIC "Safer Internet Centre" si è rivelato un valido strumento nel prevenire tali fenomeni (come previsto dalla L. 71/2017). Il SIC, implementato negli anni, mira alla promozione di un utilizzo sicuro e positivo del web, fornendo risorse educative, strumenti e supporto per educatori, genitori e giovani.

Attraverso iniziative come il sito web *www.generazioniconnesse.it*, il progetto SIC offre informazioni, materiali didattici, linee guida e opportunità di formazione per sensibilizzare e formare coloro che lavorano con i giovani sulla sicurezza online e la prevenzione del cyberbullismo.

Tra le varie attività del progetto SIC italiano si menzionano i seguenti punti:

- *Formazione*: vengono erogate attività di formazione rivolte specificamente alle comunità scolastiche (docenti, studenti e genitori). Le attività sono progettate per aumentare la consapevolezza sui rischi online e per fornire competenze e strategie per contrastare il bullismo e il cyberbullismo.

- *ePolicy d'istituto*: la piattaforma prevede una formazione e-learning per supportare i docenti, di ogni ordine e grado, in un percorso guidato, fino alla restituzione della ePolicy d'Istituto consistente in un documento programmatico, autoprodotto dalla scuola, che permette di programmare e/o aggiornare attività di educazione digitale, oltre che individuare azioni di prevenzione dei fenomeni di bullismo e cyberbullismo da prevedere nel PTOF, come richiede il dettato normativo; in sostanza, un documento programmatico della scuola volto a descrivere il proprio approccio alle tematiche legate alle competenze digitali, alla sicurezza online e a un uso positivo delle tecnologie digitali nella didattica.

- *Informazione e sensibilizzazione*: attività di informazione e sensibilizzazione, realizzate in collaborazione con partner istituzionali sulle tematiche della navigazione sicura in rete. Le iniziative mirano a coinvolgere studenti, genitori e insegnanti nella promozione di comportamenti responsabili online e nella prevenzione del bullismo e del cyberbullismo.

Il Ministero dell'Istruzione, in qualità di coordinatore del Safer Internet Centre Italiano (SIC), al fine di introdurre ulteriori risorse per le scuole intente ad implementare strategie efficaci atte a contrastare i rischi online e a promuovere ambienti digitali sicuri e inclusivi, ha pubblicato, nell'ambito del progetto "*Generazioni Connesse*", le "*Linee Guida per l'uso positivo delle tecnologie digitali e la prevenzione di rischi nelle scuole*".
I contenuti delle *Linee Guida*, suddivisi in sette aree, indicano alcuni approcci psico-pedagogici e comportamentali, da adottare negli interventi da realizzare nelle scuole.

Conformemente a quanto previsto dalla L. 71/2017, il Dirigente scolastico, dovrà definire le linee di indirizzo del Piano Triennale dell'Offerta Formativa (PTOF) e del Patto di Corresponsabilità (D.P.R. 235/07) affinché contemplino misure specificatamente dedicate alla prevenzione del cyberbullismo. Al fine di regolamentare, in maniera efficiente, l'insieme dei provvedimenti sia di natura disciplinare che di natura educativa e di prevenzione, i *Regolamenti* delle istituzioni scolastiche devono essere integrati con specifici riferimenti a condotte di cyberbullismo e relative sanzioni disciplinari commisurate alla gravità degli atti compiuti. Il docente referente potrà svolgere un importante compito di supporto al Dirigente scolastico per la revisione/stesura di tali documenti.

Le scuole devono prestare particolare attenzione alla stesura del Regolamento di istituto specificando i possibili provvedimenti che possono essere adottati nei casi di specie, sempre con una prospettiva di giustizia riparativa. Il regolamento deve riflettere un approccio equilibrato che combini efficacemente sanzioni disciplinari, interventi educativi, riparazione del danno, supporto alle vittime e coinvolgimento dei genitori per promuovere un ambiente scolastico sicuro, inclusivo e rispettoso.

Nel seguente riquadro viene suggerito uno schema che può essere assunto come base di partenza per implementare il Regolamento di istituto.

- *Sanzioni disciplinari*: possono includere ammonizioni verbali, avvisi scritti, allontanamento dalla comunità scolastica, sospensioni con obbligo di frequenza, trasferimenti di classe o altre misure disciplinari appropriate.

- *Interventi educativi*: Oltre alle sanzioni disciplinari, è essenziale offrire opportunità educative, al fine di sviluppare competenze sociali ed emotive essenziali. Gli interventi potrebbero consistere in corsi sulla consapevolezza del bullismo e del cyberbullismo, sulla gestione delle emozioni, sull'empatia e la comunicazione non violenta, nonché, come previsto dallo Statuto delle studentesse e dello studente, in attività di natura sociale, culturale ed in generale a vantaggio della comunità scolastica.

- *Riparazione del danno*: l'approccio si concentra sul ripristino del danno. Può consistere in scuse pubbliche, risarcimento pecuniario di danni materiali o altre iniziative volte a favorire la consapevolezza e il cambiamento.

- *Supporto alla vittima*: È importante che il Regolamento includa misure specifiche per offrire sostegno e protezione alle vittime di bullismo e cyberbullismo. Ciò potrebbe includere consulenza individuale, partecipazione a discussioni in gruppi di supporto tra pari o a programmi di mentoring, supporto psicologico, interventi di mediazione e strategie per prevenire il risentimento o la revittimizzazione (situazione in cui un soggetto che è stato vittima di un evento traumatico o dannoso viene nuovamente esposto a situazioni o comportamenti che gli ricordano o ripetono l'esperienza di vittimizzazione originale; questa può manifestarsi in diverse forme e contesti, in particolar modo nei casi di bullismo e cyberbullismo, nonché violenza domestica, abusi sessuali, ed altro).

- *Coinvolgimento dei genitori*: Il coinvolgimento dei genitori è essenziale nel gestire casi di bullismo e cyberbullismo. Il Regolamento dovrebbe stabilire chiaramente come e quando i genitori verranno coinvolti nel processo di risoluzione dei conflitti e quali sono le loro responsabilità nel supportare il cambiamento comportamentale del loro figlio. Questo punto deve assumere a sua volta un grande rilievo nel Patto Educativo di Corresponsabilità.

È importante che il Regolamento venga comunicato chiaramente a studenti, genitori e personale scolastico. I dirigenti scolastici quando vengono a conoscenza di casi di cyberbullismo all'interno della scuola hanno il dovere di agire tempestivamente. Se l'atto di cyberbullismo non costituisce un reato, i dirigenti scolastici devono informare i genitori o i tutori dei minori coinvolti e devono intraprendere azioni educative adeguate. Se l'atto di cyberbullismo costituisce un reato, sarà necessario coinvolgere le autorità competenti per le indagini e le azioni legali appropriate.

Infine, la Legge n.71/2017 prevede *l'ammonimento*, ovvero un provvedimento amministrativo che permette di affrontare casi di cyberbullismo che non costituiscono reati perseguibili d'ufficio o per i quali non è stata presentata una querela o denuncia.

Se un minore ultraquattordicenne è coinvolto in condotte di cyberbullismo come ingiuria (reato depenalizzato), diffamazione, minaccia o trattamento illecito dei dati personali su Internet nei confronti di un altro minorenne, è possibile rivolgersi al Questore, l'autorità provinciale di Pubblica Sicurezza, per richiedere un ammonimento nei confronti del minore autore delle condotte moleste.

La richiesta di ammonimento può essere presentata presso qualsiasi ufficio di Polizia e deve includere una descrizione dettagliata degli eventi, delle persone coinvolte e di eventuali prove, ovvero di un insieme di indizi che suggeriscano la veridicità delle affermazioni. Se la richiesta di ammonimento viene considerata fondata, il Questore convocherà il minore responsabile insieme a uno dei suoi genitori o a chi ne esercita la potestà genitoriale, ammonendolo oralmente e invitandolo a tenere una condotta conforme alla legge con specifiche prescrizioni che varieranno a seconda delle circostanze. Non vi è un limite di durata per l'ammonimento, ma questo cesserà automaticamente quando il minore raggiungerà la maggiore età.

Educazione Civica: Educazione alla Cittadinanza Digitale

Tra le numerose indicazioni di contrasto ai fenomeni del bullismo e cyberbullismo e di educazione a un utilizzo corretto della rete, è utile ricordare la legge 92/2019, la quale istituisce nel primo e nel secondo ciclo di istruzione l'insegnamento dell'Educazione Civica, al fine di sviluppare la conoscenza e la comprensione dei principi fondamentali della democrazia, dei diritti umani, delle istituzioni e del funzionamento della società civile, nonché la consapevolezza delle questioni sociali, politiche ed economiche che influenzano la comunità locale, nazionale, europea e globale.

L'Educazione Civica è stata istituita nel 2019 dalla legge 92 come insegnamento trasversale a un curriculo verticale nel primo e secondo ciclo di istruzione scolastica.
Gli obiettivi didattici sono declinati per ogni ciclo scolastico, dalla scuola dell'infanzia alle scuole superiori di secondo grado, per un totale di 15 anni.

Nel nuovo insegnamento il progetto si articola in tre pilastri:

1. *Costituzione e cittadinanza*: A fondamento dell'insegnamento dell'Educazione Civica, è posta la conoscenza della Costituzione italiana, per sviluppare competenze ispirate ai valori della responsabilità, della legalità, della partecipazione e della solidarietà".

2. *Sostenibilità*: L'Agenda 2030 dell'ONU fissa i 17 obiettivi da perseguire entro il 2030 a salvaguardia della convivenza e dello sviluppo sostenibili. Gli obiettivi, oltre alla conservazione dell'ambiente e delle risorse naturali, mirano a modi di vivere inclusivi e rispettosi dei diritti fondamentali delle persone, primi fra tutti la salute, il benessere psico-fisico, l'uguaglianza tra soggetti, il lavoro, un'istruzione di qualità, ed altro ancora.

3. *Cittadinanza digitale*: La crescente presenza delle tecnologie digitali nella vita quotidiana ha spinto il legislatore a considerare attentamente l'etica nell'uso dei dispositivi e nella navigazione in rete, a tutela del rispetto tra persone, della riservatezza, dell'identità e dei dati personali. Inoltre, il diffondersi di messaggi

contenenti informazioni false, antiscientifiche, ostili e aggressive sottolinea l'importanza di educare al pensiero critico e alla capacità di reperire, valutare, validare informazioni attendibili e di distinguere le fonti autorevoli e affidabili.

Per massimizzare le interconnessioni e favorire le integrazioni fra le tematiche, i contenuti si sviluppano in sei ambiti trasversali di apprendimento specifico in cui lo studente può sviluppare la sua sfera di analisi e di intervento:

1. Persona Ambiente e Territorio
2. Interazione tra le persone
3. Cittadinanza e partecipazione
4. Diritti sociali e benessere
5. Transizione ad una economia sostenibile
6. Il contesto globale

L'interazione dello studente con il mondo circostante durante e alla fine del ciclo di studi si sviluppa e trova concreta applicazione in questi ambiti, che sono suggeriti come possibili contesti in cui sviluppare gli obiettivi specifici di apprendimento e facilitare lo sviluppo di percorsi didattici coerenti.
L'offerta formativa dell'insegnamento Educazione alla Cittadinanza Digitale, nel rispetto dell'autonomia scolastica, contempla una serie di abilità e conoscenze digitali essenziali, richieste anche dalla Legge 71/2017, da sviluppare con gradualità, tenendo conto dell'età dei discenti:

- Conoscenza delle tecnologie digitali: comprendere il funzionamento di dispositivi, applicazioni e piattaforme online, nonché saper interagire attraverso varie tecnologie digitali e individuare i mezzi e le forme di comunicazione in contesti digitali appropriati;

- Consapevolezza dei rischi: essere consapevole dei rischi, associati all'uso di Internet e delle tecnologie digitali, poiché possono influire sul benessere psicofisico e sull'inclusione sociale, con particolare attenzione ai comportamenti riconducibili al bullismo e al cyberbullismo;

- Etica digitale: promuovere comportamenti etici online, come il rispetto della propria privacy e quella degli altri, l'attribuzione corretta delle fonti e la non diffusione di contenuti dannosi o illegali;

- Pensiero critico: Sviluppare la capacità di valutare in modo critico le informazioni online, riconoscendo la disinformazione, l'opinione mascherata da fatto e le manipolazioni mediatiche;

- Partecipazione responsabile: incoraggiare la partecipazione attiva e responsabile nella sfera digitale, includendo la condivisione di contenuti positivi, nonché la partecipazione al dibattito pubblico attraverso l'utilizzo di servizi digitali pubblici e privati;

- Sicurezza online: essere in grado di proteggere sé e gli altri da eventuali pericoli in ambienti digitali pratiche di sicurezza informatica, gestione delle password, impostazioni di privacy e riconoscimento delle truffe online.

Linee di orientamento 2021

Nel 2021, con il Decreto Ministeriale numero 18 del 13 gennaio, sono state emanate le *Linee di Orientamento per la prevenzione e il contrasto dei fenomeni di Bullismo e Cyberbullismo*. Le linee guida hanno l'obiettivo di fornire alle istituzioni scolastiche indicazioni precise su come realizzare interventi efficaci per comprendere, prevenire e contrastare gli episodi di bullismo e cyberbullismo che coinvolgono gli alunni e gli studenti.

Esse rappresentano un'evoluzione delle Linee di Orientamento precedenti, emanate nell'ottobre 2017, e sono progettate per consentire a dirigenti, docenti e operatori scolastici di avere a disposizione strumenti basati su evidenze scientifiche comprovate. In questo modo, si mira a promuovere un ambiente scolastico sicuro e inclusivo, dove ogni studente possa svilupparsi in modo armonioso e libero da violenza e discriminazioni.

Team Antibullismo

Le suddette Linee di orientamento invitano gli istituti scolastici, nell'ambito della propria autonomia, a trarre ispirazione da esperienze *evidence based* come KIVA e PEBUC e istituire un Team Antibullismo. Il Team è composto dal Dirigente Scolastico nel ruolo di coordinatore, dal referente per il bullismo-cyberbullismo, dall'animatore digitale e da altre figure professionali presenti all'interno della scuola, come psicologi, pedagogisti e operatori sociosanitari.

L'obiettivo del Team Antibullismo è quello di coordinare le attività di prevenzione e contrasto del bullismo e del cyberbullismo all'interno della scuola, fornendo supporto agli studenti coinvolti e promuovendo un clima scolastico sicuro e inclusivo. Inoltre, al fine di promuovere la collaborazione tra scuola e comunità territoriale, si ritiene utile costituire un Team per l'Emergenza, possibilmente in collaborazione con le reti di scopo, che includa figure specializzate del territorio, per favorire il coinvolgimento delle altre agenzie educative e di tutela dei minori, delle forze dell'ordine, dei servizi sanitari, delle strutture educative.

Il Team Antibullismo e il Team per l'Emergenza avranno le funzioni di:

- coadiuvare il Dirigente scolastico nella definizione degli interventi di prevenzione del bullismo (per questa funzione partecipano anche il presidente del Consiglio di istituto e i rappresentanti degli studenti);

- intervenire nelle situazioni acute di bullismo (Il team ristretto è circoscritto al dirigente e referente/i per il bullismo/cyberbullismo, psicologo/pedagogista, se presente).

- Comunicare al Referente regionale (anche tramite i Referenti territoriali), alla fine di ogni anno scolastico, i casi di bullismo o cyberbullismo (i dati serviranno per un eventuale monitoraggio nazionale dei fenomeni di bullismo e cyberbullismo e potranno essere trasmessi dai Referenti regionali alla Commissione nazionale istituita presso il MIM).

Azioni efficaci della Scuola

Le Linee di orientamento auspicano che vengano effettuate in modo sistematico e continuativo *azioni mirate*, specialmente nelle scuole a maggior rischio in caso di degenerazione di comportamenti aggressivi o di manifestazioni di bullismo e cyberbullismo:

1- Azioni prioritarie

Effettuare la valutazione degli studenti a rischio, osservare eventuali segnali di disagio e rilevare comportamenti dannosi per la salute degli studenti (le attività di valutazione e monitoraggio dovranno essere continue e sistematiche):

- Effettuare una valutazione degli studenti al fine di identificare quelli che potrebbero essere esposti a situazioni di bullismo o che potrebbero manifestare disagio psicologico;
- Monitorare attentamente il comportamento degli studenti a rischio in classe, durante la ricreazione, all'ingresso e all'uscita dalla scuola, nonché durante le attività extrascolastiche, osservando l'interazione con i loro coetanei, al fine di individuare segnali di potenziale disagio o comportamenti preoccupanti.
- Raccogliere informazioni dettagliate sui comportamenti dannosi per la salute degli studenti, inclusi segni di abuso di sostanze, autolesionismo o segni di maltrattamento da parte dei coetanei.

Organizzare la formazione del personale scolastico, prevedendo la partecipazione ai moduli formativi disponibili sulla piattaforma ELISA di almeno due docenti referenti per ogni scuola:

- Pianificare sessioni di formazione regolari per il corpo docente sulla tematica del bullismo e del cyberbullismo, fornendo strumenti pratici e strategie per riconoscere, prevenire e gestire tali comportamenti.
- Assicurare che almeno due docenti referenti per ogni istituto scolastico partecipino ai moduli formativi disponibili sulla piattaforma ELISA, che fornisce risorse specifiche per affrontare il bullismo e il cyberbullismo.

Condurre attività di formazione e informazione rivolte a docenti, studenti, famiglie e personale ATA, sui temi dei regolamenti e delle procedure adottate dal referente per il bullismo e il cyberbullismo e dal Team Antibullismo. È opportuno comunicare nella maniera più ampia, all'interno della comunità educante, i nominativi dei referenti scolastici per il contrasto dei fenomeni del bullismo e del cyberbullismo e dell'eventuale Team per l'Emergenza:

- Organizzare workshop e incontri informativi per docenti, studenti, genitori e personale ATA, per sensibilizzare sulla gravità del bullismo e del cyberbullismo, illustrando le procedure e i protocolli da seguire in caso di episodi o segnalazioni.
- Assicurare una comunicazione chiara e trasparente all'interno della scuola riguardo ai nominativi dei referenti scolastici incaricati di gestire situazioni legate al bullismo e al cyberbullismo, così come i membri del Team per l'Emergenza, se previsto.

- Attivare procedure chiare e facilmente accessibili, anche usando le tecnologie digitali, per facilitare i contatti con i referenti del bullismo e del cyberbullismo.

Nell'azione formativa, promuovere il coinvolgimento attivo degli studenti, nonché di ex studenti che abbiano già svolto attività di peer education all'interno dell'istituto scolastico, nella prevenzione e nel contrasto al bullismo e al cyberbullismo:

- Promuovere la partecipazione degli studenti in iniziative volte alla sensibilizzazione e prevenzione del bullismo e del cyberbullismo, incoraggiandoli a diventare attori attivi nella creazione di un ambiente scolastico sicuro e rispettoso.
- Coinvolgere ex studenti che hanno esperienza nell'educazione tra pari per fornire testimonianze e consulenza agli studenti, incoraggiandoli a diventare modelli positivi di comportamento e a diffondere messaggi anti-bullismo nella comunità educante.

2- Azioni consigliate

- Attivare periodiche rilevazioni dei fenomeni di bullismo e cyberbullismo attraverso questionari somministrati agli studenti o tramite osservazioni basate sulla documentazione disponibile sulla piattaforma ELISA, che fornisce strumenti e risorse utili per monitorare questi fenomeni.

- Attivare un sistema di segnalazione che permetta agli studenti, al personale scolastico e alle famiglie di segnalare casi di bullismo o cyberbullismo in modo tempestivo e affidabile.

- Attivare uno sportello psicologico e un centro di ascolto gestiti da psicologi, anche avvalendosi della collaborazione dei servizi pubblici territoriali. Questo servizio, che può essere condiviso anche in rete con altre scuole, rappresenta un importante punto di riferimento per gli studenti, e i genitori, che hanno bisogno di supporto emotivo e psicologico a seguito di situazioni di bullismo o cyberbullismo.

- Costituire reti di scopo per la formazione in materia di bullismo e cyberbullismo, al fine di acquisire competenze specifiche nella prevenzione e nel contrasto di questi fenomeni.

- Costituire gruppi di lavoro interdisciplinari che includano i referenti per la prevenzione del bullismo e del cyberbullismo, l'animatore digitale e altri docenti impegnati nelle attività di promozione dell'educazione civica, affinché possano coordinare attività di formazione, collaborare alla redazione del documento di ePolicy d'istituto (a tal proposito possono essere seguite le indicazioni reperibili nel portale Generazioni Connesse), monitorare il rispetto del regolamento sulla comunicazione digitale (in particolar modo foto e video) e promuovere attività educative trasversali che integrino l'educazione civica e l'educazione digitale, favorendo così lo sviluppo di competenze civiche e la consapevolezza dei rischi legati all'uso della tecnologia.

Azioni di prevenzione previste dall'OMS

Conformemente a quanto previsto dall'OMS, la *prevenzione* comprende tutti quegli interventi (sanitari e non sanitari) che cercano di ridurre l'insorgenza, la cronicizzazione e le conseguenze negative di un determinato disturbo. Gli interventi di prevenzione vengono solitamente suddivisi in primari, secondari o terziari in base al momento in cui si agisce, ovvero prima dell'insorgenza del disturbo (prevenzione primaria), alle prime avvisaglie di sintomi (prevenzione secondaria) o quando il disturbo è conclamato/cronico (prevenzione terziaria).

Scopi e modalità dei tipi di intervento in funzione del tipo di prevenzione		
Prevenzione primaria o universale	Ridurre o eliminare i fattori di rischio attraverso l'educazione, la sensibilizzazione e l'informazione	promuovere la consapevolezza e la responsabilizzazione tra gli studenti, nella scuola e nelle famiglie; per le scuole secondarie sollecitare il coinvolgimento attivo degli studenti anche attraverso modalità di peer education.
Prevenzione secondaria o selettiva	Ridurre il disturbo, identificando e intervenendo precocemente sulle persone a rischio	predisporre una valutazione accurata del problema e conseguenzialmente un piano di intervento, rivolto alle persone a rischio, predisposto dal Team Antibullismo e dal Team per l'Emergenza in collaborazione con i servizi del territorio
Prevenzione terziaria o indicata	Trattamento delle persone con disturbo ormai conclamato o c.d. acuto	in caso di episodio sospetto e/o segnalato/denunciato programmare: • un colloquio individuale con la vittima; • un colloquio individuale con il bullo; • un possibile colloquio con i bulli se hanno agito in gruppo; • un possibile colloquio con vittima e bullo/i se le circostanze lo consentono; • un coinvolgimento dei genitori della vittima e del bullo/i

Uno schema di prevenzione primaria/universale, al fine contrastare il bullismo e il cyberbullismo, conformemente alla Legge 71/2017 e alle Linee di orientamento 2021, può essere il seguente:

- costituire il Team Antibullismo e, eventualmente, il Team per l'Emergenza coinvolgendo altre figure del territorio;
- individuare e formare almeno due docenti referenti antibullismo tramite la piattaforma ELISA;
- predisporre un piano di sorveglianza, in funzione delle necessità della scuola;
- valutare e monitorare il rischio tra gli studenti, osservando il disagio e identificare comportamenti dannosi (dati necessari per attivare la prevenzione secondaria/selettiva);

- introdurre misure preventive nei documenti istituzionali come il PTOF, il Regolamento d'Istituto e il Patto educativo di corresponsabilità;
- organizzare attività di formazione e informazione per docenti, studenti, famiglie e personale ATA sui regolamenti e sulle procedure da adottare nel caso in cui si verificano episodi rientranti nella sfera del bullismo e del cyberbullismo;
- favorire il coinvolgimento attivo degli studenti, e eventualmente anche di ex studenti, attraverso azioni di peer education (scuole secondarie);
- coinvolgere le famiglie condividendo il Patto educativo di corresponsabilità;

Nella programmazione e attuazione di tali azioni è opportuno il coinvolgimento attivo del Team Antibullismo e del Team per l'Emergenza al fine di concordare al meglio le comunicazioni interne ed esterne ed eventuali strategie d'intervento. Altresì, le azioni di prevenzione secondaria/selettiva e terziaria/indicata saranno valutate, organizzate e attuate da parte del Team Antibullismo e del Team per l'Emergenza in autonomia o in collaborazione con gli enti del territorio.

Si ribadisce, inoltre, che in base alle norme vigenti:

- in caso di rilevanza penale del comportamento è obbligo del Dirigente scolastico segnalare l'evento all'autorità giudiziaria;

- in caso di segnalazione e/o accertamento di episodi cyberbullismo, il dirigente scolastico ha l'obbligo di informare tempestivamente la famiglia come indicato nella L.71/2017.

Proposta di Legge: prevenzione e contrasto del bullismo e del cyberbullismo

Nella seduta di mercoledì 6 settembre 2023, la Camera ha approvato il testo unificato delle Proposte di legge: Dori e D'Orso; Pittalis ed altri; Maschio ed altri: Disposizioni in materia di prevenzione e contrasto del bullismo e del cyberbullismo (536 - 891 - 910). Come previsto dalla Costituzione, dopo l'approvazione della Camera, il provvedimento è passato all'altro lato del Parlamento (Senato). Il 22 febbraio 2024, la proposta di Legge modificata dal Senato è stata trasmessa alla Camera per essere riesaminata.

In chiave di sintesi, per fissare alcuni punti fondamentali della legge n. 71 del 2017 prima del suddetto intervento legislativo:

- individua come finalità principale il contrasto del cyberbullismo in tutte le sue forme, attraverso una strategia che comprende misure preventive ed educative rivolte ai minori, sia alle vittime che agli autori di cyberbullismo, ponendo particolare attenzione all'ambito scolastico.

- prevede che i minori di almeno 14 anni, nonché i genitori o chi esercita la responsabilità su di loro, possano presentare istanza al gestore del sito Internet o del social media, o al titolare del trattamento, per ottenere provvedimenti inibitori e prescrittivi a tutela del minore, vittima di cyberbullismo. I provvedimenti possono includere l'oscuramento, la rimozione o il blocco di qualsiasi dato personale del minore diffuso su Internet, con la conservazione dei dati originali. Il gestore del sito o del social media deve comunicare entro 24 ore di aver preso in carico l'istanza e deve agire sulla richiesta entro le successive 48 ore. In caso contrario, l'interessato può rivolgere una segnalazione o un reclamo al Garante per la protezione dei dati personali, che deve intervenire entro ulteriori 48 ore secondo la normativa vigente.

- istituisce un tavolo tecnico dedicato alla prevenzione e al contrasto del cyberbullismo e prevede che il MIUR (oggi MIM), sentito il Ministero della Giustizia, adotti apposite linee di orientamento, da aggiornare ogni due anni, per la prevenzione ed il contrasto del cyberbullismo nelle scuole. Le linee guida devono includere una formazione specifica per il personale scolastico, la promozione di un ruolo attivo degli studenti nel contrastare il cyberbullismo e la previsione di misure di sostegno e rieducazione per i minori coinvolti.

- prevede che in ogni istituto scolastico sia designato un docente con funzioni di referente per le iniziative contro il cyberbullismo. Il docente referente collaborerà con le Forze di polizia, le associazioni e i centri di aggregazione giovanile presenti sul territorio per contrastare efficacemente questo fenomeno.

- prevede interventi educativi mirati al contrasto del cyberbullismo, che includono il finanziamento di progetti e la promozione dell'uso consapevole di Internet.

- stabilisce che in caso di episodi di cyberbullismo in ambito scolastico, il dirigente scolastico ha l'obbligo di informare tempestivamente i genitori o i tutori dei minori coinvolti e di attivare azioni educative adeguate.

- stabilisce che fino a quando non sia stata proposta una querela o presentata una denuncia per reati come ingiuria, diffamazione, minaccia o trattamento illecito di dati personali commessi da minorenni ultraquattordicenni su Internet nei confronti di altri minori, il questore può convocare il minore responsabile, insieme a almeno un genitore o altra persona esercente la responsabilità genitoriale, e applicare la disciplina dell'ammonimento, mutuata da quella per lo stalking, anche al cyberbullismo.

La proposta di Legge si compone di sei articoli di cui il primo interviene sulla legge 29 maggio 2017, n. 71, apportando modificazioni e integrazioni.

Analizziamo i primi cinque articoli (il sesto reca la clausola di invarianza finanziaria):

1. L'art. 1 interviene sulla legge 29 maggio 2017, n. 71 modificando il titolo nel seguente: *Disposizioni a tutela dei minori per la prevenzione e il contrasto dei fenomeni del bullismo e del cyberbullismo*, ed estendendo il perimetro d'applicazione della legge dalla prevenzione e contrasto del solo cyberbullismo, anche alla prevenzione e contrasto del bullismo, cercando d'intercettare il fenomeno in tutte le sue manifestazioni. Analizziamo le novità più significative:

   - Con la modificazione del comma 1, art. 1 la legge 71/2017 nata per la prevenzione e il contrasto al cyberbullismo viene estesa anche al bullismo; le modificazioni apportate sottolineano l'importanza di promuovere una cultura di attenzione e tutela nei confronti dei minori, sia quelli che sono vittime di bullismo e cyberbullismo, sia quelli che possono essere coinvolti come responsabili di comportamenti illeciti. Il nuovo disposto normativo coinvolge attivamente i genitori nella prevenzione e nel contrasto dei fenomeni del bullismo e del cyberbullismo, in quanto sono chiamati ad assumere un ruolo fondamentale nell'orientare i propri figli al corretto utilizzo delle tecnologie e nel presidiare il loro uso; i genitori sono coinvolti attivamente nei processi educativi e formativi dei loro figli, senza distinzione di età, lavorando insieme alle istituzioni scolastiche, alle organizzazioni degli Enti locali, sportive e del Terzo settore che svolgono attività educative, anche non formali, per garantire un ambiente sicuro e inclusivo per tutti i minori.

   - Dopo il comma 1 dell'art.1 viene inserito il *comma 1-bis* introducendo, in aggiunta a quella già prevista di cyberbullismo, anche la definizione di bullismo: *per "bullismo" si intendono l'aggressione o la molestia reiterate, da parte di una singola persona o di un gruppo di persone, in danno di un minore o di un gruppo di minori, idonee a provocare sentimenti di ansia, di timore, di isolamento o di emarginazione, attraverso atti o comportamenti vessatori, pressioni o violenze fisiche o psicologiche, istigazione al suicidio o all'autolesionismo, minacce o ricatti, furti o danneggiamenti, offese o derisioni.*

   - Con la modificazione apportata al c.1 dell'art. 3, il *Tavolo tecnico, per la prevenzione e il contrasto del cyberbullismo*, istituito presso la Presidenza del Consiglio dei ministri, viene sostituito da un *Tavolo tecnico, per la prevenzione e il contrasto del bullismo e del cyberbullismo*, istituito presso il Ministero dell'Istruzione e del Merito (MIM). Fanno parte del Tavolo tecnico, oltre alle rappresentanze precedenti, anche il Consiglio nazionale dei consumatori e degli utenti, nonché esperti dotati di specifiche competenze in campo psicologico, pedagogico e delle comunicazioni sociali telematiche, nominati dal Ministro dell'istruzione e del merito, di concerto con l'Autorità politica delegata per le politiche della famiglia.

- Con la modificazione apportata al c.2 dell'art. 3, il *Tavolo tecnico*, non sarà più coordinato dal Ministero dell'istruzione e del Merito, ma sarà presieduto da un rappresentante del Dipartimento per le politiche della famiglia della Presidenza del Consiglio dei ministri. Il *Tavolo tecnico* sarà convocato regolarmente a cadenza semestrale e dovrà redigere, entro centottanta giorni dal suo insediamento, un *Piano di azione integrato* per il contrasto e la prevenzione del bullismo e del cyberbullismo.

- Il c. 4 dell'art.3 viene sostituito da un nuovo comma, il quale prevede che il *Piano di azione integrato* includa, altresì, iniziative di informazione e prevenzione del bullismo e del cyberbullismo rivolte ai cittadini, coinvolgendo principalmente i servizi socioeducativi locali in collaborazione con istituzioni scolastiche, enti locali, organizzazioni sportive e del Terzo settore. Il Piano, rispetto a prima, mira a promuovere una cultura di consapevolezza e prevenzione a livello comunitario, in quanto coinvolge attivamente, oltre alle istituzioni scolastiche, diversi attori della comunità locale per affrontare in modo integrato e sinergico il problema del bullismo e del cyberbullismo.

- Il c. 5 dell'art. 3, viene sostituito da un nuovo comma, il quale prevede che nell'ambito del *Piano di azione integrato*, l'Autorità politica delegata per le politiche della famiglia, in collaborazione con l'Autorità per le garanzie nelle comunicazioni e con il Garante per la protezione dei dati personali, predisponga periodiche campagne informative di prevenzione e sensibilizzazione sui fenomeni del bullismo e del cyberbullismo. Le campagne informative sono progettate per diffondere la consapevolezza su questi problemi e per promuovere la conoscenza dei sistemi di controllo parentale (parental control – vedi riquadro), avvalendosi dei principali media, degli organi di comunicazione e stampa e di soggetti privati per raggiungere il pubblico in modo efficace e diffondere il messaggio di prevenzione e sensibilizzazione.

- Il c.6 dell'art. 3 viene sostituito da un nuovo comma il quale prevede che il Ministro dell'Istruzione e del Merito è tenuto a trasmettere alle Camere, entro il 31 dicembre di ogni anno, una relazione sugli esiti delle attività svolte dal tavolo tecnico per la prevenzione e il contrasto del bullismo e del cyberbullismo.

Controllo parentale (Parental control)

I sistemi di controllo parentale sono strumenti tecnologici progettati per consentire ai genitori di monitorare e limitare l'accesso dei propri figli a determinati contenuti online e alle attività sui dispositivi digitali. Questi strumenti offrono varie funzionalità, tra cui:
- Filtri web: Consentono ai genitori di bloccare l'accesso a siti web inappropriati o pericolosi per i minori, come siti pornografici, violenti o contenenti contenuti illegali.

- Limiti di tempo: Consentono ai genitori di impostare limiti di tempo per l'utilizzo di dispositivi digitali, aiutando a gestire il tempo trascorso online dai propri figli e promuovendo un equilibrio tra vita digitale e vita reale.
- Monitoraggio delle attività online: Consentono ai genitori di monitorare l'attività online dei propri figli, inclusi i siti web visitati, le app utilizzate e le interazioni sui social media, al fine di identificare potenziali rischi o comportamenti problematici.
- Blocco delle app: Consentono ai genitori di bloccare l'accesso a determinate app o giochi, limitando così l'esposizione dei minori a contenuti inappropriati o dannosi.
- Controllo degli acquisti in-app: Consentono ai genitori di controllare e limitare gli acquisti effettuati all'interno delle app, evitando così spese non autorizzate.

- Dopo il c.2 dell'art. 4 viene inserito il comma 2-bis il quale prevede che ogni istituto scolastico è tenuto ad adottare un codice interno per la prevenzione e il contrasto dei fenomeni del bullismo e del cyberbullismo e deve istituire, inoltre, un T*avolo permanente di monitoraggio* composto da rappresentanti degli studenti, degli insegnanti, delle famiglie e esperti del settore.

- Nel comma 3, art. 4, viene aggiunto che ogni istituto deve recepire nel proprio regolamento interno le Linee di orientamento per la prevenzione e il contrasto del bullismo e del cyberbullismo, anche con riferimento alle procedure da adottare per la prevenzione e il contrasto di questi fenomeni.

- Dopo l'art. 4 viene inserito l'art. 4 bis il quale prevede che le Regioni possono adottare iniziative volte a fornire alle Istituzioni scolastiche di ogni ordine e grado, su richiesta e anche tramite convenzione con gli Uffici Scolastici Regionali, un servizio di *sostegno psicologico* agli studenti al fine di favorire lo sviluppo e la formazione della loro personalità, nonché di prevenire fattori di rischio o situazioni di disagio, anche attraverso il coinvolgimento delle famiglie; un servizio di *coordinamento pedagogico* al fine di promuovere e contribuire al pieno sviluppo delle potenzialità di crescita personale, di inserimento e partecipazione sociale, agendo in particolare sulle relazioni interpersonali e sulle dinamiche di gruppo.

- Il comma 1 dell'art. 5 è dedicato all'informativa alle famiglie, alle sanzioni in ambito scolastico e ai progetti di sostegno e di recupero. Nella fattispecie, salvo che il fatto costituisca reato, il dirigente scolastico che venga a conoscenza di atti di bullismo e cyberbullismo, realizzati anche in forma non telematica, che coinvolgono a qualsiasi titolo studenti iscritti all'istituto scolastico che dirige, applica le procedure previste dalle linee di orientamento ministeriale. Inoltre, informa prontamente i genitori dei minori coinvolti o i soggetti esercenti la responsabilità genitoriale e promuove iniziative educative appropriate nei confronti degli stessi minori. Le iniziative possono anche coinvolgere la classe attraverso percorsi di mediazione scolastica. Nei casi più gravi, soprattutto se si tratta di condotte reiterate o se le iniziative educative intraprese dalla scuola non hanno avuto esito positivo, il dirigente scolastico informa le autorità competenti. Anche per l'eventuale attivazione delle misure rieducative come specificato nell'articolo 25 del regio decreto-legge 20 luglio 1934, n. 1404 oggetto di modifica da parte dell'articolo 2 del provvedimento in esame (v. infra).

2. L'articolo 2 modifica la legge sull'istituzione e sul funzionamento del Tribunale per i minorenni (Regio decreto-legge 20 luglio 1934, n. 1404), nota anche come "*legge minorile*". In particolare, tramite la riformulazione dell'articolo 25 del regio decreto, sono apportate alcune modifiche alla disciplina delle misure coercitive di intervento non penale nei confronti di minorenni dalla condotta socialmente inaccettabile. A differenza degli interventi penali, possibili solo a partire dal quattordicesimo anno e nel caso in cui il fatto costituisca reato, per l'applicazione delle misure di cui all'art. 25 non è prevista un'età minima, e non sono tipizzate le condotte devianti che possono darvi luogo. Nella fattispecie:

   - *Intervento sulle Misure Coercitive*: L'articolo interviene sulla disciplina delle misure coercitive non penali che il tribunale per i minorenni può adottare, inserendo tra i presupposti per l'adozione di tali misure il riferimento specifico a condotte aggressive. Tali condotte possono avvenire sia individualmente che in gruppo e possono riguardare persone, animali o cose, lesive della dignità altrui. È importante sottolineare che viene esplicitamente menzionato anche l'utilizzo delle nuove tecnologie, indicando le condotte telematiche come fattori rilevanti per l'adozione delle misure.

   - *Modifiche al Procedimento*: Viene modificato il procedimento per l'adozione delle misure, introducendo un intervento preliminare che prevede un percorso di mediazione o un progetto di intervento educativo con finalità rieducativa o riparativa, sotto la direzione e il controllo dei servizi sociali minorili. Al termine del percorso, il tribunale può disporre la conclusione del procedimento, la continuazione del progetto, l'affidamento del minore ai servizi sociali o, solo in casi estremi, il collocamento del minore in una comunità.

   In sostanza, l'articolo 2 mira a introdurre un approccio più mirato e rieducativo nel trattamento dei minori coinvolti in condotte aggressive, anche online, garantendo al contempo un adeguato controllo e un intervento tempestivo da parte dei servizi sociali minorili.

3. L'articolo 3 conferisce al Governo una delega affinché, entro dodici mesi dalla data di entrata in vigore della legge, adotti uno o più decreti legislativi volti a prevenire e contrastare il fenomeno del bullismo e del cyberbullismo nel rispetto dei seguenti princìpi e criteri direttivi:

   - l'implementazione del numero pubblico "Emergenza infanzia 114", accessibile gratuitamente e attivo nell'intero arco delle ventiquattro ore, con il compito di fornire alle vittime, ovvero alle persone congiunte o legate ad esse da relazione affettiva, un servizio di prima assistenza psicologica e giuridica da parte di personale dotato di adeguate competenze e, nei casi più gravi, informare prontamente l'organo di polizia competente della situazione di pericolo segnalata, nonché prevedere una specifica area dotata di una funzione di geolocalizzazione e un servizio di messaggistica istantanea;

   - prevedere che l'Istituto nazionale di statistica (ISTAT) svolga, con cadenza biennale, una rilevazione sui fenomeni del bullismo e del cyberbullismo, al fine di misurarne le caratteristiche fondamentali e di individuare i soggetti più esposti al rischio;

- prevedere che i contratti degli utenti stipulati con i fornitori di servizi di comunicazione e di informazione offerti mediante reti di comunicazione elettronica richiamino espressamente le disposizioni dell'articolo 2048 del codice civile in materia di responsabilità dei genitori per i danni cagionati dai figli minori in conseguenza di atti illeciti posti in essere attraverso l'uso della rete nonché le avvertenze a tutela dei minori previste dal Regolamento (UE) 2022/2065 del Parlamento Europeo e del Consiglio, del 19 ottobre 2022, relativo a un mercato unico dei servizi digitali.

- prevedere che la Presidenza del Consiglio dei ministri promuova periodiche campagne informative di prevenzione e di sensibilizzazione sull'uso consapevole della rete internet e sui suoi rischi, avvalendosi dei principali mezzi di informazione, degli organi di comunicazione e di stampa nonché di soggetti privati.

In sintesi, l'articolo 3 delega al Governo il compito di adottare misure specifiche per prevenire e contrastare il bullismo e il cyberbullismo, includendo l'implementazione di servizi di emergenza, la raccolta di dati statistici, la regolamentazione della responsabilità genitoriale e la promozione di campagne di sensibilizzazione.

4. L'articolo 4 istituisce la "Giornata del rispetto" come un momento dedicato all'approfondimento delle tematiche legate al rispetto degli altri, alla sensibilizzazione contro la violenza fisica e psicologica, e al contrasto di ogni forma di discriminazione e prevaricazione. La giornata è fissata per il giorno 20 gennaio di ogni anno. Nella settimana che precede la Giornata del rispetto, le scuole pubbliche e private di ogni ordine e grado, nell'ambito dell'autonomia degli istituti scolastici, possono riservare adeguati spazi per lo svolgimento di attività didattiche volte a sensibilizzare gli alunni sul significato della ricorrenza stessa e delle attività che saranno previste.

5. L'articolo 5 prevede che siano apportate, tramite un atto regolamentare successivo, le opportune modifiche allo Statuto delle studentesse e degli studenti (DPR 249/1988). Tra le varie disposizioni, si prevede che, all'interno dei diritti e doveri degli studenti, le scuole si impegnino progressivamente a creare le condizioni necessarie per individuare e affrontare episodi di bullismo e cyberbullismo, situazioni di uso o abuso di alcool o di sostanze stupefacenti, nonché forme di dipendenza e integrando la disciplina relativa al Patto educativo di corresponsabilità con la previsione dell'espressa indicazione di tutte le attività di formazione, curriculari ed extracurriculari, che la scuola o i docenti della classe intendono organizzare a favore degli studenti e delle loro famiglie, con particolare riferimento all'uso della rete internet e delle comunità virtuali.

Evoluzione della normativa sul bullismo e sul cyberbullismo

2012 — Nasce il progetto Generazioni-Connesse come azione del Safer Internet Centre italiano. Il progetto mira a promuovere un uso sicuro e positivo del web, soprattutto tra i giovani, e a contrastare fenomeni come il cyberstalking, il grooming e il cyberbullismo

2015 — Linee di Orientamento per azioni di prevenzione e di contrasto al bullismo e al cyberbullismo. Hanno lo scopo di dare continuità alle azioni avviate dalle istituzioni scolastiche, arricchendole di nuove riflessioni

2015 — Legge 107/2015, c.d. La Buona Scuola, tra gli obiettivi prevede lo sviluppo delle competenze digitali finalizzate anche ad un uso critico e consapevole dei social network e dei media

2017 — Legge 71/2017, si caratterizza per l'approccio inclusivo orientato alla prevenzione e contrasto del cyberbullismo, ponendo l'accento sull'intervento educativo anziché su misure punitive

2017 — Linee di Orientamento per la prevenzione e il contrasto del cyberbullismo, con lo scopo di dare continuità a quelle del 2015 e allo stesso tempo apportare le modifiche e le integrazioni previste dalla Legge 71/2017

2019 — Legge 92/2019 (Istituzione dell'educazione Civica nelle scuole di ogni ordine e grado). L'insegnamento trasversale di Educazione alla cittadinanza digitale prevede l'acquisizione di abilità e conoscenze digitali richieste dalla L. 71/2017

2021 — Linee di Orientamento per la prevenzione e il contrasto dei fenomeni di bullismo e cyberbullismo. Le Linee di Orientamento sono un'evoluzione delle Linee del 2017. Mettono a disposizione delle scuole indicazioni precise e strumenti operativi per prevenire e contrastare episodi di bullismo e cyberbullismo

23/24 — Iter legislativo della proposta di legge avente disposizioni e delega al Governo in materia di prevenzione e contrasto del bullismo e Cyberbullismo. Il testo di legge interviene sulla legge n. 71/2017, estendendone il perimetro di applicazione dalla prevenzione e contrasto del solo cyberbullismo anche alla prevenzione e contrasto del bullismo

STATUTO DELLE STUDENTESSE E DEGLI STUDENTI

Statuto delle studentesse e degli studenti (DPR n. 249/98)

La finalità generale della Scuola italiana è lo sviluppo armonico e integrale della persona, all'interno dei principi della Costituzione e della tradizione culturale europea, nella promozione della conoscenza e nel rispetto e nella valorizzazione delle diversità individuali, con il coinvolgimento attivo degli studenti e delle famiglie.

La Scuola Secondaria di secondo grado rappresenta uno stadio molto importante nel percorso educativo di una persona per la costruzione del proprio *"progetto di vita"*, poiché fornisce le competenze che permettono di affrontare in modo positivo le esperienze successive, proprie del mondo del lavoro o degli studi post diploma e, non di meno, i problemi del vivere quotidiano e del responsabile inserimento nella vita sociale e civile in questa particolare fase dell'età evolutiva.

L'impegno della scuola è quello di educare la persona umana, libera da pregiudizi e capace di operare come cittadino responsabile e solidale in una società in rapida evoluzione in cui i principi di democrazia, di giustizia, di uguaglianza, praticati nella quotidianità del microcosmo-scuola, assumano un imprescindibile significato formativo per la costruzione della società del futuro.

Al fine di consentire all'istituzione scolastica di realizzare con successo le finalità educative e formative, cui è istituzionalmente preposta, nel 1998 viene emanato il DPR 25 giugno 1998, n. 249 *"Statuto delle studentesse e degli studenti"* (di seguito Statuto), un documento che rappresenta la carta fondamentale per gli studenti che frequentano la scuola secondaria (I e II grado), ovvero uno strumento operativo atto ad affermare e diffondere la cultura dei diritti e dei doveri tra gli studenti, tra i docenti e il personale ATA, i quali devono predisporre le condizioni per l'esercizio di tali diritti e per la tutela contro eventuali violazioni.

Lo statuto novellato dal DPR n. 235/2007

I fatti di cronaca che hanno interessato la scuola dei primi anni del nuovo millennio, dalla trasgressione delle comuni regole di convivenza sociale agli episodi più gravi di violenza e bullismo, hanno determinato l'opportunità di integrare e migliorare lo Statuto del 1998, in particolare riguardo a:

- infrazioni disciplinari;
- sanzioni applicabili;
- impugnazione delle sanzioni;
- sottoscrizione del Patto Educativo di Corresponsabilità.

Lo Statuto è stato integrato dal DPR n. 235 del 2007, norma che ha novellato l'art. 4 DPR n. 249 del 1998, laddove viene disposto al comma 2 che i provvedimenti disciplinari hanno finalità educativa e tendono al rafforzamento del senso di responsabilità ed al ripristino di rapporti corretti all'interno della comunità scolastica, *"nonché al recupero dello studente attraverso attività di natura sociale, culturale ed in generale a vantaggio della comunità scolastica"*, nonché al comma 6 dove viene chiarita la competenza degli organi collegiali coinvolti nel procedimento disciplinare "...*le sanzioni e i provvedimenti che comportano allontanamento dalla comunità scolastica sono adottati dal Consiglio di classe. Le sanzioni che comportano l'allontanamento superiore a quindici giorni e quelle che implicano l'esclusione dello scrutinio finale o la non ammissione all'esame di Stato conclusivo del corso di studi sono adottate dal Consiglio di Istituto.*"

Nell'art. 4, comma 5 del D.P.R. n. 249 del 1998 laddove viene disposto che le sanzioni sono sempre temporanee, proporzionate alla infrazione disciplinare e ispirate al principio di gradualità e devono tener conto della situazione personale dello studente, "*della gravità del comportamento e delle conseguenze che da esso derivano*".

In linea di principio, ciò presume che la sanzione irrogata allo studente sia oggettivamente sorretta da congrua motivazione, che si fonda su adeguata istruttoria, condotta dall'Autorità scolastica mediante l'audizione del ricorrente e degli studenti autori dell'atto contestato.

Le modifiche apportate allo Statuto mirano a rafforzare l'alleanza educativa tra le varie e diverse componenti scolastiche, assegnando loro un ruolo attivo nell'intera gestione delle procedure di applicazione del Regolamento.

Patto Educativo di Corresponsabilità

Come abbiamo visto, il DPR 235/2007 apporta sostanziali novità in materia di disciplina allo Statuto (DPR 249/1998), con specifico riferimento alle infrazioni disciplinari, alle sanzioni applicabili e all'impugnazione di queste ultime. Però l'obiettivo delle norme introdotte con il DPR n. 235/2007 non è solo la previsione di sanzioni più rigide e più adeguate a rispondere a fatti di gravità eccezionale quanto, piuttosto la realizzazione di un'alleanza educativa tra famiglie, studenti ed operatori scolastici, dove le parti assumano impegni e responsabilità e possano condividere regole e percorsi di crescita degli studenti, in quanto, la condivisione degli obiettivi, il rispetto dei ruoli, le procedure di decisione e l'assunzione di responsabilità, nonché la qualità delle relazioni docenti/genitori, studenti/studenti, docenti/docenti, docenti/studenti/personale ATA rappresentano fattori di qualità della scuola.

Per il raggiungimento di tale obiettivo, il DPR 235/2007 introduce nello Statuto, con l'art. 5 bis, il *Patto Educativo di Corresponsabilità* (di seguito *Patto*): uno strumento innovativo attraverso il quale declinare i reciproci rapporti, i diritti e i doveri che intercorrono tra l'istituzione scolastica e le famiglie.

Il *Patto*, sottoscritto dai genitori e dal Dirigente Scolastico, rafforza il rapporto scuola/famiglia in quanto nasce da una comune assunzione di responsabilità e impegna entrambe le componenti a condividerne i contenuti e a rispettarne gli impegni. In sostanza, con la sottoscrizione del *Patto*, Scuola e famiglia si affiancano nel tentativo di cercare una alleanza educativa che possa creare sinergie nella funzione di educazione degli studenti.

La norma, contenuta nell'art. 5 bis dello Statuto, si limita ad introdurre questo strumento pattizio e a definire alcune caratteristiche generali lasciando alle singole istituzioni scolastiche il compito di redigere il *Patto*, in quanto i contenuti devono scaturire da situazioni reali e non enucleati a livello centrale. A tal proposito, il Patto si inserisce all'interno di una linea di interventi di carattere normativo e amministrativo attraverso i quali si sono voluti richiamare ruoli e responsabilità di ciascuna componente della comunità scolastica: dirigenti scolastici, docenti, personale ATA, studenti e genitori.

Gli studenti sono tenuti ad osservare i doveri sanciti dallo Statuto, in particolare quelli contemplati nell'articolo 3 del D.P.R. 24 giugno 1998, n. 249. L'inosservanza di tali doveri comporterà l'applicazione delle sanzioni disciplinari previsti nel *Regolamento d'istituto*. In presenza di gravi episodi di violenza, di bullismo, cyberbullismo o di vandalismo, per eventuali danni causati dai figli a persone o cose all'interno dell'edificio scolastico, i genitori, in sede di giudizio civile potranno essere ritenuti direttamente responsabili dell'accaduto, anche a prescindere dalla sottoscrizione del *Patto*.

Tale responsabilità, riconducibile ad una colpa nell'educare (culpa in educando), potrà concorrere con le gravi responsabilità che possono configurarsi anche a carico del personale scolastico, per colpa nel vigilare (culpa in vigilando), ove sia stato omesso il necessario e fondamentale dovere di sorveglianza nei confronti degli studenti.

A tal proposito è bene ricordare che il Patto di corresponsabilità non potrà mai configurarsi quale uno strumento giuridico attraverso il quale introdurre delle clausole di esonero dalla responsabilità, di conseguenza, nell'ipotesi in cui il patto contenesse, in maniera espressa o implicita, delle clausole che prevedano un esonero di responsabilità dai doveri di vigilanza o sorveglianza per i docenti o per il personale addetto, tali clausole dovranno ritenersi come non apposte in quanto affette da nullità (L'obbligo di vigilanza è previsto dal codice civile).

Culpa in educando (Brocardo)
L'espressione è usata per indicare il criterio di imputazione della responsabilità dei genitori e del tutore per i danni cagionati dal fatto illecito commesso dai figli minori non emancipati o dalle persone soggette a tutela (in caso di coabitazione). Le persone sopra indicate sono esonerate dalla responsabilità se provano di non aver potuto impedire, in concreto, il fatto.

Culpa in vigilando (Brocardo)
L'espressione indica la colpa sottostante alla responsabilità per il fatto illecito altrui, che viene attribuita a coloro che sono tenuti alla sorveglianza di determinate persone reputate non in grado di rendersi pienamente conto delle proprie azioni. Ad esempio, rientra in tale ipotesi il fatto illecito commesso da una persona incapace d'intendere e di volere. Allo stesso modo, si ha responsabilità dei genitori per i figli minori, degli insegnanti per gli allievi, del tutore per l'interdetto a lui affidato. I soggetti tenuti alla sorveglianza sono esonerati da responsabilità per i danni cagionati dai sorvegliati solo se provano di non aver potuto impedire la commissione del fatto.

Revisione del Patto educativo di corresponsabilità

La revisione del *Patto*, che tenga conto della recente normativa, compresa quella del *bullismo* e del *cyberbullismo* viene affidata dal Dirigente scolastico al Collegio dei docenti, attraverso delle linee di indirizzo. Il Collegio può operare anche in sottocommissioni, coordinate da un referente o dallo stesso Dirigente, per poi ratificare il documento finale in seduta plenaria.

Nelle linee di indirizzo del Dirigente scolastico deve definirsi un modello di "*Patto*" snello che possa richiamare, anche attraverso il rimando al codice civile, le responsabilità educative che incombono sui genitori, in modo particolare nei casi in cui i propri figli si rendano responsabili di danni a persone o cose derivanti da comportamenti violenti o disdicevoli che mettano in pericolo l'incolumità altrui o che ledano la dignità ed il rispetto della persona umana, in particolar modo negli spazi virtuali offerti dai social network e dalla Rete Internet in generale.

Per rendere il Patto un documento facilmente leggibile, bisogna evitare di riportare i diritti e i doveri degli studenti in quanto contenuti nello Statuto delle Studentesse e degli Studenti; di non elencare le regole di comportamento e le eventuali sanzioni poiché esse sono già contenute di norma nel Regolamento d'istituto e l'eventuale rimando a questo, serve solo a ricordare che i provvedimenti disciplinari, in caso di infrazioni, sono temporanei e ispirati al principio di gradualità e alla riparazione del danno. Il documento deve essere elaborato ad ampio contenuto pedagogico, fondato sulla filosofia educativa che la scuola e la famiglia decidono di concordare tra di loro, al fine di stabilire un'alleanza educativa condivisa.

Il Collegio deve prevedere nel PTOF azioni e attività per la prevenzione dei fenomeni di bullismo e cyberbullismo, comprensive delle azioni di prevenzione primaria/universale e delle azioni rivolte a prendere in carico le situazioni di emergenza nella scuola. Altresì, tra gli obiettivi formativi prioritari, dovrà prevedere lo sviluppo delle competenze digitali degli studenti, finalizzato anche a un utilizzo critico e consapevole dei social network e dei media, in accordo con la Legge 107/2015, nonché con la legge 92/2019 (Educazione Civica) il cui insegnamento trasversale di Educazione alla Cittadinanza Digitale si caratterizza con un'offerta formativa che contempla una serie di abilità e conoscenze digitali essenziali richieste dalla Legge 71/2017 al fine di prevenire e contrastare il bullismo e il cyberbullismo.

Il Collegio dei docenti dovrà mettere in atto interventi formativi, informativi e partecipativi con personale specializzato, affinché gli studenti possano essere sensibilizzati ad un uso responsabile della Rete e resi capaci di gestire le relazioni digitali nei social network.

Nel percorso formativo bisogna far sì che gli studenti maturino la consapevolezza che la rete Internet può diventare, se non usata in maniera opportuna, una pericolosa forma di dipendenza; pertanto, bisogna favorire l'acquisizione delle competenze necessarie all'esercizio di una cittadinanza digitale consapevole. Consapevolezza che deve emergere nel Patto di corresponsabilità e che deve essere esplicitata da diverse prospettive, da parte dei docenti e dei genitori in quanto corresponsabili dell'azione educativa e da parte degli studenti in quanto soggetti attivi coinvolti in prima persona

Qui di seguito viene proposto un modello di Patto Educativo di corresponsabilità che può essere assunto come riferimento per aggiornare quello della propria scuola. Nel modello proposto si tiene conto sia della prevenzione e contrasto al bullismo e cyberbullismo, nonché della prevenzione alla trasmissione di Covid-19. Sulla falsa riga si può inserire qualsiasi altra esigenza particolare che possa interessare la scuola di riferimento.

PATTO EDUCATIVO DI CORRESPONSABILITÀ
(Integrato al bullismo e cyberbullismo e al COVID-19)

L'Istituto .... stipula con gli studenti e le loro famiglie il seguente Patto educativo di corresponsabilità, con il quale...

... in termini di	L'Istituto ... si impegna a...	Lo studente si impegna a...	La famiglia si impegna a...
OFFERTA FORMATIVA	... garantire un Piano Formativo volto a promuovere il benessere e il successo dello studente, la sua valorizzazione come persona e la sua realizzazione umana e culturale ... garantire un ambiente favorevole alla crescita integrale della persona ... garantire un servizio didattico di qualità in un ambiente educativo sereno	... condividere con gli insegnanti e la famiglia il Piano Formativo ... valorizzare l'Istituzione scolastica nel rispetto delle scelte educative e didattiche	... condividere con gli insegnanti e il proprio figlio il Piano Formativo ... discutere e condividere con il proprio figlio le scelte educative e didattiche ...favorire e incentivare un'assidua frequenza del proprio figlio alle lezioni
... in termini di	L'Istituto ... si impegna a...	Lo studente si impegna a...	La famiglia si impegna a...
AZIONE EDUCATIVA	... fornire una formazione culturale e professionale qualificata, aperta alla pluralità delle idee, nel rispetto dell'identità dello studente ... favorire il processo di formazione di ciascuno studente, nel rispetto dei suoi ritmi e tempi di apprendimento ... offrire iniziative concrete, al fine di favorire il successo formativo	... condividere con gli insegnanti le linee educative e didattiche ... frequentare regolarmente le lezioni e assolvere agli impegni di studio in modo responsabile e nei tempi programmati e concordati con i docenti ... favorire in modo positivo lo svolgimento dell'attività didattica e formativa, partecipando in maniera propositiva alla vita scolastica	... instaurare un positivo clima di dialogo nel rispetto delle scelte educative volto a favorire un atteggiamento di reciproca collaborazione e fiducia con i docenti ... collaborare con l'istituzione scolastica partecipando attivamente agli organismi collegiali ... tenersi costantemente aggiornata sul percorso didattico-educativo del proprio figlio

... in termini di	L'Istituto ... si impegna a...	Lo studente si impegna a...	La famiglia si impegna a...
COMUNICAZIONE	... garantire la massima trasparenza nelle valutazioni e nelle comunicazioni mantenendo un costante rapporto con le famiglie, anche attraverso strumenti tecnologicamente avanzati nel rispetto della privacy.	... riferire in famiglia tutte le comunicazioni provenienti dalla scuola e dagli insegnanti ... rispettare la privacy degli altri, non utilizzare impropriamente i dati di accesso non propri e non accedere, specialmente nel campo informatico, a documenti o informazioni non consentiti	... prendere in visione tutte le comunicazioni provenienti dalla scuola e dagli insegnanti ... sensibilizzare il proprio figlio al rispetto dell'informazione altrui e della riservatezza dei dati

... in termini di	L'Istituto ... si impegna a...	Lo studente si impegna a...	La famiglia si impegna a...
DISCIPLINA E PROVVEDIMENTI DISCIPLINARI	... diffondere e a far rispettare le norme di comportamento, i regolamenti ed i divieti (fumo, cellulari se non consentiti, ecc.) ... prendere adeguati provvedimenti disciplinari temporanei, in caso di infrazioni, ispirati al principio di gradualità e alla riparazione del danno ... stimolare riflessioni e attivare percorsi volti al benessere e alla tutela della salute fisica e psicologica degli studenti	... prendere coscienza dei propri diritti-doveri rispettando l'istituzione scolastica con tutte le sue norme di comportamento descritte nel regolamento d'istituto ...accettare e condividere eventuali provvedimenti disciplinari, in caso di infrazioni, in quanto hanno una finalità educativa e tendono al rafforzamento del senso di responsabilità e al ripristino degli eventuali rapporti inquinati	... a condividere con i docenti eventuali decisioni e/o provvedimenti disciplinari ... a discutere con il proprio figlio eventuali decisioni e/o provvedimenti disciplinari ... stimolare il proprio figlio ad una riflessione sugli episodi critici al fine di evitare i conflitti

... in termini di	L'Istituto ... si impegna a...	Lo studente si impegna a...	La famiglia si impegna a...
PREVENZIONE E CONTRASTO AL BULLISMO E AL CYBERBULLISMO	... promuovere attività formative di prevenzione primaria ... predisporre idonei piani di sorveglianza ... valutare e monitorare il rischio tra gli studenti per identificare comportamenti dannosi ... intervenire nei casi di bullismo e cyberbullismo accertati	...partecipare alle attività formative organizzate dalla scuola ... essere parte attiva nelle azioni di prevenzione e contrasto al bullismo e al cyberbullismo, ... riferire alla dirigenza gli episodi critici di cui viene a conoscenza ... supportare la vittima	... partecipare agli incontri di informazione e a sensibilizzare il proprio figlio sui fenomeni di bullismo e cyberbullismo, favorendo una proficua alleanza educativa ... collaborare con la scuola nella prevenzione del bullismo e nelle azioni per fronteggiare le situazioni acute

... in termini di	L'Istituto ... si impegna a...	Lo studente si impegna a...	La famiglia si impegna a...
PREVENZIONE ALLA TRASMISSIONE DI COVID-19	... monitorare costantemente l'evoluzione dell'emergenza sanitaria e di attivarsi con le famiglie e/o con le autorità sanitarie territoriali in caso di sintomi riconducibili al COVID-19 ... mettere in atto soluzioni didattiche, organizzative e logistiche per garantire il servizio scolastico in sicurezza ... organizzare una struttura funzionale coordinata dal Referente COVID-19 ...igienizzare e disinfettare frequentemente gli ambienti didattici ...responsabilizzare gli studenti a igienizzare i propri posti di lavoro, per la parte di loro competenza, con i dispositivi messi a disposizione dalla scuola (in particolar modo nei laboratori e nella palestra) ... realizzare azioni di informazione / formazione rivolte al personale scolastico, nonché agli studenti e ai genitori, al fine di prevenire la diffusione del COVID-19 ... porre particolare attenzione alle persone c.d. fragili in quanto portatori di patologie attuali o pregresse che li rendano suscettibili di conseguenze particolarmente gravi in caso di contagio	... rispettare il Regolamento d'Istituto, nonché quello previsto dalle società dei mezzi di trasporto (treni, pullman) ... indossare la mascherina tutte le volte che si è in movimento o quando non è possibile rispettare il distanziamento fisico di un metro ...rispettare gli orari di ingresso a scuola e le tempistiche previste durante i movimenti interni in seguito al cambio d'ora ... avvisare tempestivamente i docenti in caso di insorgenza durante l'orario scolastico di sintomi riconducibili al COVID-19 ... evitare il più possibile l'uso dei distributori automatici e in caso di necessità rispettare le regole ... igienizzare spesso le mani con sapone e con i dispositivi messi a disposizione dalla scuola ... mantenere una distanza di sicurezza di almeno un metro in condizioni statiche ... di non creare assembramenti davanti alla scuola ...rispettare le zone assegnate alla propria classe sia in ingresso, sia in uscita e sia durante la ricreazione	...fornire, nel limite del possibile, una merenda (panino, snack, ecc.) e/o una bibita o yogurt per evitare assembramenti davanti ai distributori automatici ... monitorare ogni mattina lo stato di salute del proprio figlio, controllandogli la temperatura corporea e nel caso di febbre superiore a 37,5°C o tosse/sintomatologia respiratoria tenerlo a casa e informare immediatamente il proprio medico di famiglia o il pediatra, nonché la scuola ...accertarsi che il proprio figlio, abbia ogni mattina la mascherina di protezione da indossare nei luoghi e ambienti che lo prevedono (mezzo di trasporto pubblico, bar, negozio, scuola, ecc.) ... a prestare particolare attenzione ai comunicati relativi alle iniziative intraprese dalla scuola, in itinere, in materia di COVID-19 ...recarsi immediatamente a scuola per prelevare il proprio figlio, a seguito di manifestazione improvvisa di sintomatologia COVID-19 durante l'orario scolastico comunicata dal Referente ... leggere e condividere insieme al proprio figlio l'appendice del regolamento d'istituto relativo al COVID-19 di loro pertinenza

I signori ....

genitori dello studente ....

della classe .... Percorso ....

DICHIARANO

Di essere a conoscenza che i doveri di educazione dei figli e le connesse responsabilità, non vengono meno per il solo fatto che il minore sia affidato alla vigilanza di altri (art. 2048 c.c., in relazione all'art. 147 c.c.).

Di essere a conoscenza che la responsabilità del genitore (art. 2048, primo comma, c.c.) e quella del "precettore" (art. 2048, secondo comma c.c.) per il fatto commesso da un minore affidato alla vigilanza di questo ultimo, non sono tra loro alternative, giacché l'affidamento del minore alla custodia di terzi, se solleva il genitore dalla presunzione di "culpa in vigilando", non lo solleva da quella di "culpa in educando", rimanendo comunque i genitori tenuti a dimostrare, per liberarsi da responsabilità per il fatto compiuto dal minore pur quando si trovi sotto la vigilanza di terzi, di avere impartito al minore stesso un'educazione adeguata a prevenire comportamenti illeciti (Cass. Sez III, 21.9.2000, n. 12501; 26.11.1998, n. 11984).

Di aver letto il presente atto insieme al proprio figlio e di essere consapevoli delle regole che disciplinano il funzionamento dell'istituto ....

Di accettare e condividere insieme al proprio figlio il presente Patto, all'atto dell'iscrizione in codesto Istituto.

Di impegnarsi insieme al proprio figlio a rispettarlo e a farlo rispettare.

Città, lì ....

Firma dei genitori ....

Firma dello studente ....

Firma del Dirigente scolastico ....

Timbro dell'istituzione scolastica

ORIENTAMENTO E DIDATTICA ORIENTATIVA

I profondi e continui mutamenti che si sono verificati negli ultimi decenni, sia in campo culturale, sia in quello epistemologico, sia per quanto riguarda la ricerca sui processi d'apprendimento, sia per i molteplici cambiamenti a livello sociale, hanno contribuito alla promozione di riforme concettuali e metodologiche nel modo di intendere, pensare e praticare l'orientamento. Da qui, l'esigenza da parte della scuola italiana, di rivedere e di adeguare continuamente le politiche della formazione, con l'intento di rispondere alle sfide poste dal mutevole scenario sociale.

L'attuale politica formativa della scuola italiana, molto variegata in quanto frutto di numerose riforme e controriforme che si sono succedute con ritmo incalzante nell'ultimo ventennio, nelle sue linee generali indica come obiettivo istituzionale il potenziamento di attività orientative, intese come intervento educativo finalizzato ad accrescere la capacità di scelta e di decisione di ogni singolo studente, nel rispetto della individualità della persona: il fine è quello di formare un giovane autonomo e consapevole nelle scelte, creativo nelle applicazioni, aperto ai problemi, costruttivo nella definizione del proprio futuro e della propria attività.

Tutto ciò ha richiesto/richiede alla scuola di ogni ordine e grado, un radicale rinnovamento e il potenziamento della dimensione progettuale non solo con l'ampliamento dell'offerta formativa, ma anche con la ridefinizione dell'intero processo formativo, per fornire ai giovani nuovi metodi e strumenti per liberare le loro potenzialità.

Tali cambiamenti, in alcuni casi radicali, richiedono però un impegno serissimo di riconversione professionale del corpo docenti e di potenziamento dei luoghi dedicati alla ricerca educativa a sostegno dell'innovazione. È necessario che in quest'ottica, il Dirigente Scolastico della scuola dell'autonomia diffonda una cultura progettuale configurandosi come promotore di ricerca e innovazione, al fine di garantire efficaci processi di insegnamento/apprendimento.

Significato del termine "orientamento"

L'etimologia del termine *"orientamento"* deriva dal participio presente del verbo latino *orior*, il procedimento che permette di trovare la posizione del Nord in modo da poter stabilire la giusta direzione verso cui muoversi. Letteralmente significa *"disporsi in una certa posizione rispetto ai punti cardinali"* ovvero *"avviare a determinate scelte, decisioni, attività"*.

In generale, il termine orientamento può indicare due azioni diverse: *orientarsi*, quella del soggetto che viene messo in condizione di effettuare attivamente la propria scelta scolastica e/o professionale e *orientare,* quella dell'intervento degli esperti, per supportare l'individuo nel processo di scelta.

Evoluzione del concetto "orientamento"

L'azione *dell'orientarsi* e *dell'orientare* ha accompagnato l'esistenza dell'uomo nel corso dei secoli, modificandosi parallelamente allo sviluppo della società umana. In ogni gruppo sociale, infatti, si è da sempre sentito il problema dell'avvenire dei giovani e del loro passaggio allo stato adulto. Ogni tipo di società predispone itinerari educativi in grado di accompagnare i ragazzi nella progettazione della vita adulta.

La scuola italiana, caratterizzata da una struttura "canalizzata" fin dalla legge Casati (1859), aveva risolto, da principio, il problema orientativo nel solco della tradizione, favorendo la scelta precoce (al termine delle scuole elementari) sulla base delle determinazioni socioculturali familiari.

Per gran parte della popolazione maschile l'assunzione di un lavoro e di una funzione economica nella società avveniva semplicemente proseguendo le orme paterne; allo stesso modo per la quasi totalità della popolazione femminile, il modello era quello materno, giocato prevalentemente all'interno della famiglia e della casa. In tali situazioni esisteva tutto un processo di identificazione e di socializzazione al ruolo che non si poteva certamente caratterizzare come Orientamento, quanto piuttosto come *Educazione e Formazione familiare* nell'ambito dell'Acculturazione primaria.

La riforma Bottai (L.899/1940) creò una scuola organicamente connessa col sistema corporativo, con lo scopo di "dislocare" gli alunni nelle direzioni consone alla loro situazione sociale e alle esigenze economiche e politiche dell'Italia fascista.

Soltanto nel secondo dopoguerra, con l'avvento della Repubblica, la Costituente si trovò nella necessità di sancire i principi fondamentali ispiratori anche dell'istituzione scolastica. Venne, innanzitutto, stabilita la libertà di insegnamento delle arti e delle scienze, nel rispetto della potestà sui figli dei genitori, liberi di scegliere la scuola a cui indirizzarli.

Con gli anni '50 inizia il periodo della Ricostruzione che vede, via via, rinascere la situazione economica ed aumentare il benessere della popolazione, con un considerevole sviluppo del settore dell'industria e del terziario. Cambiano i ritmi, meno legati all'agricoltura, gli standard abitativi, i ruoli all'interno della famiglia, con particolare riferimento alla condizione femminile, e il concetto stesso di famiglia. Si aprono progressivamente le prime forme significative di mobilità sociale e/o territoriali, legate alle opportunità di un mercato del lavoro in fase di espansione per l'affermazione di nuove funzioni lavorative: si pensi ai contadini del Meridione che si trasformano in operai nelle grandi fabbriche del Nord Italia o al diritto di tutti allo studio fino al raggiungimento di ogni grado e livello.

Questa disponibilità con gli anni è diventata sempre più ampia ed evidente per il parallelo fenomeno dell'obsolescenza di molti lavori tradizionali, fino a caratterizzarsi ampiamente nell'attuale società complessa, post-industriale, caratterizzata dalla flessibilità e dalla globalizzazione, che richiede una disponibilità continua all'aggiornamento e alla formazione, una predisposizione ad un lavoro che va perdendo le caratteristiche di stabilità e continuità e che richiede una buona specializzazione, unitamente ad una rapida capacità di adattamento e riconversione delle proprie competenze.

Evoluzione della "pratica dell'orientamento" - prospettiva psicologica

Se fino al diciannovesimo secolo la pratica di orientamento si poteva definire come una "*pratica spontanea*", nel corso del ventesimo secolo l'orientamento è stato ed è tutt'ora oggetto di studio e tema di confronto fra differenti teorie, sia dal punto di vista ideologico e sia metodologico, specialmente nell'ambito formativo.

Il punto di partenza da cui si è sviluppato il concetto di orientamento e la sua applicazione, quale strumento di politica sociale, è collocabile storicamente agli inizi del Novecento nei Paesi industrialmente più avanzati, quali gli Stati Uniti, l'Inghilterra e la Francia. All'inizio è prevalsa una concezione "*psicologistica*" dell'orientamento, che a partire dagli anni '70 è stata sostituita da una concezione "*socio-economica*".

Sulla base di questo inquadramento storico è possibile individuare le principali tappe dell'evoluzione del concetto e della pratica dell'orientamento attraverso le quali possiamo ricostruire le diverse concezioni e le parole chiave che ne costituiscono la struttura portante.

1. *Inizio XX secolo – fase dell'analisi diagnostico – attitudinale*

Lo scopo prioritario dell'orientamento era quello di determinare la concordanza tra attitudini individuali, ritenute misurabili attraverso test psicometrici e i requisiti professionali richiesti per lo svolgimento di una particolare attività al fine di trovare *l'uomo giusto per il posto giusto. S*econdo questo criterio, le risorse umane venivano selezionate ed indirizzate al lavoro in base alle sole caratteristiche fisiche ed attitudinali, secondo un'indagine oggettiva condotta da uno specialista. In questa fase la persona coinvolta nel processo orientativo veniva relegata ad un ruolo passivo e dipendeva dal professionista.

2. *Anni '30 – fase caratterologico – affettiva*

Al primato dell'attitudine si sostituisce quello dell'interesse personale, *ciò che al soggetto piace fare. I*n base a questo approccio, viene definito adatto ad una determinata professione non solo colui che sa fare grazie ad attitudini specifiche (prerequisiti necessari), ma colui che trova anche piacere a fare, in quanto ha interessi che lo sostengono. Questa variabile conferisce all'orientamento una caratterizzazione più psicologica rispetto al versante psicofisiologico della fase precedente. Questa fase, come la prima, risulta essere psicometrica, in quanto gli interessi soggettivi sono investigati attraverso l'utilizzo di test ed inoltre anche qui la persona coinvolta nel processo orientativo subisce un ruolo passivo e dipendente dal professionista, il quale opera secondo lo scopo di combinare persone ed occupazioni.

3. *Anni '50 – fase clinica-dinamica*

Il concetto dell'orientamento si amplia e si pongono in risalto i bisogni dell'individuo avvalendosi anche dei contributi della psicanalisi. Acquista importanza il vissuto del soggetto, il suo passato, le sue motivazioni inconsce e le sue più profonde inclinazioni. La metodologia d'indagine è rappresentata dal colloquio clinico e dall'uso di test proiettivi che si propongono di definire il profilo del soggetto in esame. Questo approccio amplia il campo dell'azione orientativa, la quale tiene ora conto dei bisogni di gratificazione e di realizzazione personale dell'individuo e il lavoro diventa fonte di soddisfazione dei bisogni dell'uomo: la riuscita professionale è il risultato della corrispondenza tra lavoro svolto e inclinazioni dell'individuo.

In queste tre fasi, l'orientamento riserva al soggetto in esame un ruolo debole mentre il ruolo forte, dominante è svolto dal tecnico che orienta ed inoltre l'azione orientativa diventa campo esclusivo della psicologia, trascurando l'importante ruolo dell'ambiente come fattore di condizionamento delle scelte dell'individuo. Il predominio della psicologia, nell'azione orientativa, viene criticata dalle altre scienze come la pedagogia e la sociologia, al punto da portare allo sviluppo di una nuova concezione, quella maturativo-personale, che trova il proprio riferimento nella teoria dello sviluppo vocazionale di Donald Super del 1957 e cioè che sia possibile individuare delle tappe di maturazione alla scelta nell'arco della vita e che deve essere il soggetto, opportunamente aiutato, a decidere del proprio futuro.

Teoria dello sviluppo vocazionale di Donald Super del 1957

Secondo la Teoria dello Sviluppo Vocazionale, è possibile individuare, nel processo di sviluppo di ogni individuo, delle *tappe evolutive di maturazione alla scelta*: l'individuo nel corso del tempo si trasforma ed evolve sia da un punto di vista strettamente personale, sia da un punto di vista sociale. Per tutto l'arco della vita, l'interazione tra individuo e ambiente impone al soggetto una scelta ed un adattamento continuo.

Donald Super, nella teoria dello sviluppo vocazionale, sottolinea l'importanza dell'immagine di sé, in quanto egli afferma che ciascun individuo ha attitudini, personalità, bisogni, interessi e concetti di sé che influenzano e determinano la scelta delle professioni.

1. *Crescita* (nascita–14): questa fase è importante per la realizzazione di compiti di individuazione-separazione che sono alla base della costruzione dell'identità.

2. *Esplorazione* (15–24): comprende l'adolescenza e la giovinezza, l'individuo compie una serie di tentativi, fa valutazioni sulle sue prospettive future. Egli sviluppa una maggiore adesione alla realtà e passa gradualmente da un piano prevalentemente immaginativo e fantastico all'integrazione di diverse variabili, comprese quelle relative ai vincoli oggettivi. Questo periodo è propedeutico alla fase successiva in cui il soggetto matura la scelta relativa all'ambito vocazionale e al suo progetto di vita.

3. *Stabilizzazione* (25–44): l'individuo ottiene una posizione professionale e progetta la carriera futura; raggiunge anche una condizione di equilibrio generale di cui si serve per esprimere al meglio le sue potenzialità.

4. *Mantenimento* (45–64): questa fase corrisponde all'età della "*media maturità*", il soggetto mantiene le posizioni costruite in precedenza.

5. *Declino* (oltre 65): il soggetto si ritira dal lavoro e aumenta la disponibilità di tempo libero.

4. *Anni '60 - fase maturativo – personale*:

Orientare si trasforma in *orientarsi*, cambia la prospettiva, la persona è al centro dell'azione orientativa, l'orientamento diventa un'azione che pone le persone in grado di progredire. Orientare diventa sinonimo di aiuto all'individuo a prendere coscienza di sé, educandolo alla scelta, all'auto-orientamento, preparandolo al mondo esterno nella sua complessità e a saper rischiare. Si pone in luce il ruolo attivo del soggetto e il suo processo di maturazione che si sviluppa durante tutto l'arco della vita formativa e lavorativa.

5. *Anni '70 – modello funzionale produttivo*

Si afferma un modello teso a potenziare il rapporto tra scuola e mondo del lavoro, al fine di favorire il migliore inserimento dei giovani nel sistema produttivo. L'intervento è delegato esclusivamente a soggetti esterni alla scuola e risponde più ad esigenze di natura economico-sociale piuttosto che ad esigenze di natura educativa, più agli interessi del mercato che all'attenzione verso gli studenti. Spesso le azioni si riducono a semplici interventi informativi senza rientrare in un progetto formativo globale.

6. *Anni '90 - modello scolastico-formativo*

Incomincia a maturare l'idea che l'orientamento non deve essere più visto come un intervento da attuare solo nelle fasi di transizione tra due diversi gradi di scuola, ma deve essere inserito nella vita scolastica della scuola affinché lo studente possa orientarsi continuamente durante l'attività scolastica, scegliendo un metodo di studio/lavoro e scoprendo le proprie attitudini, da utilizzare anche in maniera consapevole durante le fasi di scelta/transizione, favorendo così il successo formativo e riducendo la dispersione scolastica. A differenza del modello precedente proiettato tutto all'esterno, questo modello è prettamente intra-scolastico e i suoi principali operatori sono gli stessi insegnanti della scuola.

7. *Nuovo millennio – modello personale-integrato*

Tende a favorire la maturazione e la realizzazione della persona attraverso un progressivo potenziamento delle sue capacità di scelta. Il soggetto in formazione non è più l'adolescente, impegnato a fronteggiare un momento di transizione, ma la persona nella sua completezza e l'orientamento assume le caratteristiche di un processo evolutivo, continuo e permanente che segue e sostiene lo sviluppo della persona in tutto l'arco della vita (progetto di vita); sotto quest'ottica perde significato la distinzione tra orientamento scolastico e orientamento professionale, considerati come due attività separate e finalizzati a momenti specifici. In questo modello, il progetto dell'orientamento è affidato principalmente agli insegnanti i quali si avvalgono del supporto di specialisti esterni. La scuola viene aperta al mondo socioeconomico attraverso "reti" territoriali di scopo di cui fanno parte altre scuole e soggetti pubblici e privati.

EVOLUZIONE DEL CONCETTO DI ORIENTAMENTO		
PERIODO	*FASE/MODELLO*	*PAROLE CHIAVE*
Inizio XX sec.	analisi diagnostico - attitudinale	Attitudini individuali Requisiti professionali L'uomo giusto al posto giusto Test psico-metrici (attitudini) Ruolo passivo del soggetto
Anni '30	caratterologico - affettiva	Interesse personale al lavoro …piace ciò che si fa… Test psico-metrici (interessi e attitudini) Ruolo passivo del soggetto
Anni '50	Clinica - dinamica	Motivazioni dell'individuo Inclinazioni dell'individuo Colloquio clinico Test proiettivi (personalità) Ruolo passivo del soggetto
Anni '60	maturativo - personale	orientare --> orientarsi auto-orientamento Centralità della persona Ruolo attivo del soggetto Orientamento tutto l'arco della vita
Anni '70	funzionale-produttivo (socioeconomico)	Rapporto col mondo del lavoro Sottomissione al mondo del lavoro Esigenze economico-sociali Intervento esterno alla scuola Intervento informativo
Anni '90	scolastico-formativo	Successo formativo Soggetto visto come "adolescente" Potenziamento del metodo di studio Riduzione della dispersione scolastica Scelta consapevole nella transizione Intervento interno alla scuola (docenti)
Nuovo millennio	personale-integrato	Soggetto visto come "persona" Progetto di vita No "scelta" ma "capacità di scelta" Intervento interno ed esterno alla scuola (docenti, rete, esperti)

Due paradigmi a confronto: socio-economico e personale-integrato

Come abbiamo visto, a partire dagli anni '70 si succedono tre modelli consecutivi di orientamento di cui il primo aperto al mondo del lavoro e sottomesso al sistema socioeconomico, il secondo chiuso, isolato rispetto al mondo esterno e finalizzato principalmente al successo formativo dello studente e il terzo che favorisce il pieno sviluppo della persona e, allo stesso tempo, inserisce l'individuo nel contesto sociale e nei processi di cambiamento in corso in esso.

Dal confronto dei vari paradigmi emerge, in modo oggettivo, che il terzo modello ha il fine più ambizioso, col rischio, però, che l'intervento orientativo, più che ispezionare il soggetto per scoprirne le attitudini e le vocazioni, immaginando poi una società e un'economia che vi si adattino, potrebbe ispezionare principalmente il mercato del lavoro e la società e, sulla base delle esigenze dell'uno e dell'altra, cercare di trovare i modi meno dolorosi per adattarlo alle esigenze socioeconomiche. In pratica si ricadrebbe nel paradigma degli anni '70.

In questo contesto, la scuola e gli insegnanti sono chiamati ad assumere un compito tanto impegnativo quanto decisivo ed appassionante, di ascolto, accompagnamento, sostegno nello sviluppo di un'assunzione di consapevolezza e di responsabilità da parte dei giovani in formazione rispetto a competenze di scelta e di progettazione del futuro.

Tale compito implica una riflessione su quella che il Regolamento di autonomia definisce *"l'identità culturale e progettuale delle istituzioni scolastiche"*, in direzione di una rilettura dei curricoli, della programmazione dei Consigli di Classe e della didattica disciplinare in chiave orientativa, affinché si possa trovare un punto di incontro, dove collocare l'orientamento.

La prospettiva giuridico/normativa (contesto internazionale, europeo, italiano)

Il contesto internazionale

Agli inizi degli Anni '70, l'affermazione del modello funzionale-produttivo teso a potenziare il rapporto tra scuola e mondo del lavoro, al fine di favorire il migliore inserimento dei giovani nel sistema produttivo, trova conferma, a livello internazionale, nella "Raccomandazione" conclusiva sul tema dell'orientamento del Comitato di esperti al Congresso internazionale Unesco (Organizzazione delle Nazioni Unite per l'Educazione, la Scienza e la Cultura) a Bratislava (1970): «*Orientare significa porre l'individuo nella condizione di prendere coscienza di sé, di progredire per l'adeguamento dei suoi studi e della sua professione rispetto alle mutevoli esigenze della vita con il duplice obiettivo di contribuire al progresso della società e raggiungere il pieno sviluppo della persona umana*».

Questa accezione, formulata nel 1970, nasceva in un contesto dove una percentuale ancora alta, per il tipo di società postindustriale che in prospettiva si andava delineando, evadeva l'obbligo scolastico e l'iscrizione degli studenti alla scuola superiore era relativamente bassa rispetto alla quota di popolazione potenzialmente idonea. Da qui l'attenzione posta dall'Unesco, sullo sviluppo della consapevolezza individuale in funzione della scelta dell'indirizzo scolastico o dell'inserimento nel mondo del lavoro.

Un paio di anni dopo il Rapporto Learning to Be: The World of Education Today and Tomorrow (Unesco1972) che prende il nome dell'ex primo ministro e ministro dell'Istruzione francese Edgar Faure, proponeva l'educazione permanente come concetto guida per le politiche educative degli anni a venire, sia per i Paesi sviluppati che per quelli in via di sviluppo, ovvero proponeva una visione umanistica dell'istruzione e dell'apprendimento come un processo in continua evoluzione e rinnovamento per tutta la vita.

Un altro contributo che mira alla realizzazione della persona umana viene dato dall'Unesco nel 1990. La dichiarazione *sull'educazione per tutti* enfatizza l'importanza di garantire a ogni individuo, indipendentemente dall'età, l'accesso a opportunità educative che soddisfino i loro bisogni fondamentali di apprendimento. I bisogni vanno oltre la mera acquisizione di conoscenze e competenze di base e includono anche lo sviluppo di abilità di pensiero critico, problem solving, e la promozione di valori e atteggiamenti positivi. La dichiarazione sottolinea, inoltre, che l'educazione non riguarda solo la capacità di *leggere, scrivere e far di conto*, ma anche l'acquisizione di conoscenze e competenze che consentono agli individui di prosperare in tutti gli aspetti della vita, compreso il lavoro dignitoso, la partecipazione attiva alla società e la capacità di prendere decisioni informate. Inoltre, la dichiarazione ribadisce l'importanza dell'apprendimento continuo per tutto l'arco della vita, in un mondo in continua evoluzione.

Nel contesto evolutivo in atto, che mira alla valorizzazione della persona umana, l'OMS focalizza l'attenzione sulle Competenze sulla vita (*Life skills education in schools* - World Health Organization WHO, Ginevra -1993, pubblicato nel 1994) ovvero sull'acquisizione di abilità funzionali ad un comportamento flessibile e positivo che permettono agli individui di affrontare efficacemente le richieste e le sfide della vita quotidiana.

Ovviamente, le competenze per la vita, viste in una prospettiva olistica, sono innumerevoli in quanto possono variare in base alla cultura, alla consuetudine e all'ambiente. Tuttavia, nell'insieme, c'è un nucleo di competenze che sono al centro di iniziative per la promozione della salute e del benessere dei bambini e degli adolescenti, nella fattispecie: la capacità di prendere decisioni, risolvere problemi, pensare in modo creativo e critico, comunicare efficacemente, gestire le relazioni interpersonali, sviluppare l'autoconsapevolezza ed empatia, e affrontare le emozioni e lo stress.

L'OMS sottolinea l'importanza di integrare l'educazione alle competenze per la vita nei programmi scolastici, riconoscendo che queste competenze non solo favoriscono il successo scolastico, ma sono anche essenziali per la crescita personale e il benessere generale degli individui, nonché per affrontare in modo efficace le sfide della vita quotidiana, contribuendo così a promuovere la salute mentale e il benessere sociale.

Nel nuovo millennio, la globalizzazione ha registrato un'accelerazione senza precedenti, portando ad una notevole espansione economica ma anche ad un aumento delle disuguaglianze. Le nuove tecnologie hanno rivoluzionato la comunicazione e la condivisione delle informazioni, così come i metodi di insegnamento e apprendimento. Oggigiorno, le aspettative dei giovani sono in aumento e mirano ad un'istruzione di qualità e ad un lavoro dignitoso. Trascinata da questi cambiamenti, l'istruzione si trova ad affrontare nuove sfide di equità, qualità e rilevanza.

Nel 2005, un importante contributo viene dato dall'UNESCO con la Proclamazione sulla *Information Literacy and Lifelong Learning* di Alessandria, (2005), collegandola al centro dell'apprendimento permanente. *L'information literacy*, o alfabetizzazione informatica, è considerata fondamentale per l'apprendimento permanente e per il successo personale, sociale, occupazionale e formativo degli individui, in quanto rende le persone capaci, in tutti i percorsi della loro vita, di cercare, valutare, usare e produrre informazioni in modo efficace per raggiungere i loro obiettivi personali, sociali, occupazionali e formativi.

Nella società della conoscenza, *l'information literacy* diventa un diritto umano fondamentale, in quanto consente alle persone di partecipare pienamente alla vita sociale, economica e culturale, indipendentemente dalla loro origine o contesto socioeconomico. Promuovere *l'information literacy* significa garantire l'accesso equo e universale alla conoscenza e alla partecipazione attiva nella società, contribuendo così a ridurre le disuguaglianze e a favorire lo sviluppo sostenibile delle nazioni.

Quarant'anni dopo, nel 2013, Irina Bokova, Direttore generale dell'UNESCO, ha deciso di ripubblicare il Rapporto Faure del 1972, per ispirare una nuova generazione di educatori con la saggezza del pensiero del passato, in quanto, nonostante il contesto si sia evoluto, l'impostazione del Rapporto, tutt'oggi, continua a influenzare le politiche educative in tutto il mondo.

Il contesto europeo

Il contesto europeo degli ultimi decenni si è caratterizzato come un periodo storico complesso, con profondi e continui cambiamenti nel sistema scolastico, produttivo, del lavoro e dell'Unione Europea stessa. Questi cambiamenti hanno portato a una radicale trasformazione della composizione multietnica e dell'organizzazione sociale.

Per rispondere a questa nuova sfida sociale, sin dagli inizi degli anni '70 sono stati emanati vari documenti sullo sviluppo dell'orientamento scolastico-professionale e sull'inserimento dei giovani nel mondo del lavoro. Il Consiglio d'Europa ha inserito l'orientamento tra le pratiche di educazione permanente già nel marzo 1974.

Il ruolo strategico attribuito all'orientamento nella lotta contro la dispersione e l'insuccesso formativo trova sostegno nel Memorandum del 2000 e nel successivo documento del Parlamento Europeo e del Consiglio dell'Educazione del 2002, che ha definito 15 indicatori rilevanti per la qualità dell'apprendimento lungo tutto l'arco della vita. La Commissione Europea ha adottato l'approccio dell'apprendimento lungo tutto l'arco della vita, *Lifelong learning*, come guida per promuovere un'evoluzione comune degli Stati membri nel settore dell'educazione e della formazione. L'apprendimento lungo tutto l'arco della vita viene considerato non solo dal punto di vista lavorativo, ma anche come strumento per promuovere la partecipazione sociale attiva di tutti i cittadini europei.

Un altro importante contributo nel settore dell'educazione e della formazione è stato apportato dalla Risoluzione del Consiglio e dei rappresentanti dei governi degli Stati membri del 21 novembre 2008, definendo *l'orientamento permanente* come un processo continuo che consente ai cittadini di tutte le età di identificare le proprie capacità, competenze e interessi lungo tutto l'arco della vita. Tale processo include una serie di attività, come informazione, consulenza, bilancio delle competenze, accompagnamento e insegnamento delle abilità necessarie per prendere decisioni e gestire la propria carriera.

L'individuo diventa realmente il protagonista e il punto di riferimento della formazione: il processo formativo, non è più patrimonio esclusivo di specifiche istituzioni (scuola, università, ...), con cui l'individuo è in contatto solo in delimitate fasi, ma diventa patrimonio della persona, che nel corso della propria vita deve continuamente evolversi in relazione a situazioni sempre nuove e traendo insegnamento da tutte le esperienze vissute.

Oggigiorno, nel contesto europeo, *l'orientamento permanente* e *l'apprendimento lungo tutto l'arco della vita* sono diventati pilastri fondamentali per affrontare le sfide complesse e in continua evoluzione che caratterizzano la società moderna. Consideriamo il caso di Maria (nome di fantasia), una giovane italiana che si trova di fronte alla decisione cruciale di scegliere un percorso formativo e professionale. Grazie a un sistema di orientamento permanente ben strutturato e accessibile, Maria può ricevere supporto personalizzato per esplorare le sue passioni, identificare le sue abilità e prendere decisioni informate sul suo futuro. Allo stesso tempo, l'apprendimento lungo tutto l'arco della vita garantisce che Maria e altri cittadini europei possano continuare a sviluppare le proprie competenze e adattarsi ai cambiamenti nel mondo del lavoro e nella società. Attraverso programmi di formazione continua, corsi online, apprendistato, esperienze di lavoro e altre opportunità di apprendimento, Maria può mantenere il passo con le nuove tecnologie, le tendenze del mercato del lavoro e le esigenze dell'economia europea.

In questo modo, *l'orientamento permanente* e *l'apprendimento lungo tutto l'arco della vita* non solo offrono a Maria e ad altri individui la possibilità di realizzare il proprio potenziale, ma contribuiscono anche alla costruzione di una società europea più inclusiva, innovativa e resiliente, in grado di affrontare le sfide del futuro con fiducia e determinazione.

Il contesto italiano

Fino agli anni '90 gli interventi normativi e di sistema sono stati sporadici, a parte:
- la Legge 1859 del 31 dicembre 1962 "Istituzione e ordinamento della scuola media statale"
- il DPR 50 del 6 febbraio 1979 "Nuovi programmi di insegnamento di religione nella scuola media".
- il DM del 9 febbraio 1979 "I nuovi programmi della scuola media"

che hanno generato la scuola media unica con le finalità anche di favorire l'orientamento ai fini della scelta dell'attività successiva.

Il nuovo millennio si apre con la Legge di riordino dei cicli, Legge 30 del 2000 (Ministro Berlinguer), che, pur non essendo mai entrata in vigore, ha proposto alcuni principi che sono stati successivamente recepiti e ulteriormente potenziati dalla Legge 53/2003 (Ministro Moratti), che assegna all'orientamento un ruolo centrale al fine di prevenire e contrastare la dispersione scolastica e assicurare il diritto-dovere di istruzione e formazione per ciascuno.

La Legge 53/2003 si fonda sul Rapporto finale del gruppo ristretto di lavoro coordinato dal Prof. Bertagna del 2001 (I e II parte) che contiene alcuni spunti importanti per l'orientamento:

- I momenti di scelta previsti lungo tutto l'arco del percorso scolastico: si passa, dal concetto di "*curricolo*" a quello di "*piano di studio personalizzato*"; le scuole sono tenute a proporre un'offerta diversificata di laboratori e attività integrative, a carattere facoltativo e di approfondimento; è possibile scegliere, a partire dal quindicesimo anno di età, per una formazione in Alternanza Scuola-Lavoro (oggi PCTO).

- La complessità del sistema rende necessario un forte coinvolgimento dello studente e delle famiglie, data la giovane età a cui si è chiamati a compiere le suddette scelte e per facilitare il processo di accompagnamento e di scelta viene prevista la figura del *Tutor* che seguirà in modo personalizzato gli studenti con funzione orientativa.

- Il piano di studio personalizzato introduce il "*Portfolio di competenze*", uno strumento con forte valenza orientativa, che dovrà accompagnare lo studente sin dalla scuola dell'infanzia, fungendo da raccordo tra i passaggi nei diversi gradi scolastici.

Nel 2005 con i D. Lgs. 76/05 e 77/05 si chiude il cerchio attraverso la definizione delle norme generali sul "*diritto dovere all'istruzione-formazione*" e all'*Alternanza scuola-lavoro.*
Con l'emanazione di questi due decreti viene promosso l'apprendimento in tutto l'arco della vita, assicurando a tutti pari opportunità di raggiungere elevati livelli culturali e di

sviluppare le capacità e le competenze generali e specifiche, coerenti con le attitudini e le scelte personali, adeguate all'inserimento nella vita sociale e nel mondo del lavoro e, con l'istituto dell'Alternanza scuola-lavoro, viene garantita l'acquisizione di competenze spendibili nel mercato del lavoro, oltre a quella delle conoscenze di base.

Nel 2005, il Ministro Moratti, in una delle sue ultime azioni in tema di orientamento, al fine di favorire un miglior raccordo fra tutti i soggetti che intervengono nell'istruzione, nella formazione e nelle politiche occupazionali, istituisce un Comitato Nazionale e un Gruppo Tecnico operativo per l'Orientamento con il compito di raccogliere e selezionare le *"buone pratiche di orientamento"* esistenti sul territorio e predisporre un piano di interventi integrati di orientamento, a livello nazionale.

La Legge n. 1/2007 e i successivi decreti legislativi n. 21 e 22 del 14 gennaio 2008 sono le novità introdotte in tema di orientamento dal nuovo esecutivo (Prodi-Fioroni). Tali interventi riaffermano che alla scuola è affidato il compito, di concerto con le altre istituzioni del territorio, di attivare *"percorsi di orientamento e di autovalutazione delle competenze"* e soprattutto che queste iniziative entrano a pieno titolo nel Piano dell'offerta formativa dell'istituto e nel piano di formazione dei docenti. Viene sancito inoltre il superamento dell'ottica informativa dell'orientamento, relegato all'ultimo anno delle scuole secondarie di II grado, con un ruolo episodico e frammentario.

Da questi decreti emerge con chiarezza la necessità di una strategia unitaria, organica e integrata di orientamento, basata su:
- raccordo dei diversi Soggetti istituzionali responsabili;
- formazione dei docenti (dimensione dell'orientamento rispetto alle discipline);
- ordinarietà di tale azione in ciascun ordine e grado di scuola;
- didattica orientativa.

Col seminario nazionale "L'orientamento per il futuro", tenutosi ad Abano dal 2 al 5 marzo 2009, e diffuso con la C.M. n. 43 del 15 aprile 2009, avente per oggetto: Piano Nazionale di Orientamento: "Linee guida in materia di orientamento lungo tutto l'arco della vita", riprende l'iniziativa del MIUR (Ministro Gelmini) in questo importante e vitale settore formativo.

Con la Legge 107/2015, c.d. "La Buona scuola", l'offerta formativa delle scuole sarà declinata in base alle esigenze degli studenti e dovrà essere coerente con la necessità di orientarli al futuro. Le competenze maturate dagli studenti, anche in ambito extra scolastico (volontariato, attività sportive, culturali, musicali), saranno raccolte in un apposito curriculum digitale che conterrà informazioni utili per l'orientamento e l'inserimento nel mondo del lavoro.

Il 22 dicembre 2022, nell'ambito della riforma del sistema di orientamento scolastico prevista dal PNRR, il Ministero dell'Istruzione e del Merito ha adottato le *Linee Guida per l'orientamento* (vedi infra). La riforma è orientata a costruire, sia a livello ministeriale che nell'ambito di accordi tra Governo, Regioni ed Enti locali, un sistema strutturato e coordinato di orientamento ovvero, un sistema in grado di rispondere alle indicazioni del quadro di riferimento europeo sull'orientamento e di riconoscere le attitudini e il merito degli studenti, per aiutarli a elaborare in modo consapevole il loro progetto di vita e professionale, nonché garantire un processo di apprendimento e formazione permanente, come indicato dal Piano d'azione del pilastro europeo dei diritti sociali.

La prospettiva pedagogica: orientamento o educazione all'orientamento

Nella nostra società complessa, caratterizzata da profondi cambiamenti, ci si interroga continuamente su quello che deve "*fare*" la scuola per far sviluppare queste competenze agli studenti: deve semplicemente riprodurre la cultura, uniformare i giovani a uno stesso stile, secondo la concezione sofistica della téchne, ad esempio trasformandoli in tanti *"piccoli italiani"* come sosteneva il Linati dopo l'Unità d'Italia per esigenze di unificazione? O la scuola farebbe meglio a dedicarsi all'ideale altrettanto rischioso di preparare i giovani ad affrontare il mondo in evoluzione che dovranno abitare? In questo secondo caso, però, come faremo a decidere quale sarà quel mondo e cosa richiederà loro?

Nel mondo in cui viviamo, in continua evoluzione, l'unica soluzione percorribile per la scuola è quella di educare gli studenti all'autonomia, alla indipendenza, alla responsabilità, alla capacità di inventare il proprio futuro, rendendoli immuni da ogni forma di massificazione, di inquadramento.

Sotto il profilo pedagogico, l'orientamento come approccio educativo suscita quindi molto interesse e ci pone d'obbligo l'interrogativo se esso debba essere considerato un mezzo o un fine. Se l'orientamento è considerato un *mezzo* (*téchne educativa/orientativa*) per l'educazione delle persone, significa che è un problema di razionalità tecnica e sotto questo aspetto, sarebbe solo una raffinata "*tecnica manipolatoria*", attraverso la quale qualcuno si impone su un altro facendogli interiorizzare, come scelte libere ed autonome, gli oggettivi rapporti di forza culturali, personali e sociali delle strutture di potere esistenti. Se l'orientamento è considerato un *fine* per l'educazione delle persone, significa che non è solo un problema di razionalità teoretica o tecnica, ma di razionalità pratica, umana, quella morale, che coinvolge la volontà, la libertà e la responsabilità di ciascuno.

La prospettiva epistemologica: apprendimento e orientamento all'interno dell'impianto disciplinare

Fin qui è emerso chiaramente che l'orientamento non costituisce più un processo a se stante o indipendente, che si affianca al processo formativo, bensì si identifica con esso e se ne distingue solo in quanto contribuisce alla chiarificazione della scelta, ponendo, responsabilmente, l'individuo di fronte all'ambiente che lo circonda. Di qui l'importanza di un'ipotesi di lettura epistemologica dell'orientamento, per riflettere sul nostro modo di conoscere e di formarci, negli ambienti di apprendimento formali dove quasi tutto l'impianto della conoscenza ruota attorno all'apparato disciplinare e le discipline costituiscono l'oggetto dell'attività formativa. Le discipline con i saperi che ne conseguono, sotto l'aspetto epistemologico, non sono intese come contenitori o classificazioni di conoscenze (come potrebbero esserlo le materie), ma come strutture e metodologie di pensiero e linguaggi (norme specifiche) per leggere la realtà o come strumenti per agire sulla realtà per una costruttiva integrazione di chi apprende nell'ambiente in cui vive.

Visto il duplice ruolo che può assumere la disciplina, a questo punto, è lecito porsi la seguente domanda: sarebbe bene, insegnare le discipline o insegnare con le discipline?
La *mediazione*, istruita dalla razionalità pratica, umana, che coniuga insieme le discipline come oggetto dell'apprendere e le discipline come strumento d'azione apprenditiva e formativa, ci conduce al fine dell'azione educativa "*buona*": la competenza orientativa.

Alla luce di tutto ciò i docenti non possono più considerare l'orientamento come un'azione di tipo progettuale, affidata esclusivamente a funzioni strumentali o a figure di sistema, ma devono progressivamente acquisire l'ottica orientativa, per una didattica orientativa, come imprescindibile condizione dell'attività didattica quotidiana. Scuola e territorio necessitano quindi di docenti e dirigenti formati, capaci di governare la complessità del processo alla scelta per mezzo di offerte formative e non semplicemente informative. È in questo nuovo scenario che al Dirigente Scolastico è richiesta una cultura organizzativa, da ricercare nel quadro normativo e nella ricerca scientifica, che gli consenta di cogliere il senso e la trasformazione nel superamento del vecchio modo direttivo di gestire la scuola.

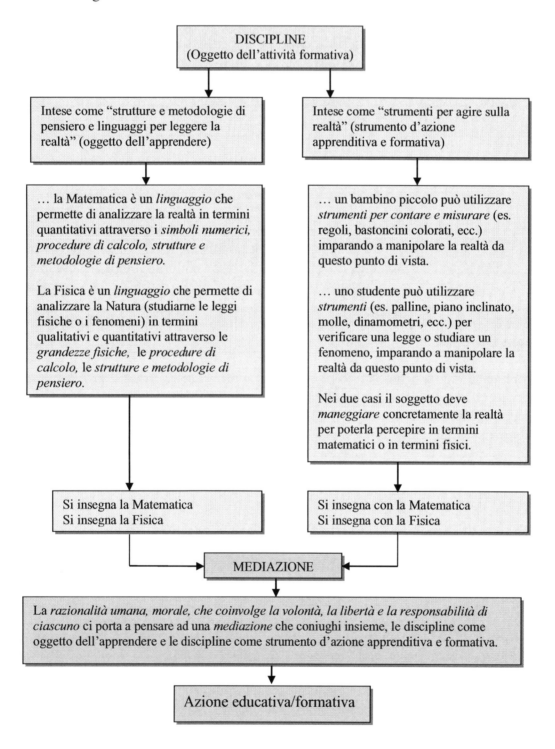

Linee guida per l'orientamento

La *riforma del sistema di orientamento* inclusa nel PNRR ha richiesto una rilettura dei documenti europei in merito all'orientamento scolastico e professionale e alla definizione delle certificazioni delle competenze in quanto si inserisce all'interno della cornice europea delineata dalle Raccomandazioni del Consiglio dell'Unione europea in materia di istruzione e formazione.

A tal proposito si cita la "*Raccomandazione del Consiglio del 22 maggio 2018 relativa alle competenze chiave per l'apprendimento permanente*" che rappresenta un punto di riferimento per la normativa italiana, soprattutto in tema di scuola e didattica e la "*Raccomandazione del Consiglio dell'Unione europea sui percorsi per il successo scolastico*" del 28 novembre 2022 (sostituisce la Raccomandazione del Consiglio del 28 giugno 2011 sulle politiche di riduzione dell'abbandono scolastico), che disegna nuove priorità di intervento per il perseguimento del successo scolastico per tutti gli studenti, a prescindere dalle caratteristiche personali e dall'ambito familiare, culturale e socio-economico e nello specifico evidenzia la necessità di rafforzare *l'orientamento scolastico, l'orientamento e la consulenza professionale e la formazione* per sostenere l'acquisizione di abilità e competenze di gestione delle carriere professionali.

Da qui, l'esigenza da parte della scuola italiana, di rivedere e di adeguare le politiche della formazione, con l'intento di rispondere alle sfide poste dal mutevole scenario sociale. Pertanto, a*l* fine di dare attuazione alla Riforma 1.4 – *Riforma del sistema di orientamento*, prevista nell'ambito della Missione 4 – Componente 1 – del PNRR con scadenza al 31 dicembre 2022, il Ministro dell'Istruzione e del Merito Giuseppe Valditara, dopo aver consultato le Organizzazioni sindacali e il Consiglio Superiore della Pubblica Istruzione (CSPI), il 22 dicembre 2022, ha adottato le *Linee Guida per l'orientamento* (Decreto del Ministro dell'Istruzione e del Merito 22 dicembre 2022, n. 328), le quali, anche attraverso la promozione di opportuni interventi legislativi e decreti, hanno lo scopo di:

- attuare la riforma dell'orientamento prevista nel PNRR, al fine di rafforzare il raccordo tra il primo e il secondo ciclo di istruzione e formazione per una scelta consapevole e ponderata;

- contribuire alla riduzione della dispersione scolastica e a contrastare l'inattività dei Neet (Not in Education, Employment or Training);

- diminuire il disallineamento (mismatch) tra formazione e lavoro;

- rafforzare l'apprendimento e la formazione permanente lungo tutto l'arco della vita (Lifelong learning);

- favorire l'accesso alle opportunità formative dell'istruzione terziaria creando una filiera continua che va dagli Istituti del secondo ciclo (Tecnici, Professionali e IeFP) agli ITS Academy (vedi il *Piano nazionale di sperimentazione* per l'istituzione della filiera formativa integrata nell'ambito tecnologico-professionale caratterizzato dalla formula 4+2).

In sostanza, obiettivi europei che sono alla base di molte delle innovazioni del sistema scolastico previste da PNRR, attuate con Riforme e Linee di investimento che concorrono trasversalmente anche alla ridefinizione dell'organizzazione e delle modalità di gestione dell'orientamento.

Spetta alle Direzioni generali del MIM, ciascuna per la propria competenza e nel rispetto dei target e delle *milestone* definiti dal PNRR, provvedere all'adozione degli adempimenti per l'attuazione delle Linee guida. Annualmente, attraverso l'analisi dei dati rilevati dal sistema informativo del Ministero dell'Istruzione e del Merito e dalle piattaforme correlate, le Linee guida sono oggetto di apposito monitoraggio sulla loro attuazione, sulla base di specifici indicatori di realizzazione.

Orientamento nei percorsi di istruzione secondaria

Nella società della conoscenza, in rapida evoluzione, i giovani necessitano di un continuo orientamento e riorientamento rispetto alle scelte formative, alle attività lavorative, nonché alla vita sociale in quanto le capacità e competenze, quali che siano, se non costantemente riconosciute ed esercitate, non si sviluppano, compromettendo in questo modo anche il ruolo del merito personale nel successo formativo e professionale.

L'istruzione e la formazione sono chiamate a svolgere un ruolo chiave per l'acquisizione di capacità e competenze utili a cogliere le opportunità che si presentano in previsione dei cambiamenti della società e del mondo del lavoro di domani, e l'orientamento, sin dal suo esordio nella scuola dell'Infanzia e Primaria, quale sostegno alla fiducia, all'autostima, all'impegno, alle motivazioni, nel processo formativo deve assumere un ruolo strategico e deve coinvolgere, oltre la scuola e i docenti, le famiglie e i diversi attori istituzionali e sociali con i quali lo studente interagisce. L'attività didattica in ottica orientativa deve essere organizzata a partire dalle esperienze degli studenti, valorizzando la didattica laboratoriale, i tempi e gli spazi flessibili, nonché le opportunità offerte dall'esercizio dell'autonomia.

Nella scuola secondaria di primo grado l'orientamento va potenziato attraverso attività opzionali e facoltative (attività laboratoriali creative e ricreative, sportive, teatrali, etc.), offrendo agli studenti occasioni aggiuntive, per autenticare e mettere a frutto attitudini, capacità e talenti nei quali reputino di poter esprimere il meglio di sé. Da ciò emerge chiaramente che l'orientamento non costituisce più un processo a sé stante o indipendente, che si affianca al processo formativo, bensì si identifica con esso e se ne distingue solo in quanto contribuisce alla chiarificazione della scelta, in particolar modo quando pone lo studente di fronte alla scelta dei percorsi di istruzione e formazione secondari che offrono esperienze diverse di apprendimento, tutte qualificate a cogliere le sfide future.
Sono molteplici i percorsi di istruzione e formazione secondaria disponibili per gli studenti al termine delle scuole secondarie di primo grado. Per tale motivo l'orientamento e la prevenzione della dispersione scolastica suggeriscono anche la realizzazione, in prospettiva sperimentale, di "campus formativi" che coinvolgono reti di coordinamento tra istituzioni scolastiche e formative. I campus dovrebbero includere tutti i percorsi secondari, al fine di ottimizzare iniziative che facilitino un accompagnamento personalizzato e agevolino i passaggi orizzontali tra diversi percorsi formativi.

Nella scuola secondaria di secondo grado, tenendo conto delle indicazioni condivise a livello europeo, l'orientamento esige un forte accento sullo sviluppo delle competenze di base e di quelle trasversali (responsabilità, spirito di iniziativa, motivazione e creatività, fondamentali anche per promuovere l'imprenditorialità giovanile); l'apprendimento delle lingue straniere; un crescente utilizzo delle tecnologie digitali; la presenza di docenti formati e motivati; una più stretta integrazione fra l'istruzione, la formazione professionale, l'istruzione superiore, l'università e le imprese.

Nella scuola secondaria di secondo grado, la certificazione delle competenze, rilasciata nei vari step del percorso scolastico, si caratterizza come un ottimo strumento per l'orientamento in quanto permette di ri-orientare lo studente in caso di scelta errata.

Entrando nello specifico, la certificazione delle competenze alla conclusione dell'obbligo di istruzione (primo biennio della scuola secondaria di II grado) riveste una particolare importanza nel percorso scolastico dello studente in quanto può favorire il riorientamento e il successo formativo, consentendo il passaggio ad altro percorso, indirizzo, articolazione, opzione di scuola secondaria di secondo grado in maniera più flessibile.

Al fine di favorire i passaggi tra il sistema nazionale di istruzione e i percorsi IeFP regionali o l'apprendistato formativo, nonché attivare interventi di riorientamento, a partire dall'anno scolastico 2023-2024, a richiesta dello studente, sarà rilasciata la certificazione delle competenze anche al termine di ciascuna annualità.

Altro elemento rilevante, anche ai fini dell'orientamento, è il curriculum dello studente, introdotto dalla Legge 107/2015 (c.d. La Buona Scuola) e disciplinato dal D.Lgs. n.62/2017 il quale dispone che a partire dall'a.s. 2020/21 al diploma finale dell'esame di Stato del II ciclo viene allegato il curriculum dello studente, ovvero un documento che riporta al suo interno tutte le informazioni relative ad attività svolte in ambito formale ed extrascolastico nel corso degli anni.

Tale documento, oltre ad essere uno strumento con rilevante valore formativo ed educativo, importante per la presentazione dello studente alla Commissione e per lo svolgimento del colloquio dell'esame di Stato del II ciclo, può costituire un valido supporto per l'orientamento degli studenti al mondo del lavoro, nonché al proseguimento degli studi nei percorsi di istruzione terziaria accademica offerti dalle Università e dall'AFAM (Alta Formazione Artistica, Musicale e Coreutica) e nei percorsi post diploma di formazione tecnica superiore offerti dagli ITS Academy (Istituti Tecnologici Superiori) e dagli IFTS ((Istruzione e Formazione Tecnica Superiore).

Sempre al fine di potenziare nell'offerta formativa la componente orientativa, nel 2018, la Legge n. 145/2018 (Legge di Bilancio 2019) cambia il nome *dell'Alternanza Scuola Lavoro (ASL)* in "*Percorsi per le Competenze Trasversali e per l'Orientamento (PCTO)*".

Nel nuovo contesto normativo, oltre al cambio del nome, cambia anche la sostanza, infatti, si evidenzia una forte rilevanza delle finalità *orientative* dei percorsi e l'obiettivo di far acquisire ai giovani in via prioritaria le *competenze trasversali* utili alla loro futura occupabilità.

I moduli curriculari di orientamento nella scuola secondaria

Il PNRR, relativamente alla Riforma del sistema di orientamento, prevede l'introduzione di moduli di orientamento formativo, da ricomprendersi all'interno del curriculum complessivo annuale, rivolti alle classi quarte e quinte della scuola secondaria di II grado, al fine di accompagnare gli studenti nella scelta consapevole di prosecuzione del percorso di studi o di ulteriore formazione professionalizzante (ITS Academy), propedeutica all'inserimento nel mondo del lavoro. La riforma è implementata con l'introduzione di moduli di orientamento – circa 30 ore annue – nella scuola secondaria di primo e secondo grado, al fine di incentivare l'innalzamento dei livelli di istruzione,

Coerentemente a quanto previsto nel PNRR, le Linee guida dispongono, a partire dall'a.s. 2023/2024, quanto segue:

Le *scuole secondarie di primo grado* attivano, a partire dall'anno scolastico 2023-2024
- moduli di orientamento formativo degli studenti, di almeno 30 ore, anche extracurriculari, per anno scolastico, in tutte le classi.

Le *scuole secondarie di secondo grado* attivano a partire dall'anno scolastico 2023-2024:
- moduli di orientamento formativo degli studenti, di almeno 30 ore, anche extracurriculari, per anno scolastico, nelle classi prime e seconde;
- moduli curricolari di orientamento formativo degli studenti, di almeno 30 ore per anno scolastico, nelle classi terze, quarte e quinte.

Nota bene: per il triennio sono previsti solo moduli curricolari e non extracurricolari.

Al fine di migliorare l'efficacia dei percorsi orientativi, i *moduli curriculari di orientamento formativo* nelle classi del secondo biennio e quinto anno (terze, quarte e quinte) devono essere integrati con i percorsi per le competenze trasversali e l'orientamento (PCTO – ex Alternanza Scuola Lavoro), nonché con le attività di orientamento in uscita (Università, AFAM e ITS Academy).

A tal proposito, si rammenta che la specifica linea di investimento 1.6 *"Orientamento attivo nella transizione scuola-università"* della Missione 4, consente a tutte le scuole secondarie del secondo ciclo di poter realizzare percorsi di orientamento di 15 ore ciascuno nelle classi terze, quarte e quinte, promossi dalle Università e dagli AFAM, tramite sottoscrizione di specifici accordi.

Ferma restando la valenza orientante di tutte le discipline che deve fare leva sulla trasversalità e sulla complessità dei saperi, il pacchetto delle 30 ore non deve configurarsi come un ulteriore appesantimento di attività curriculare e/o extracurriculare, ovvero non deve essere inteso e distribuito con un orario settimanale, cadenzato, come se fosse una nuova disciplina, piuttosto dovrà essere articolato trasversalmente alle altre discipline ed inserito nel *curriculo verticale* dell'Istituzione scolastica con un percorso formativo e dei traguardi pianificati da raggiungere in un tempo prestabilito.

Il percorso formativo può essere pianificato e gestito sulla base di attività co-progettati tra scuole dei due cicli, con le agenzie formative del territorio, con gli ITS Academy, le Università, le istituzioni AFAM, le imprese, i servizi di orientamento promossi dagli Enti locali e dalle Regioni, i Centri per l'impiego, nonché tutti i servizi attivi sul territorio che favoriscono la transizione verso l'età adulta. In tali attività vi rientrano, a titolo esemplificativo, i laboratori orientativi che coinvolgono gli studenti dei due cicli per esperienze di peer tutoring, gli incontri dei docenti del ciclo superiore con gli alunni del ciclo inferiore, gli incontri degli studenti del secondo ciclo con i docenti dall'area terziaria degli Atenei, degli Istituti di formazione professionale (ITS Academy) ed altro ancora riconducibile al mondo delle professioni, della ricerca e del terzo settore.

I moduli di orientamento dovranno essere documentati nell'*E-Portfolio orientativo personale delle competenze* in quanto monitorati, tramite il sistema informativo, dal Ministero dell'Istruzione e del Merito.

e-Portfolio orientativo personale delle competenze

Nell'ottica di contrastare l'insuccesso scolastico e il conseguente abbandono, l'e-Portfolio costituisce uno strumento utile che accompagna lo studente nel percorso scolastico, nonché nella prosecuzione del percorso formativo e lavorativo in quanto "*integra e completa in un quadro unitario il percorso scolastico, favorisce l'orientamento rispetto alle competenze progressivamente maturate negli anni precedenti e, in particolare, nelle esperienze di insegnamento dell'anno in corso. Accompagna lo studente e la famiglia nell'analisi dei percorsi formativi, nella discussione dei punti di forza e debolezza motivatamente riconosciuti da ogni studente nei vari insegnamenti, nell'organizzazione delle attività scolastiche e nelle esperienze significative vissute nel contesto sociale e territoriale*"

L'E-Portfolio consente allo studente di valorizzare le competenze acquisite, di avere a disposizione le più importanti prove della sua trasformazione, delle relazioni con la cultura, il sociale, gli altri e il mondo esterno; attraverso di esso lo studente costruisce la propria identità, mantiene il legame col passato con lo storico dei propri lavori, riflette nel presente su se stesso e si presenta al mondo esterno, si proietta nel futuro pianificando gli apprendimenti futuri attraverso la consapevolezza delle proprie competenze.

Per rispondere a questo bisogno, le istituzioni scolastiche della scuola secondaria di primo e secondo grado, dovranno individuare, all'interno del Consiglio di Classe, il docente Tutor, per un gruppo di studenti, al quale viene assegnato il compito di sviluppare e sostenere un dialogo costante con lo studente, la sua famiglia e i colleghi del Consiglio di Classe.

Nella fase di tutoraggio il docente assiste lo studente nella revisione critica dell'e-Portfolio, le cui parti fondamentali sono:
a) il percorso di studi compiuti, anche attraverso attività che ne documentino la personalizzazione;
b) lo sviluppo documentato delle competenze (acquisiti in progetti europei, PCTO, informatiche ICDL, linguistiche ed altro);
c) le riflessioni in chiave valutativa, auto-valutativa e orientativa sul percorso svolto e, soprattutto, sulle sue prospettive future;
d) la scelta di almeno un prodotto riconosciuto dallo studente, per ciascun anno scolastico, come il proprio "*capolavoro*".

Nell'ambito del proprio ruolo, il docente Tutor dovrà consigliare (da qui il ruolo di Consigliere) le famiglie nei momenti di scelta dei percorsi formativi e/o delle prospettive professionali, tenendo conto dei dati territoriali e nazionali, nonché delle informazioni contenute nella piattaforma digitale unica per l'orientamento, avvalendosi anche del supporto della figura a *sostegno dell'orientamento (c.d. orientatore)*.

Il "Consiglio di orientamento" per la scuola secondaria di primo grado e il "Curriculum dello studente", per la scuola secondaria di secondo grado inseriti nell'e-Portfolio acquisiscono una forte valenza orientativa grazie all'innovazione tecnica e metodologica che esso possiede in quanto entreranno a far parte di un'unica, evolutiva, interfaccia digitale per l'orientamento.

Piattaforma digitale unica per l'orientamento

Come previsto nel PNRR gli studenti i loro docenti, in particolar modo i tutor, e le famiglie avranno a disposizione una piattaforma digitale unica per l'orientamento che contiene in maniera strutturata i seguenti elementi:

- *passaggio dal primo al secondo ciclo*: troveranno l'offerta formativa e i dati necessari per poter procedere a scelte consapevoli sulla base delle competenze chiave, delle motivazioni e degli interessi prevalenti;
- *passaggio dal secondo ciclo al sistema terziario*: troveranno la distribuzione degli ITS Academy e dei corsi di laurea di Università, Istituzioni AFAM, dati sui corsi di studio, dati Almalaurea, Istat, Cisia, etc.;
- *transizione scuola-lavoro*: troveranno i dati relativi alle professionalità più richieste nel territorio e le prospettive occupazionali e retributive correlate ai diversi titoli di studio secondari e terziari;
- *banca delle buone pratiche*: troveranno la presentazione delle migliori pratiche di E-Portfolio orientativo personale delle competenze degli studenti, nonché delle migliori esperienze realizzate dalle istituzioni scolastiche per lo svolgimento delle attività di orientamento;
- *spazio riservato*: sarà possibile consultare la stratificazione annuale del proprio E-Portfolio relativo alle competenze acquisite nei percorsi scolastici, ed extrascolastici.

Altresì, ciascuna istituzione scolastica dovrà individuare un'apposita figura a *sostegno dell'orientamento (orientatori)* che dovrà gestire tutti i dati, riconducibili all'elenco puntato di cui sopra, forniti dal Ministero all'Istituzione scolastica. Tali dati dovranno essere raffinati e integrati con quelli afferenti al territorio di competenza e messi a disposizione dei docenti, in particolare ai tutor, delle famiglie e degli studenti, affinché i soggetti interessati possano fare una valutazione complessiva dell'offerta formativa/occupazionale, anche nell'ottica di agevolare la prosecuzione del percorso di studi o l'ingresso nel mondo del lavoro.

Lo studente, sulla base delle proprie competente e aspirazioni, può fare una scelta consapevole, sia essa indirizzata al proseguimento degli studi che all'inserimento nel mondo del lavoro.

La formazione dei docenti

Negli aa. ss. 2023/24, 2024/25, 2025/26 l'Orientamento diviene priorità strategica della formazione dei docenti in servizio di tutti i gradi di istruzione e investe pure i docenti neoassunti nell'anno di prova. Le attività formative saranno svolte a livello territoriale tramite i "Nuclei di supporto", costituiti presso gli Uffici Scolastici Regionali, in quanto hanno il compito di accompagnare l'attuazione delle Linee guida, anche in relazione agli aspetti organizzativi e gestionali delle istituzioni scolastiche.

Per i docenti delle scuole secondarie di secondo grado che siano interessati a svolgere le funzioni di tutor ed esperti di orientamento (o orientatori) è avviato uno specifico percorso formativo gestito attraverso la piattaforma "Futura PNRR".

Per potersi candidare a svolgere la funzione di tutor e di docente orientatore e partecipare alla formazione, i docenti devono, preferibilmente:

- essere in servizio con contratto a tempo indeterminato con almeno cinque anni di anzianità maturata con contratto a tempo indeterminato o determinato;

- avere svolto compiti rientranti in quelli attribuiti al tutor scolastico e al docente orientatore (funzione strumentale per l'orientamento, per il contrasto alla dispersione scolastica, aver maturato esperienze nell'ambito dei PCTO come docente referente);

- manifestare la disponibilità ad assumere la funzione di tutor e di docente orientatore per almeno un triennio scolastico

Sarà cura del dirigente scolastico, selezionare i docenti da avviare ai percorsi di formazione. I docenti tutor individuati parteciperanno ad un corso di formazione organizzato da INDIRE e articolato in moduli online della durata di 20 ore.

Per tutti i docenti tutor e orientatori è inoltre prevista la realizzazione di iniziative formative specifiche, secondo indirizzi definiti dal Ministero dell'Istruzione e del Merito, finanziate anche attraverso un programma dedicato nell'ambito delle risorse del fondo sociale europeo (FSE+).

Risorse e opportunità per la gestione dell'orientamento da parte delle scuole

Le risorse economiche per sostenere le azioni di orientamento possono essere reperite dai piani e programmi nazionali ed europei, nonché da iniziative promosse da Università, Regioni, Enti locali, Centri per l'impiego, Associazioni datoriali, Enti e Organizzazioni territoriali. Nella fattispecie, il PNRR consente l'attivazione di molti percorsi e interventi per promuovere l'orientamento nell'ambito di diverse *linee di investimento* rientranti nella Missione 4:

- *Nuove competenze e nuovi linguaggi (3.1)*: offre la possibilità di realizzare attività di orientamento, verso gli studi e le carriere professionali nelle discipline STEM (Scienza, Tecnologia, Ingegneria e Matematica) e interessa tutte le scuole del primo e del secondo ciclo;

- *Interventi per la riduzione dei divari e della dispersione scolastica (1.4)*: vengono messi a disposizione della scuola diversi strumenti per la personalizzazione della formazione e dell'orientamento in favore degli studenti con difficoltà scolastiche al fine di sostenerli nelle scelte didattiche e formative;
- *Didattica digitale integrata (2.1)*: consente la frequenza di percorsi formativi per il personale scolastico sulla digitalizzazione nonché sull'utilizzo di metodologie didattiche innovative, anche con riferimento ad attività orientative personalizzate.
- *Sviluppo del sistema di formazione terziaria degli ITS Academy (1.5)*: prevede lo svolgimento di attività di orientamento promosse dagli Istituti tecnologici superiori.

A queste quattro linee di investimento che conducono all'orientamento, di competenza del Ministro dell'Istruzione e del Merito, si aggiunge la Linea di investimento 1.6 "*Orientamento attivo nella transizione scuola-università*" della Missione 4, di competenza del Ministro dell'Università e della Ricerca che consente a tutte le scuole secondarie del secondo ciclo di poter realizzare percorsi di orientamento di 15 ore ciascuno nelle classi terze, quarte e quinte, promossi dalle Università e dagli AFAM, tramite sottoscrizione di specifici accordi. Ai fini dell'impegno orario, le 15 ore rientrano nel pacchetto delle 30 ore destinate all'orientamento.

Nell'ambito delle risorse europee, il nuovo Programma Nazionale "Scuola e competenze" 2021-2027 prevede specifici interventi per sostenere la riforma dell'orientamento per le scuole del primo e del secondo ciclo e per i centri per l'istruzione degli adulti (CPIA), mentre il programma "Erasmus+" 2021-2027 consente l'attivazione di percorsi di mobilità che abbiano anche un forte impatto in relazione all'orientamento alle scelte future.

INDICE

SECONDO CICLO DEL SISTEMA EDUCATIVO DI ISTRUZIONE E FORMAZIONE	7
Articolazione del secondo ciclo	7
Obbligo di istruzione	8
Diritto-dovere all'istruzione e alla formazione	9
Valutazione	10
Valutazione del comportamento	10
Valutazione periodica e finale	10
Credito scolastico	11
Sospensione del giudizio	12
Prove Invalsi	<u>12</u>
Certificazione delle competenze	13
Modello nazionale Allegato C	14
Esami integrativi ed esami di idoneità	17
Esami integrativi	17
Esami di idoneità	18
Esame di Stato	19
Candidati interni	19
Candidati con disabilità	21
Candidati con DSA	22
Abbreviazione per merito	22
Candidati esterni	23
Prove scritte a carattere nazionale predisposte dall'INVALSI	24
Curriculum dello Studente	24
Diploma finale	25
Scuola in ospedale e istruzione domiciliare	26
SCUOLA SECONDARIA DI SECONDO GRADO	27
Quadro di riferimento vigente	27
Riordino degli Istituti di istruzione sec. II grado (Riforma Gelmini)	29
Riflessioni sulla riforma Gelmini	30

Licei	33
Istituti Tecnici	37
Istituti Professionali	39
Distribuzione degli iscritti nei 3 percorsi (Licei, Tecnici e Professionali)	39
ORGANIGRAMMA E FUNZIONIGRAMMA	41
Area direttiva	43
Dirigente scolastico	43
Collaboratori del Dirigente e responsabili di plesso	43
Sistema qualità	44
Comitato di direzione	44
Direttore dei Servizi Generali ed Amministrativi (DSGA)	45
Area gestionale - didattica	46
Collegio Docenti	46
Dipartimenti disciplinari	46
Consigli di classe	47
Funzioni strumentali	47
Animatore digitale e Team per l'innovazione digitale	48
Commissioni e Responsabili di progetto	49
Tutor docenti neoassunti	49
Tutor PCTO	50
Tutor orientamento	50
Orientatore	50
Area gestionale - partecipativa	51
Consiglio d'Istituto e Giunta esecutiva	51
Comitato degli Studenti	51
Comitato dei Genitori	52
Organo di Garanzia	52
Comitato per la valutazione dei docenti	53
Area gestionale – Tecnico Amministrativa	53
Segreteria	53
Sito Web	54
Rete informatica	55
Ufficio tecnico	55
Responsabile di laboratorio e Assistente tecnico	56
RSPP (Responsabile del servizio di prevenzione e protezione)	56
ASPP (Addetti al servizio di prevenzione e protezione)	57

RSU (Rappresentanza Sindacale Unitaria)	57
RLS (Rappresentante dei lavoratori per la sicurezza)	57
Medico competente (MC)	58
Area erogazione	59
Area degli Assistenti	59
Area dei Collaboratori	60
Area degli Operatori	60
Docenti	61
Classi scolastiche	63
RIFORMA DELL'ISTRUZIONE PROFESSIONALE (D.LGS N. 61/2017)	65
Revisione dei percorsi dell'istruzione professionale	65
Identità dell'istruzione professionale	65
Decreti attuativi del D.Lgs 61/2017	68
Linee Guida	68
Misure per la riforma degli Istituti Professionali previste nel PNRR	69
IEFP (ISTRUZIONE E FORMAZIONE PROFESSIONALE)	71
Offerta sussidiaria integrativa e complementare	72
Decreti attuativi del D.Lgs n.61/2017 in materia di IeFP	72
Accreditamento regionale degli Istituti Professionali	73
Nuova offerta sussidiaria dei percorsi di IeFP	74
Raccordo tra i sistemi formativi IP – IeFP	74
Accordi regionali	75
Passaggi tra i due sistemi e fasi operative	75
Commissione passaggi	77
RIFORMA DEGLI ISTITUTI TECNICI PREVISTA DAL PNRR	79
Revisione dell'assetto ordinamentale degli Istituti Tecnici	80

DDL per l'istituzione della filiera formativa tecnologico-professionale	81
Parere del CSPI sullo schema del DM 7 dicembre 2023	82
PERCORSI SPERIMENTALI QUADRIENNALI DELLA S.S. II GRADO	85
Soggetti destinatari	85
Requisiti di partecipazione	86
Valutazione delle proposte progettuali	88
Ampliamento della sperimentazione dei percorsi quadriennali (1000)	89
Riflessioni sulla sperimentazione dei percorsi quadriennali	91
FILIERA FORMATIVA TECNOLOGICO-PROFESSIONALE: MODELLO 4+2	93
D.M. 7 dicembre 2023, n.240	93
Oggetto e finalità	93
Caratteristiche della sperimentazione	96
Soggetti destinatari	98
Requisiti di partecipazione	100
Elementi caratterizzanti della proposta progettuale	101
Presentazione della candidatura	105
Valutazione delle proposte progettuali	106
Attivazione e durata della sperimentazione	107
FAQ del MIM sul Progetto nazionale di sperimentazione	109
ISTITUTI TECNOLOGICI SUPERIORI – ITS ACADEMY	115
Sviluppo storico del Sistema di Istruzione e Form. Tecnica Superiore	115
Istruzione e Formazione Tecnica Superiore (IFTS)	116
Istituti Tecnici Superiori (ITS)	117

Istituti Tecnologici Superiori (ITS Academy)	118
DECRETI ATTUATIVI DELLA LEGGE CHE ISTITUISCE GLI ITS ACADEMY	123
Fase transitoria	123
Decreto Ministeriale n. 87 del 17 maggio 2023	123
Decreto Ministeriale n. 88 del 17 maggio 2023	125
Diploma di specializzazione per le tecnologie applicate	127
Diploma di specializzazione superiore per le tecnologie applicate	128
Decreto Ministeriale n. 89 del 17 maggio 2023	129
Decreto Ministeriale n. 191 del 4 ottobre 2023	131
Decreto Ministeriale n. 203 del 20 ottobre 2023	134
Decreto ministeriale n. 217 del 15 novembre 2023	136
Decreto ministeriale n. 227 del 30 novembre 2023	137
PCTO (EX ALTERNANZA SCUOLA LAVORO)	141
Dall'ASL ai PCTO: sviluppo storico	141
Linee Guida dei PCTO	145
La dimensione orientativa dei percorsi	145
La progettazione dei PCTO	146
Quale tipo di rapporto Scuola-Lavoro?	148
La dimensione culturale	149
La dimensione pedagogica	149
La dimensione gestionale amministrativa	152
La valutazione degli apprendimenti nei PCTO	152
Gli organi e gli attori che intervengono nei PCTO	154
Dipartimenti disciplinari	154
Il Consiglio di Classe.	154
Il Referente PCTO di classe o docente coordinatore di progettazione	156
Il Tutor interno	156
Il Tutor formativo esterno	157

Interazione Tutor interno – Tutor esterno	157
Referenti PCTO d'Istituto	158
Gli Studenti	158
Il Collegio Docenti e il Consiglio d'Istituto	158
Carta dei diritti e doveri degli studenti in PCTO (ex ASL)	159
Diritti degli studenti in PCTO	159
Doveri degli studenti in PCTO	160
Le misure di tutela della salute e sicurezza degli studenti	160
Interventi in materia di sicurezza ed efficacia sui PCTO	162
APPRENDISTATO	165
Le tipologie dell'apprendistato	165
Principi fondamentali dell'apprendistato	166
Apprendistato di primo livello	167
Apprendistato di secondo livello	168
Apprendistato di terzo livello	169
L'apprendistato nelle sue diverse forme: dati percentuali	170
L'apprendistato di primo livello per combattere l'abbandono scolastico	171
Conclusioni	173
DISPERSIONE SCOLASTICA	177
Dispersione scolastica esplicita	178
Dispersione scolastica implicita	182
Riorientamento	184
BULLISMO E CYBERBULLISMO	187
Bullismo	187
Cyberbullismo	189

Generazioni Connesse - Safer Internet Centre (SIC)	190
Prevenzione e contrasto del cyberbullismo (Legge 71/2017)	192
Educazione Civica: Educazione alla Cittadinanza Digitale	197
Linee di orientamento 2021	199
Team Antibullismo	199
Azioni efficaci della Scuola	200
Azioni di prevenzione previste dall'OMS	202
PDL: prevenzione e contrasto del bullismo e del cyberbullismo	204
Evoluzione della normativa sul bullismo e cyberbullismo	210
STATUTO DELLE STUDENTESSE E DEGLI STUDENTI	211
Statuto delle studentesse e degli studenti (DPR n. 249/98)	211
Lo statuto novellato dal DPR n. 235/2007	211
Patto Educativo di Corresponsabilità	212
Revisione del Patto educativo di corresponsabilità	214
Modello di Patto Educativo di Corresponsabilità	215
ORIENTAMENTO E DIDATTICA ORIENTATIVA	219
Significato del termine "orientamento"	219
Evoluzione del concetto "orientamento"	220
Evoluzione della "pratica dell'orientamento" - prospettiva psicologica	221
Teoria dello sviluppo vocazionale di Donald Super del 1957	222
Due paradigmi a confronto: socioeconomico e personale-integrato	225
La prospettiva giuridico/normativa	226
Il contesto internazionale	226
Il contesto europeo	228
Il contesto italiano	229

La prospettiva pedagogica: orientamento o educazione all'orientamento	231
La prospettiva epistemologica: apprendimento e orientamento all'interno dell'impianto disciplinare	231
Linee guida per l'orientamento	233
Orientamento nei percorsi di istruzione secondaria	234
I moduli curriculari di orientamento nella scuola secondaria	236
e-Portfolio orientativo personale delle competenze	237
Piattaforma digitale unica per l'orientamento	238
La formazione dei docenti	239
Risorse e opportunità per la gestione dell'orientamento da parte delle scuole	239

Printed by Amazon Italia Logistica S.r.l.
Torrazza Piemonte (TO), Italy